Heinz Klippert

Besser lernen

Kompetenzvermittlung und Schüleraktivierung im Schulalltag

Klett Lernen und Wissen GmbH, Stuttgart

Bibliographische Information der Deutschen Bibliothek
Die Deutsche Bibliothek verzeichnet diese Publikation in der Deutschen Nationalbibliographie; detaillierte bibliographische Daten sind im Internet über http://dnb.ddb.de abrufbar.

Auflage 5. 4. 3. 2. 1. | 2011 2010 2009 2008
Die letzten Zahlen bezeichnen jeweils die Auflage und das Jahr des letzten Druckes.

Dieses Werk folgt der neuesten Rechtschreibung und Zeichensetzung 2006.

Internetadresse: http://www.klett.de
Umschlagbild: Thomas Weccard, Ludwigsburg
Lektorat: MedienService Dr. Ursula Ernst-Auch, Markgröningen
Repro: Meyle + Müller Medien-Management, Pforzheim
Satz: Kassler Grafik-Design, Leipzig
Druck: Medienhaus Plump, Rheinbreitbach.
Printed in Germany.
ISBN 978-3-12-920327-9

9 783129 203279

Inhaltsverzeichnis

Wer die Schülerinnen und Schüler nicht kleinschrittig und systematisch zu *fördern* beginnt, der muss sich nicht wundern, wenn er sie hernach auch nicht anspruchsvoll und überzeugend *fordern* kann!

Für

Doris

Jana

Verena

& Anna

Vorwort

Lernförderung ist das große Thema unserer Tage. Die Potenziale der Schüler/innen sollen verstärkt mobilisiert und ausgeschöpft werden. Darin sind sich die Bildungsverantwortlichen hierzulande einig. Niemand soll zurückbleiben. Alle Schülerinnen und Schüler sollen bestmöglich gefordert und gefördert werden, damit das nervige „PISA-Trauma“ möglichst bald überwunden wird. Bildungsstandards, Leseförderung, vorgezogene Einschulung, neue Prüfungsverfahren, Vergleichsarbeiten, Zentralabitur und immer wiederkehrende Schulinspektionen und internationale Vergleichstests sind die Hebel, mit denen die Lern- und Leistungsergebnisse der deutschen Schüler/innen wieder nach oben gebracht werden sollen.

Die Frage ist nur, wie die angemahnte Förderarbeit bei laufendem Schulbetrieb realisiert werden kann. Die meisten Lehrkräfte stöhnen schon jetzt über die vielfältigen Zusatzaufgaben und -belastungen, die ihnen von bildungspolitischer Seite auferlegt werden. Offenbar zu Recht, wie einige neuere Studien zum Problemfeld Lehrerbelastung zeigen (vgl. Klippert 2006). Danach lässt sich festhalten: Ein Drittel der bundesdeutschen Lehrerschaft gilt als ausgebrannt, ein weiteres Drittel hechelt mehr oder weniger frustriert hinter den hehren Ansprüchen der Bildungsplaner hinterher und steht ebenfalls in der Gefahr, die eigene Reformbereitschaft zunehmend einzubüßen. Nur knapp 20 Prozent sind im besten Sinne des Wortes tatkräftig und optimistisch unterwegs. Das ist ein wahrlich alarmierendes Szenario!

Wirksame Lernförderung braucht andere Vorzeichen. Lehrkräfte, die eher atemlos ihren Dienst verrichten, müssen zwangsweise auf das zurückgreifen, was sie an verfügbaren Routinen und Instrumenten zur Hand haben. Das aber sind in erster Linie lehrer- und stoffzentrierte Verfahrensmuster traditioneller Prägung – angefangen beim Lehrervortrag über das Entwickeln von Tafelanschriften bis hin zum lehrergelenkten Unterrichtsgespräch. Diese lehrerzentrierten Routinen dominieren bis heute das unterrichtliche Geschehen – zumindest in den Sekundarstufen I und II. Woran es dagegen eklatant mangelt, das sind neue Routinen im Bereich moderner Lernmoderation, Lernorganisation und Lernberatung. Hier haben die meisten Lehrkräfte weder ausreichend

Erfahrungen noch hinreichend Mut, die Schüler loszulassen und zu mehr Selbstständigkeit und Selbstverantwortung zu bewegen.

Tief sitzen Misstrauen und Skepsis. Zwar unterschreiben die meisten Lehrkräfte ohne zu zögern, dass die Schüler/innen möglichst breit gefächerte Kompetenzen entwickeln müssen, sollen sie auf das Leben von heute und morgen vorbereitet sein; der faktische Unterricht bleibt hinter diesem Anspruch in der Regel jedoch deutlich zurück. Wenn sich an diesem Dilemma etwas ändern soll, genügt es nicht zu appellieren oder die Lehrerschaft lediglich zu kritisieren. Was vielmehr Not tut, ist etwas anderes: Service und Unterstützung im besten Sinne des Wortes. Lehrkräfte, die ihr Unterrichtsskript nachhaltig verändern sollen, brauchen vor allem eines: praxisnahe Hilfen für die alltägliche Innovationsarbeit. Dieser Service muss neu belebt werden. Das gilt für die Lehrerfortbildung genauso wie für die Bereitstellung praxiserprobter, kompetenzorientierter Lehr- und Lernmittel. Wer diese „Hilfe zur Selbsthilfe“ vernachlässigt, muss sich nicht wundern, wenn alles so bleibt wie es ist.

Die neue Lehr- und Lernmittelreihe „Klippert bei Klett“ trägt diesem Servicegedanken Rechnung. Sie unterstützt die anstehende Unterrichtsentwicklung, indem sie bewährte Moderations- und Unterrichtshilfen für die Fächer Deutsch, Mathematik, Englisch und/oder Sachunterricht zur Verfügung stellt, die kompetenzorientiertes und nachhaltiges Unterrichten erleichtern. Die betreffenden Schüler- und Lehrerhefte zielen auf Schüleraktivierung und Kompetenzvermittlung, auf Disziplinförderung und Lehrerentlastung, auf Methodenlernen und Kooperationsschulung. Sie ersparen aufwändige Vorbereitungsarbeiten und bieten ein Vielzahl konkreter Anregungen und Materialien für die Weiterentwicklung des alltäglichen Fachunterrichts. So gesehen wird der angemahnte Servicegedanke mit Leben gefüllt.

Das vorliegende Buch führt als Handbuch in die Grundlagen der Förderarbeit ein. Es liefert Begründungen, verdeutlicht Chancen und konkretisiert in praxisnaher Weise, wie die Schülerinnen und Schüler zu gesteigerter Motivation, Kompetenz, Disziplin und Lerneffizienz hingeführt werden können. Hintergrund des Buches sind langjährige Entwicklungs- und Erprobungsprozesse in insgesamt sieben deutschen und vier österreichischen Bundesländern. Beteiligt waren und sind Hunderte von Schulen und Zehntausende von Lehrkräften. Die im Buch skizzierten Befunde bilden den Extrakt aus dieser „Versuchsreihe“. Sie reflektieren den Schulalltag wie die neuere Lernforschung, die Bildungsstandards wie die Entlastungsperspektiven für Lehrerinnen und Lehrer, die schulinterne Zusammenarbeit wie die Möglichkeiten und Strategien der kompetenzorientierten Lernförderung.

Dank sagen möchte ich allen Trainerinnen und Trainern, die mich bei der Umsetzung und Konkretisierung des skizzierten Programms unterstützt und mit immer neuen Fragen, Problemanzeigen und Anregungen konfrontiert und weitergebracht haben. Dieser Dank gilt insbesondere den mehr als 30 Mitstreiter/innen, die derzeit als Autoren des Klett-Verlages an der Entwicklung einschlägiger Lernspiralen für die genannten Fächer arbeiten. Ohne ihr Engagement und ihre Kreativität wäre die erwähnte Lehrmittelreihe „Klippert bei Klett“ nicht zustande gekommen. Ein Dankeschön sei nicht zuletzt den Verantwortlichen des Klett-Verlages ausgesprochen, die den Mut hatten und haben, mein Know-how in ein konkretes Unterstützungsangebot für Lehrerinnen und Lehrer zu überführen.

Landau, im Januar 2008

Einleitung

Das deutsche Bildungswesen steht in der Kritik – keine Frage. Die Absolventen deutscher Schulen schneiden in internationalen Vergleichsstudien mäßig ab (siehe PISA, TIMSS etc.). Die Wirtschaft beklagt das Fehlen grundlegender „Schlüsselqualifikationen". Die Eltern befürchten das Scheitern ihrer Kinder in Studium und Beruf. Die Schüler monieren den langweiligen Unterricht und die realitätsfernen Inhalte. Die Bildungspolitik drängt ungeduldig auf immer neue Reformen und Evaluationen. Und die Lehrkräfte selbst? Sie fühlen sich in hohem Maße verunsichert und nicht selten auch überfordert. Die Folge: Die Suche nach neuen Wegen des Lehrens und Lernens kommt zunehmend in Gang – zu Recht, wie sich aus den Statements in Abbildung 1 ersehen lässt.

Die Ausgangssituation ist brisant: Die Effizienz des Schulunterrichts lässt deutlich zu wünschen übrig. Das Gros der Schüler/innen lernt eher lustlos und oberflächlich, sprunghaft und einfallslos. Da wird gepaukt und memoriert, reproduziert und vergessen. Von Lernkompetenz ist häufig wenig zu sehen. Viele Schülerinnen und Schüler mögen zwar gutwillig und fleißig sein; ihre Lernstrategien sind in aller Regel jedoch alles andere als überzeugend. Das gilt für die Planung und Organisation des eigenen Lernens genauso wie für das Argumentieren, Präsentieren und Kooperieren im Klassenverband. Vieles ist beliebig, undurchdacht und deshalb auch relativ wirkungslos. Näheres dazu wird in den Abschnitten I.1.1 und I.1.3 ausgeführt werden. Hinzu kommt, dass es vielen Schülerinnen und Schülern nicht nur an Strategien und Techniken intelligenten Lernens mangelt, sondern auch und zugleich an Problembewusstsein, Selbstkritikfähigkeit und persönlicher Veränderungsbereitschaft. Auch daran muss gearbeitet werden, wenn die Lernarbeit der Schüler/innen insgesamt effektiver und nachhaltiger werden soll. Von daher spricht vieles dafür, der Förderung grundlegender Lernkompetenzen verstärkt Gewicht und Zeit einzuräumen.

Wenn die schulische Unterrichtsarbeit erfolgreicher und stressfreier vonstatten gehen soll, dann muss vor allem eines vermittelt werden: Das praktische Handwerkszeug zur Organisation und Nutzung des eigenverantwortlichen Arbeitens und Lernens im Unterricht. Das gilt für die Lehrerseite genauso wie für die Schülerseite. Der landläufige Druck der Bildungspolitik hilft in dieser Hinsicht wenig weiter. Druck ist bestenfalls eine notwendige Voraussetzung für das Umsteuern im Unterricht, eine hinreichende Voraussetzung für die Einführung neuer Lern- und Förderverfahren ist er gewiss nicht. Politischer Druck mag unter Umständen die Veränderungsbereitschaft der schulischen Akteure begünstigen, eine tragfähige Innovationsarbeit leitet er deshalb noch lange nicht ein. Im Gegenteil: Druck provoziert eher Widerspenstigkeit und Verweigerung, Lamentieren und Exkulpieren. Veränderungsbereitschaft und -kompetenz haben andere Vorzeichen. Sie verlangen nach Ermutigung und Unterstützung, nach Machbarkeit und praxisgerechter Routinebildung.

Die meisten Lehrkräfte erleben die laufenden Reformen und Evaluationen eher als Zumutung und/oder politische Mode und weniger als nützliches und machbares pädagogisches Unterfangen. Daraus erklären sich die verbreiteten Vorbehalte gegenüber den angesagten Reform- und Förderprogrammen, wie sie von bildungspolitischer Seite seit Jahr und Tage entwickelt und unters Lehrervolk gestreut werden. Im Klartext: Die Forderung nach Unterrichtsentwicklung wird vom Gros der Lehrerinnen und Lehrer in erster Linie als bildungspolitische Option gesehen und weniger als Chance und Perspektive für den eigenen Berufsstand. Dementsprechend wird gemauert und vertagt, räsoniert und ausgesessen. Diese Widerspenstigkeit wird in den letzten Jahren zwar deutlich weniger, vom Tisch ist sie allerdings noch lange nicht. Egal, ob man sich bei Lehrerverbänden erkundigt oder in den Lehrerzimmern umhört, der Unterrichtsentwicklung gilt bislang nur selten die Leidenschaft der Lehrkräfte.

Dabei sind die Chancen konsequenter Unterrichtsentwicklung evident. Lerneffizienz und Lehrerentlastung verlangen zwingend nach neuen Methoden und Trainingsprogrammen, die die Schüler/innen auf die Füße bringen und dazu befähigen, kompetent und motiviert in eigener Regie zu lernen – in Gruppen wie in Einzel- oder Partnerarbeit. In dem Maße, wie dieses gelingt, können sich die Lehrkräfte bei Bedarf zurückziehen und Regenerationspausen gönnen. Dass und wie dieses geht, wird im vorliegenden Buch gezeigt. Der Grundgedanke dabei ist ebenso einfach wie zielführend: Die Schülerinnen und Schüler müssen verstärkt qualifiziert werden, methodisch versiert an unterrichtliche Aufgaben heranzugehen und diese möglichst eigenverantwortlich und kooperativ zu lösen. Diese methodenbewusste Lernarbeit steigert nach-

Abb. 1

Einige Thesen zur Einstimmung

- Deutschlands Schulen kranken daran, dass in erster Linie Fächer unterricht und eher nachrangig Kinder und Jugendliche gefördert werden!
- Die meisten Schüler/innen können wesentlich mehr als das, was sie uns im alltäglichen Schulbetrieb zeigen. Sie müssen nur verstärkt gefördert und gefordert werden!
- In Deutschlands Schulen wird zu viel „träges" bzw. „totes" Wissen durchgenommen, aber zu wenig „intelligentes Wissen und Können" auf Schülerseite aufgebaut"!
- Die Lehrer/innen arbeiten zu viel und die Schüler/innen zu wenig. Deshalb gewöhnen sich viele Schüler/innen daran, andere für sich denken und arbeiten zu lassen!
- Der Unterricht in deutschen Klassenzimmern ist weithin lehrerzentriert und variationsarm und begünstigt primär diejenigen, die abstrakt und rezeptiv zu lernen verstehen!
- Die wenigsten Schüler/innen schöpfen ihr intellektuelles Potenzial aus, da es ihnen an abgeklärten Lern-, Kommunikations- und Kooperationstechniken mangelt!
- Das Offene Lernen ist oft eine recht „bodenlose" Angelegenheit, da dem Gros der Schüler/innen die nötigen „Mikrokompetenzen" fehlen!
- Viele Schüler/innen lernen intuitiv falsch und oberflächlich; deshalb müssen die angestammten Lernweisen aufgebrochen und fundierte Lernstrategien kultiviert werden!
- Die wachsende Lehrerbelastung ist nicht zuletzt eine Folge der methodischen Unsicherheit und Unbedarftheit vieler Schülerinnen und Schüler!
- Wenn die Schüler/innen zu lernen verstehen, werden sie nicht nur nachhaltiger, sondern auch motivierter zu Werke gehen!
- Die Förderarbeit muss breit ansetzen und den unterschiedlichen Intelligenzen und Begabungen der Schüler/innen Rechnung tragen!
- Wer das Lernen nicht lernt, wird sich in Schule, Studium und Beruf über Gebühr schwer tun und manche vermeidbaren Misserfolge einfahren!
- Wer die Lernkompetenz der Schüler/innen systematisch fördert und fordert, hat die Chance, sich selbst und den Schüler/innen etwas Gutes zu tun!

weislich den eigenen Durchblick, fördert die Motivation und stellt nicht zuletzt sicher, dass die Lehrkräfte spürbar Entlastung erfahren, indem sie weniger agieren, disziplinieren und kontrollieren müssen. Dass diese Gleichzeitigkeit von *Kompetenzförderung* und *Lehrerentlastung* realistisch und realisierbar ist, wird in Kapitel II untermauert.

Wichtig ist, dass die Qualität des Unterrichts nicht länger am durchgenommenen Lernstoff festgemacht wird, sondern vorrangig daran, was die Schüler/innen am Ende bestimmter Bildungsabschnitte tatsächlich können bzw. an Kompetenzbeherrschung nachweisen. Dieser Wechsel von der Input- zur Outputorientierung ist längst überfällig und wird durch die neuen Bildungsstandards in unmissverständlicher Weise unterstrichen. Das beflissene Behandeln der obligatorischen Fachinhalte war noch nie ein besonders aussagekräftiger Indikator für den faktischen Lernerfolg der Kinder und Jugendlichen. Von daher ist die aktuelle Umorientierung der Unterrichtsarbeit richtig und wichtig. Auf überzeugendes Können kommt es an, wenn der Übergang von der Schule in Studium und Beruf gelingen soll. Moderne Assessments zeigen an, wie vielschichtig die Kompetenzanforderungen mittlerweile sind.

Fachwissen alleine reicht nicht. Nötig sind vielmehr weiter reichende Fähigkeiten und Fertigkeiten in Sachen Arbeitsmethodik, Kommunikation, Präsentation, Kooperation, Mediennutzung und Problemlösen. Das alles gehört zur Fachkompetenz im weiteren Sinne. Neuere Präsentations- und Projektprüfungen, wie sie u.a. in Baden-Württemberg und Hessen eingeführt wurden, unterstreichen dieses erweiterte Kompetenzverständnis. Kompetent ist danach vornehmlich derjenige, der diffizilere Aufgabenstellungen planvoll, methodenbewusst, kreativ und zügig unter Einbeziehungen von Hilfsmitteln und ggf. auch Kooperationspartnern zu lösen vermag. Gerade in der modernen Informations- und Wissensgesellschaft ist diese Form der Kompetenzbeherrschung unabdingbare Voraussetzung dafür, dass Aufgaben und Probleme erfolgreich bewältigt werden können.

Vieles spricht dafür, dass die eingeforderte „Lernkultur“ weder durch neue Lehrpläne, Handreichungen, Standards und/oder Tests, noch durch punktuelle Fortbildungs-, Konferenz- und/oder Beratungsmaßnahmen hinreichend zu realisieren ist. Pädagogische Innovationen dieser Größenordnung verlangen mehr als Instruktionen und Beratungsangebote. Nötig sind auch und vor allem praxisnahe Trainings-, Workshop-, Hospitations-

und Kooperationsverfahren, die mittels „learning by doing“ dafür sorgen, dass nachhaltige Überzeugungen und Routinen auf Lehrerseite entstehen können, die der neuen Lernkultur verlässlich Gestalt geben. Wie diese handlungs- und teamorientierten Verfahrensweisen de facto aussehen können, wird in diesem Buch gezeigt. Dabei wird auf Erfahrungen aus mehreren Bundesländern und Hunderten von Schulen zurückgegriffen.

Zum Aufbau des Buches im Einzelnen: In Kapitel I wird näher begründet und konkretisiert, warum die Förderung grundlegender Lernkompetenzen ein wichtiges und perspektivreiches Unterfangen ist. Dazu wird sowohl die schulische und bildungspolitische Szene analysiert als auch auf das Bezug genommen, was die neuere Lernforschung zum Thema Lern- und Begabungsförderung anzubieten hat. In diesem Sinne wird im erster Abschnitt beleuchtet, wie es um die Lern- und Sozialkompetenz der Schüler/innen tatsächlich bestellt ist und welche Unzulänglichkeiten und Förderbedarfe von daher zu konstatieren sind. Im zweiten Abschnitt werden die korrespondierenden Förderauflagen und -programme der Bildungspolitik unter die Lupe genommen und die darin vorgesehenen Ansatzpunkte kommentiert. In Abschnitt 3 wird beleuchtet, welche richtungsweisenden Erkenntnisse die Lernforschung in Sachen Lern- und Begabungsförderung anzubieten hat und welche Maximen sich daraus ableiten lassen. Und in Abschnitt 4 schließlich wird verdeutlicht, was Kinder heute und in Zukunft können und lernen müssen, wenn sie in der modernen Berufswelt Fuß fassen sollen. Hierbei wird u.a. auf die neuen Bildungsstandards rekurriert.

Kapitel II bildet den eigentlichen Kern des Buches. In diesem Kapitel wird das sogenannte PASS-Programm vorgestellt, das seit Beginn der 1990er Jahre entwickelt und vielfältig getestet und verfeinert wurde. Dieses **P**rogramm zur **A**usbildung von **S**chlüsselkompetenzen und **S**chülerselbsttätigkeit“ bietet bewährte Förderstrategien und Arbeitsperspektiven für Lehrer- wie Schüler/innen. In Abschnitt 1 wird das PASS-Programm überblickshaft skizziert. In Abschnitt 2 wird seine Umsetzung in einem sich wandelnden Fachunterricht näher unter die Lupe genommen. In Abschnitt 3 richtet sich der Blick auf die Basis dieser fachspezifischen Lernförderung, nämlich auf die unterstützenden Methodentrainings, die die Schülerinnen und Schüler in mehrtägigen Crashkursen durchlaufen. In Abschnitt 4 wird das korrespondierende Schul-

und Innovationsmanagement beleuchtet, von dem nicht unwesentlich abhängt, ob die skizzierten methodischen und unterrichtlichen Neuerungen im Alltag Platz greifen oder nicht. Dabei steht die Prozesssteuerung der Schulleitungen im Vordergrund. In Abschnitt 5 schließlich werden einige zentrale Grundprinzipien der innerschulischen Förder- und Trainingsarbeit zusammenfassend bilanziert.

In Kapitel III geht es um die übergreifende Frage nach dem Nutzen des Programms. Was haben die beteiligten Schüler/innen und Lehrer/innen davon, wenn sie die skizzierte Kompetenzförderung in Angriff nehmen und die korrespondierenden strategischen Instrumente und Maßnahmen umsetzen? In Abschnitt 1 wird zunächst der Benefit der Schüler/innen bilanziert. Es lohnt sich! Soviel lässt sich bereits an dieser Stelle sagen. In den Abschnitten 2 und 3 wird die Lehrersicht in den Mittelpunkt gestellt und Schritt für Schritt expliziert, was die Lehrerinnen und Lehrer von der skizzierten Unterrichtsentwicklung haben. Die bisherigen Erfahrungen zeigen: Für die Lehrerschaft steht ein Mehr an Entlastung, Erfolg und Berufszufriedenheit in Aussicht. Das dürfte tröstlich sein in einer Zeit, in der Lehrkräfte nur zu oft viel Wirbel für Nichts machen müssen. In Abschnitt 4 schließlich werden einige Hinweise zu den praktischen Lehr- und Lernhilfen des Autors gegeben, die Lehrer/innen die Umsetzung der neuen Lehr-, Lern- und Trainingsverfahren erleichtern sollen.

Den Abschluss des Buches bildet ein umfangreiches Glossar zu den wichtigsten Grundbegriffen des PASS-Programms – angefangen bei Arbeitsökonomie und Arbeitsinsel über Fachkompetenz, Helfersystem und Lehrerentlastung bis hin zu Lernspirale, Trainingsspirale, Routinebildung und Zufallsprinzip. Kurze definitorische Erläuterungen zu insgesamt 80 Grundbegriffen machen klar, wie diese verstanden werden und in welchem Verhältnis sie zu anderen pädagogischen und schulpolitischen Schlüsselbegriffen stehen.

I Warum verstärkte Lernförderung Not tut!

Dieses erste Kapitel dient der Grundlegung. Wenn Lehrkräfte ihre Unterrichtsarbeit verändern sollen, dann stellt sich natürlich die Frage nach dem Warum. In Abschnitt 1 wird diese Frage einleitend beleuchtet, indem die faktischen Lernschwierigkeiten und -defizite der Schüler/innen näher unter die Lupe genommen werden, die zwingend nach Lernförderung verlangen. In Abschnitt 2 wird die Begründungsebene gewechselt und das bilanziert, was die Bildungspolitik in Sachen Lernförderung anmahnt bzw. vorschreibt. In Abschnitt 3 wird die Lernforschung ins Spiel gebracht, die ebenfalls zahlreiche gute Gründe liefert, warum die Schüler/innen in punkto Lernkompetenz verstärkt gefördert werden müssen. Und in Abschnitt 4 schließlich werden die neuen Bildungsstandards beleuchtet, die nicht minder darauf abstellen, dass die Schüler/innen mehr und anders lernen müssen als bisher.

1 Mangelhafte Lernkompetenzen der Schüler

Das Lernverhalten der Schüler/innen weist vielfältige Unzulänglichkeiten auf. Tragfähige Lernstrategien sind eher die Ausnahme und keinesfalls die Regel. Gelernt wird irgendwie, aber häufig ohne Sinn und Verstand. Je weniger Anstrengung vonnöten ist, desto günstiger erscheint vielen Lernern der alltägliche Unterricht. Entsprechend dürftig fallen die Lernergebnisse aus – vor allem dann, wenn anspruchsvollere Aufgaben- und Problemstellungen auf die Tagesordnung genommen werden. PISA und TIMSS liefern zahlreiche Indizien und Belege dafür, dass Deutschlands Schüler/innen nicht nachhaltig und intelligent genug zu lernen verstehen. Das beginnt bei der Informationserfassung und -verarbeitung und reicht bis hin zur Anwendung des jeweiligen Fachwissens.

1.1 Vordergründiger Wissenserwerb

Die Flüchtigkeit und Oberflächlichkeit des Lernens hat Methode. Viele Schüler/innen tun sich schwer damit, den jeweiligen Lernstoff intensiv und nachhaltig zu erschließen. Sie geben sich mit eher vordergründigem

Rezipieren zufrieden und beschränken sich darauf, das wiederzukäuen, was ihnen ihre Lehrkräfte vorkauen. Dieser „Konsumismus“ ist weit verbreitet. Gleichwohl kann man den Schüler/innen diese Vorgehensweise nicht einmal vorwerfen, da Lehrer, Lehrpläne und Prüfungsordnungen die kurzfristige, hirnlose Paukerei nur zu oft begünstigen und belohnen. Wenn Lehrkräfte auf uferloses Detailwissen abstellen und am Ende einer Unterrichtseinheit vorrangig das abprüfen, was sie zeitnah durchgenommen und durch Tafelbilder und Hefteinträge abgesichert haben, dann ist es kein Wunder, dass sich viele Schülerinnen und Schüler auf das eher gedankenlose Konsumieren der jeweiligen Lehrerinputs verlegen. Sie warten, bis ihnen gesagt wird, was sie zu lernen und/oder zu denken haben und minimieren damit die eigenen Lernanstrengungen.

Diese Strategie ist zwar falsch, aber sie erscheint vielen Schüler/innen offenbar doch recht logisch. Das zeigen die Ergebnisse entsprechender Schülerbefragungen. Auf die Frage, warum sie sich nicht frühzeitig, kontinuierlich und in kleineren Portionen auf Klassenarbeiten vorbereiteten, antworteten zahlreiche Schüler/innen mit dem lapidaren Hinweis, dass sie dann den jeweiligen Lernstoff ja erst recht vergäßen. Dass das Gehirn zur Konsolidierung des Wissens Zeit und Wiederholungen braucht – das ist in Schülerkreisen weder hinreichend bekannt noch akzeptiert. Kein Wunder also, dass das Gros der Kinder dahin tendiert, am Abend vor Klassenarbeiten heftig zu pauken sowie am nächsten morgen im Bus oder auf dem Schulhof nochmals hektisch nachzusetzen. Die darin zum Ausdruck kommenden „intuitiven Lernstrategien“ begünstigen nachgerade zwangsläufig Oberflächlichkeit, Blackouts und raschen Vergessen – von Anwendungs- und Transferfähigkeit erst gar nicht zu reden.

Viele Schüler/innen lernen nach „Schema F“. Das bestätigt sich bei Hospitationen und Lehrerbefragungen immer wieder. Sie verlassen sich darauf, dass Ihnen die Lehrkräfte die nötigen Verfahren und Ergebnisse schon an die Hand geben werden. Diese „Schema-F-Mentalität“ ist fatal. Sie induziert Hilflosigkeit und Unselbstständigkeit immer dann, wenn von den gewohnten Aufgabentypen, Formulierungsweisen und/oder Symbolen abgewichen wird. Wird auf eigenständiges Denken, Urteilen, Recherchieren, Argumentieren und/oder Probleme lösen abgestellt, dann geben viele Schülerinnen und Schüler nur zu schnell auf – getreu dem Motto „Das haben wir so noch nicht gemacht“. Ihre Erwartung geht offenbar dahin, dass die Lehrkräfte den Stoff möglichst exakt so durchnehmen und absichern sollten, wie er hernach geprüft wird. Diese Konsumentenhaltung ist einer der zentralen Gründe, warum die deutschen Schüler/innen bei PISA relativ dürftig abschneiden.

Eigenständiges Denken und forschendes, problemlösendes Lernen sind weder hinreichend gefordert noch praktiziert. Daher mangelt es vielen Schülerinnen und Schülern über Gebühr an dem, was der renommierte Lernforscher Franz E. Weinert den Aufbau „intelligenten Wissens" nennt. Unter intelligentem Wissen versteht er „... ein wohlorganisiertes, disziplinär, interdisziplinär und lebenspraktisch vernetztes System von flexibel nutzbaren Fähigkeiten, Fertigkeiten, Kenntnissen und metakognitiven Kompetenzen" (vgl. Weinert 2000, S. 5). Weinerts Kritik: In unseren Schulen wird zu viel träges bzw. totes Wissen durchgenommen und mehr oder weniger gedankenlos wiedergekäut und zu wenig intelligentes Wissen und Können aufgebaut. Recht hat er! Diese Kritik richtet sich sowohl an die Adresse der Lehrkräfte als auch an die der Schülerinnen und Schüler.

Isoliertes Faktenlernen ist weder zukunftsträchtig noch gehirngerecht. Damit kann man vielleicht einige Runden in einem Fernsehquiz überstehen, aber ansonsten bringt es wenig, was auf längere Sicht Handlungs-, Urteils- und Problemlösekompetenz begründen könnte. Die Schüler wissen vorübergehend einiges, aber längerfristig bleiben häufig nur „... einige korrekte Fetzen in einem wüsten Haufen Müll" – so die Lernforscherin Elsbeth Stern. „Den Satz des Pythagoras kennen viele Schüler vielleicht noch, aber es gelingt ihnen nicht, ihn heranzuziehen, wenn ein ungewöhnliches Problem gelöst werden soll" (Stern 2003, S. 34). Diese mangelhafte Transfer- und Anwendungsfähigkeit ist eines der Probleme, mit denen Deutschlands Lehrerinnen und Lehrer zu kämpfen haben. Die Schüler/innen lernen und vergessen. Sie nehmen vieles zur Kenntnis, aber sie begreifen und behalten unter dem Strich zu wenig. Die Konsequenz liegt auf der Hand: Der Förderung grundlegender Lernkompetenzen muss in Schule und Unterricht deutlich mehr Raum als bisher gegeben werden.

1.2 Ausgeprägte Unselbstständigkeit

Ein zweiter „Lernkiller“ ist die Unselbstständigkeit. Viele Schülerinnen und Schüler lernen im familiären wie im schulischen Bereich vor allem eines: Den Erwachsenen Arbeit und Verantwortung zuzuschanzen und sich selbst aus vielem herauszuhalten, was Anstrengung und Mitverantwortung nach sich ziehen könnte. Sie verlassen sich darauf, dass ihnen die Erwachsenen den Weg schon ebnen, Entscheidungen abnehmen und Ressourcen beschaffen werden – und sie haben in der Regel Erfolg damit. Die entsprechenden Impulstechniken sind intensiv gelernt und verinnerlicht. Mit vordergründigen Fragen oder mit Impulsen wie „das kann ich nicht“ oder „das verstehe ich nicht“ werden die Erwachsenen immer wieder erfolgreich auf Trab gebracht und zu wohltuender Eigeninitiative und Problemlösungstätigkeit angeregt. Die Folge: Die Erwachsenen leben ihr „Helfersyndrom“ aus und nehmen den Kindern auf diese Weise vieles von dem ab, was diese an persönlicher Arbeit und Lernanstrengung bräuchten, um zu mehr Sach-, Fach- und/oder Methodenkompetenz gelangen zu können.

Wie sehr dieses Helfersyndrom von Schülerseite genutzt und mobilisiert wird, zeigt u.a. das folgende Blitzlicht einer Schülerin während des Mittagessens zu Hause. Ihr lakonischer Kommentar zum Geschichtsunterricht vom Vormittag: Drei Fragen hätten ausgereicht, den zuständigen Lehrer eine volle Doppelstunde zu beschäftigen. Das fand sie durchaus amüsant. Auf den elterlichen Einwand hin, dann werde ja wohl auch nichts gelernt, kam die ebenso saloppe wie symptomatische Entgegnung: Das mache nichts, denn der betreffende Lehrer sei fair und prüfe im Rahmen der gängigen Klassenarbeiten erfahrungsgemäß nur das, was er auch tatsächlich an die Tafel gebracht habe. Da es der Klasse gelungen sei, den betreffenden Lehrer eine Doppelstunde lang davon abzuhalten, etwas an der Tafel zu notieren, sei das Risiko gering, bei der nächsten Prüfung einen Nachteil zu erleiden.

Diese Arbeitsvermeidungsstrategie wird aber nicht nur in Schulen, sondern auch in den Familien ausgelebt. In vielen Familien ist es durchaus üblich, dass die Kinder relativ aufdringlich „gemanagt“ werden. Viele Eltern neigen dazu, ihren Nachwuchs über Gebühr zu schonen, zu reglementieren, zu kontrollieren – kurzum: zu managen. Das gilt vor allem für die Vorschul- und Grundschulphase. Sie nehmen ihren Kindern

Arbeit, Verantwortung und Eigeninitiative ab und tragen auf diese Weise dazu bei, dass sich Bequemlichkeit, Unselbstständigkeit und Hilflosigkeit breit machen. Zwar meinen es die betreffenden Eltern in der Regel nur gut mit ihrem Nachwuchs; gleichwohl sorgen sie mit ihrer erdrückenden Fürsorglichkeit und Belehrung immer wieder dafür, dass sich die Kinder und Jugendlichen daran gewöhnen, eine gewisse „Arbeitgebermentalität“ zu entwickeln. Im Klartext: Sie lernen, ihren Eltern und Großeltern Arbeit zu geben und übertragen dieses Verhaltensmuster nach Übertritt in die Schule zumeist recht bruchlos auf die Gruppe der Lehrpersonen. Die Folge sind Unselbstständigkeit, Unsicherheit sowie korrespondierende Motivations- und Lernprobleme.

Die Ursachen, die hinter dieser Misere stehen, sind vielschichtig: Ein erster Grund ist der anhaltende Trend zur Einkind-Familie, der in praxi immer wieder dazu führt, dass Eltern ihre wenigen Kinder über Gebühr verwöhnen und verhätscheln. „The overprotected child“ ist die korrespondierende Problemanzeige im angloamerikanischen Sprachraum. Der zweite Grund: Die betreffenden Eltern sind in erzieherischer Hinsicht oftmals derart aufgeklärt und ambitioniert, dass sie ihre Kinder kaum gewähren und experimentieren lassen, sondern über Gebühr dazu neigen, aufdringlich zu steuern, zu bevormunden und selbst initiativ und aktiv zu werden. Die Folge: Die betreffenden Kinder und Jugendlichen trainieren in hohem Maße Unselbstständigkeit, Bequemlichkeit und Hilflosigkeit und weniger das, was die moderne Industrie- und Wissensgesellschaft an berufsspezifischen Kernkompetenzen verlangt.

Verstärkt wird dieses Dilemma drittens durch die moderne Medienwelt mit ihrem exzessiven Entertainment. Wenn die durchschnittliche Bildschirmverweildauer der 7- bis 13-jährigen Kinder mittlerweile zwischen drei und vier Stunden pro Tag liegt – Fernsehen, Videoklips, Computerspiele u.a.m. eingeschlossen (vgl. Spitzer 2005, S. 1ff; Klippert 2003, S. 23), dann fehlt diese Zeit natürlich, um im Tagesablauf ausreichend Selbstständigkeit, Kreativität und/oder Zusammenarbeit mit anderen Jugendlichen zu üben. Fernsehkinder trainieren, wie Neil Postman bereits Mitte der 1980er Jahre zu Recht kritisiert hat, in ausgeprägter Weise Oberflächlichkeit, Gedankenlosigkeit und Passivität (vgl. Postman 1985). Dieses Problem hat sich seither noch deutlich verschärft. Kein Wunder also, dass sich viele Schüler/innen eher schwer damit tun, wenn sie produktiv und eigenverantwortlich lernen sollen.

Selbstständigkeit muss und kann gelernt werden. Darin besteht Konsens. Das gilt in Bezug auf das Offene Lernen genauso wie im Hinblick auf die erfolgreiche Bewältigung moderner Berufs- und Studienanforderungen. Gerade in der modernen Informations- und Wissensgesellschaft ist es unabdingbar notwendig, dass die Schülerinnen und Schüler das selbstständige Beschaffen, Verarbeiten und Anwenden von Informationen beherrschen – alleine oder in Gruppen. Andernfalls wird es schwer fallen, in modernen Berufs- und Studienrichtungen erfolgreich Fuß zu fassen. Das verlangt nach Planungs- und Organisationsfähigkeit, nach Recherche- und Visualisierungskompetenz, nach Kommunikation und Kooperation, Methodenbeherrschung und Urteilsfähigkeit, Kreativität und Problemlösungsvermögen, Frustrationstoleranz und Selbstkritikbereitschaft. Die Schule muss dies alles entwickeln helfen. Das vorliegende Buch will Hilfen und Anleitungen dazu bereitstellen.

1.3 Dürftige Methodenbeherrschung

Erfolgreiches Lernen braucht Methoden. Die Realität sieht jedoch anders aus. Das Gros der Schülerinnen und Schüler verfügt weder über abgeklärte Lern- und Arbeitstechniken noch über hinreichend gesicherte Kommunikations-, Kooperations- und Präsentationsstrategien. Das bestätigen diverse Schülerbefragungen und Unterrichtsbeobachtungen. Wenn z.B. Klassenarbeiten vorzubereiten sind, tendieren viele Lerner nachweislich dazu, kurzfristig, alleine und durch wiederholtes Angucken von Hausheft und Schulbuch zu pauken, obwohl die neuere Lern- und Gehirnforschung deutlich anderes nahe legt. Ähnliche Unzulänglichkeiten zeigen sich u.a. beim Markieren von Texten oder beim Visualisieren von Sachverhalten an Tafel, Pinnwand oder mittels PC. Markiert wird fast alles. Visualisierungen sind in der Regel eher unübersichtlich und mit zu vielen Detailinformationen überfrachtet. Auch im kommunikativen und kooperativen Bereich liegt vieles im Argen. Zuhören fällt weithin schwer, überzeugende Vorträge sind eher die Ausnahme; in Gruppen wird in der Regel mehr neben- und gegeneinander als miteinander gearbeitet.

Diese Beobachtungsbefunde werden durch eine Befragung von rund 800 Schülerinnen und Schülern aus Hauptschulen, Realschulen und Gymnasien in Rheinland-Pfalz deutlich bestätigt (vgl. Klippert 1994, S. 22ff).

Danach fällt es der Mehrzahl der Befragten nach eigenem Bekunden „eher schwer", …

- den Lernstoff längerfristig zu behalten sowie den eigenen Lernerfolg treffend einzuschätzen;
- im Unterricht zielstrebig zu arbeiten sowie auftretende Probleme und Schwierigkeiten beim Lernen zu überwinden;
- umfangreiche Materialien/Texte durchzuarbeiten und das Wesentliche daraus zu entnehmen;
- wichtigen Lernstoff zusammenzufassen und entsprechende Berichte übersichtlich zu gliedern und zu gestalten;
- Klassenarbeiten frühzeitig vorzubereiten sowie den jeweiligen Lernstoff gezielt zu üben und zu wiederholen;
- vor der Klasse frei zu reden sowie nach eigenen Stichworten einen kleinen Vortrag zu halten;
- bei Diskussionen auf die Mitschüler/innen einzugehen und so zu reden, dass diese aufmerksam zuhören;
- an der Tafel etwas zu erläutern sowie einem längeren Vortrag des Lehrers aufmerksam zu folgen.

Diese Problemanzeigen werden von Lehrerseite meist noch drastischer formuliert. Das haben die Nacherhebungen zur skizzierten Befragung in den 1990er Jahren gezeigt (vgl. ebenda, S. 24). Und das zeigt sich nicht minder bei aktuellen Befragungen und Assessments in rheinland-pfälzischen Schulen. Diese betreffen mehrere Tausend Schülerinnen und Schülern aus insgesamt 20 Sekundarschulen (Jahrgang 5) und 80 Grundschulen (Jahrgang 3). Die zutage geförderten Befunde bestätigen, dass viele der in Abbildung 2 genannten Methoden nach wie vor sehr unzulänglich beherrscht werden. Das gilt für das Markieren und Nachschlagen genauso wie für die angefragten Ordnungs-, Planungs-, Visualisierungs- und Präsentationstechniken. Auch Gruppenarbeit und Mediennutzung liegen vielfach im Argen. Das unterstreichen nicht zuletzt die zusätzlich durchgeführten zweistündigen methodenzentrierten „Assessments", in denen es für die betreffenden Schüler/innen zunächst darum ging, einen Text zu markieren, dann einen korrespondierenden Spickzettel zu erstellen, auf dieser Basis einen kurzen Vortrag zu präsentieren und schließlich eine Gruppenarbeit zu einem anderen Thema so gut wie möglich zu meistern. Fazit dieser Evaluationsmaßnahmen: Eine verstärktes Methodenlernen mit Schülern ist nicht nur angezeigt; es ist längst überfällig!

Abb. 2

Schülerfragebogen zum Thema „Lernen lernen“

Name:	Klasse:

Kreuze bitte im folgenden Fragebogen an, wie gut du mit den genannten Lernarbeiten zurecht kommst. Solltest du etwas noch gar nicht gemacht haben, so kreuze „sehr schlecht“ an. Wichtig! bei der Befragung handelt es sich nicht um einen Test, sondern erwünscht ist eine ehrliche Selbsteinschätzung!!

Wie gut kannst du Folgendes ?	sehr gut	gut	einigermaßen	eher schlecht	sehr schlecht
In einem Text wichtige Stellen markieren					
Heftseiten sauber und übersichtlich gestalten					
So zu lernen, dass der Stoff lange hängen bleibt					
Im Wörterbuch/Lexikon rasch etwas nachschlagen					
Den zu lernenden Stoff knapp zusammenfassen					
Die eigene Arbeit gut planen und einteilen					
Tabellen oder Schaubilder erstellen (auch mit PC)					
Die Hausaufgaben ohne fremde Hilfe erledigen					
Klassenarbeiten zügig und gekonnt vorbereiten					
Vor der Klasse einen kleinen Vortrag halten					
Plakate/Folien übersichtlich gestalten					
Mit dem OH-Projektor etwas präsentieren					
In Diskussionen andere Schüler überzeugen					
An Klassengesprächen aktiv mitwirken					
Mit Lernpartnern gut zusammenarbeiten					
Mitschülern bestimmte Dinge gut erklären					
In Gruppen für Disziplin und Ordnung sorgen					
Die eigene Arbeitsweise kritisch überprüfen					

1.4 Unzureichende Leseleistungen

Ein weiteres Problemfeld, mit dem sich viele Lehrkräfte herumschlagen müssen, betrifft die mangelhafte Lesekompetenz vieler Schüler/innen. Das gilt keinesfalls nur für die Kinder mit Migrationshintergrund, denen Deutsch als Muttersprache fehlt, sondern zunehmend auch für Kinder und Jugendliche aus deutschsprachigen Elternhäusern. Woran liegt das? Ein Grund dafür ist sicherlich der bereits angesprochene Einfluss der elektronischen Medien, deren kurzweiliges und zeitraubendes Entertainment dafür sorgt, dass viele Schülerinnen und Schüler immer weniger Zeit und Lust dazu haben, Bücher, Zeitungen und sonstigen Printmedien zu lesen. Wer den Bilderbotschaften des Fernsehens bzw. der Computerspiele einmal erlegen ist, tut sich in der Regel schwer damit, dem trockenen Schriftdeutsch etwas abzugewinnen und Sachtexte, Gedichte, Arbeitsanweisungen oder Literatur gut zu finden.

Ein zweiter Grund ist der, dass die seit Jahren um sich greifende „SMC"- bzw. „Chat-Kultur" auch nicht gerade dazu beiträgt, die Schreib- und Lesekompetenz der Schüler/innen zu fördern. Im Gegenteil: Konzentriertes und sinnentnehmendes Lesen werden zunehmend weniger praktiziert. Wenn keine vollständigen Sätze mehr geschrieben werden, dann ist es auch nicht mehr nötig, aufmerksam und sinnsuchend zu lesen. Die daraus resultierenden Nachlässigkeiten begünstigen den aktuellen Trend hin zum manifesten Analphabetismus. Wurden z.B. 1980 noch 22 Minuten darauf verwandt, Bücher zu lesen, so waren es im Jahre 2000 nur noch 18 Minuten – Tendenz abnehmend (vgl. Spitzer 2005, S. 2). Unterstützt und verstärkt wird dieser Trend durch das verbreitete Fehlen von überzeugenden Vorbildern in Sachen Lesen innerhalb des sozialen Umfelds der Kinder. Wenn Eltern, Geschwister oder Freunde selbst kaum noch was lesen, sondern ihre Freizeit lieber vor dem Bildschirm verbringen, dann ist es wenig verwunderlich, dass die betreffenden Schüler/innen eine gehörige Portion Distanz gegenüber dem Lesen von Texten entwickeln. Der Apfel fällt eben nicht weit vom Stamm.

Andererseits gehört die Lesefähigkeit zu den zentralen Schlüsselqualifikationen unserer Tage. Die PISA-Studien der letzten Jahre stellen daher mit Bedacht auf die fachspezifischen Leseleistungen der Schülerinnen und Schüler ab. Das betrifft sowohl Buchtexte als auch Internettexte. Mit dem sogenannten „literacy-concept" wird überprüft, wie gut die Schüler/innen in der Lage sind, zentrale Informationen aus Texten und Schaubildern zu entnehmen und damit zu arbeiten. Die Wichtigkeit und Dringlichkeit dieser Fähigkeit unterstreicht ein Blick in die moderne Arbeitswelt. Wer z.B. das Internet nutzen, Handbücher lesen und/oder fachlich auf dem Laufenden bleiben will, der ist faktisch auf Gedeih und Verderb darauf angewiesen, tragfähige Lesestrategien und -motivationen zur Verfügung zu haben. Wem sie fehlen, der hat bereits verloren, bevor das Tor zur Berufs- und/oder Studienwelt ernsthaft aufgestoßen wird. Die PISA-Verantwortlichen der OECD haben genau diese Erkenntnis zum Dreh- und Angelpunkt ihrer internationalen Vergleichsstudien gemacht. Texte, Textaufgaben, Grafiken und anderes mehr durchziehen diese Studien und müssen von den Testpersonen verständnisvoll gelesen und ausgewertet werden können. Die Schwierigkeiten, die viele unserer Schüler/innen damit haben, sollten ein Warnzeichen sein.

Vieles spricht dafür, dass unsere Kinder anthropologisch gesehen keinesfalls schlechter ausgestattet sind als ihre Altersgenossen z.B. in Finnland oder in anderen erfolgreichen PISA-Ländern. Offenbar gelingt es ihnen jedoch deutlich weniger, ihre vorhandenen Potenziale zu mobilisieren. Das mag z.B. damit zusammenhängen, dass das Lesen von fremdsprachigen Film-Untertiteln in den skandinavischen Ländern zur alltäglichen Übung gehört, oder auch damit, dass die Lese- und Vorlesekultur in den Familien dieser Länder noch ausgeprägter ist als bei uns. Die differente Lesefähigkeit der Schüler/innen hat aber zweifellos auch mit dem Unterricht selbst zu tun, nämlich mit der unterschiedlich ausgeprägten Häufigkeit und Verbindlichkeit der dort zu praktizierenden Lesearbeit. Wenn man bedenkt, dass die Leseleistung der Kinder und Jugendlichen in erster Linie davon abhängt, wie konzentriert und verbindlich sie ihre Leseaktivitäten gestalten, dann wird die Wurzel des Problems bereits erkennbar. Deutschlands Schüler/innen lesen einfach zu selten und zu wenig verbindlich und anwendungsbezogen. Das gilt für die Schule genauso wie für die Familien. In dieser Hinsicht können wir von Finnland und anderen OECD-Ländern einiges lernen.

Lesen lernt man letztlich nur dadurch, dass man möglichst oft, konzentriert und anwendungsbezogen liest. Und genau das ist das Hauptproblem hierzulande. Weder in den Familien noch in den Schulen wird mit den zu erlesenden Informationen so gearbeitet, dass die Lesetätigkeit selbst Sinn bekommt und direkt belohnt wird. Wer z.B. einen Text liest, um anschließend ein Gespräch zu führen, eine Nacherzählung zum Besten zu geben, den Text irgendjemandem vorzulesen, ein korrespondierendes Bild oder Schaubild zu zeichnen, ein Frage-Antwort-Spiel durchzuführen, einen Kommentar zu schreiben oder ein szenisches Spiel vorzubereiten, der wird dieses natürlich mit mehr Akribie und Motivation tun als jemand, der anschließend lediglich damit rechnen muss, dass ein textbezogenes Unterrichtsgespräch folgt oder eine Lehrerabfrage gestartet wird. Diesem Grundsatz des „produktiven Lesens“ muss der alltägliche Schulunterricht viel stärker als bisher Rechnung tragen. Leseförderung ist zuallererst Anregung und Ermutigung zum produktiven Arbeiten an und mit Texten, Grafiken und Schaubildern der verschiedensten Art und weniger Animation zum unverbindlichen Durchlesen oder Vorlesen von Textinformationen.

1.5 Problematisches Sozialverhalten

Erfolgreicher Unterricht braucht konstruktives Sozialverhalten. Daran hapert es vielerorts ganz beträchtlich. Partner- und Gruppenarbeit scheitern im Unterricht häufig daran, dass sich die Schüler/innen wechselseitig das Leben schwer machen. Das beginnt mit individuellen Sticheleien und Killerphrasen und reicht über die Ablehnung und Ausgrenzung einzelner Mitschüler/innen bis hin zur egozentrischen Verweigerung von Mitarbeit und Mitverantwortung in Phasen des kooperativen Lernens. Fakt ist: Vielen Schülerinnen und Schülern fällt es schwer, sich in einen sozialen Verband einzufügen, andere Vorstellungen und Meinungen zu tolerieren, den eigenen Egoismus zurückzustellen, einfühlsam mit anderen Lernpartnern umzugehen, freundlich und hilfsbereit zusammenzuarbeiten etc. Dass der Unterricht unter solchen Vorzeichen nur unzulänglich funktionieren kann, ist unstrittig und von zahllosen Lehrkräften immer wieder als Problemanzeige formuliert worden. Lernförderung muss von daher auch und nicht zuletzt beim Sozialverhalten der Schüler/innen ansetzen und ein Mehr an Kommunikations- und Teamfähigkeit sicherstellen helfen.

Gruppenarbeit und Partnerarbeit sind nun einmal wichtige Stützen eines modernen, kompetenzorientierten Unterrichts. Von daher kommt dem Sozialverhalten der Schüler/innen große Bedeutung zu. Nur, bislang gibt es dazu eher Problemanzeigen und weniger Positivmeldungen – von

Forscher- wie von Lehrerseite. Breit ist die Palette der Disziplinprobleme und sozialen Friktionen, die Unterrichtsbeobachter anzeigen. Wie Hans-Peter Nolting bilanziert, führen die Schüler/innen viel zu viele Privatgespräche; sie melden sich zu laut, brüllen ohne Meldung in den Raum, laufen einfach herum, begleiten Beiträge mit Gelächter, sind unruhig, unaufmerksam und machen einen Lärm, dass es gelegentlich bis auf den Schulflur hinausschallt. Hinzu kommen Feindseligkeiten zwischen einzelnen Schülern bzw. Gruppen, die bis hin zu handfesten Angriffen und Ausgrenzungsbestrebungen gegenüber Mitschüler/innen reichen können (vgl. Nolting 2002, S. 12).

Im Mittelpunkt der „Mängelliste" stehen verbale Störfaktoren (schwatzen, vorlautes Verhalten, Zwischenrufe, Beleidigungen), gefolgt von motorischer Unruhe bis hin zu aggressivem Verhalten gegenüber Personen und Sachen – letzteres allerdings nur in relativ geringem Umfang (vgl. Lohmann 2003, S. 13). Das bestätigt nicht zuletzt eine vom bayerischen Lehrer- und Lehrerinnenverband durchgeführte Befragung von 3566 Grund-, Haupt- und Förderschullehrern. Danach klagen 83 Prozent der befragten Lehrkräfte über schwieriges Lernverhalten der Schüler/innen, 71 Prozent finden die heterogene Zusammensetzung der Klassen belastend und rund zwei Drittel nennen große Klassen, schwieriges Sozialverhalten und alltägliche Disziplinprobleme mit Schülern als herausragende Belastungsfaktoren (vgl. Süddeutsche Zeitung v. 24./25.5.2003). Alarmierend dabei: das mangelnde Problem- und Schuldbewusstsein der betreffenden Schülerinnen und Schüler (vgl. Keller/Hafner 1999, S. 24).

Selbstverständlich gelten die skizzierten Problemanzeigen nicht für alle Schüler/innen gleichermaßen. Am stärksten vorgebracht werden sie in Haupt- und Förderschulen sowie in den Berufsgrundbildungsabteilungen der Berufsschulen. Geklagt wird mittlerweile aber auch immer häufiger von Lehrkräften der Realschulen, Gymnasien und Gesamtschulen. Auch dort ist die Schülerpopulation inzwischen nicht nur heterogener, sondern in mancherlei Hinsicht auch schwieriger geworden. Das gilt vor allem für das alltäglich Sozial- und Interaktionsverhalten. Die Brisanz dieser Veränderung wird noch dadurch unterstrichen, dass die neuen Bildungsstandards dezidiert auf Gruppenarbeit, Partnerarbeit und Teampräsentationen abstellen. Von daher rückt die Sozialkompetenz der Schülerinnen und Schüler mehr und mehr in den Mittelpunkt der pädagogischen Betrachtung. Wenn es nicht gelingt, die kommunikativen und kooperativen Grundkompetenzen der Schüler/innen nachhaltiger als bisher zu fördern, bleibt die durch die Bildungsstandards umrissene „neue Lernkultur" weithin Makulatur.

Von den außerschulischen Sozialisationsinstanzen ist diesbezüglich nicht allzu viel zu erwarten. Viele Eltern tun sich nach wie vor schwer damit, ihren Kindern alltagstaugliches Sozialverhalten zu vermitteln. Die entgegenstehenden „Vorbilder" im Fernsehen, in Videoclips sowie in Nachbarschaft und Freundeskreis sind oft so übermächtig, dass die betreffenden Eltern zu eher hilflosen Erziehern werden. War es vor zwei bis drei Jahrzehnten noch deutlich leichter, im familiären Umfeld ein quasi naturwüchsiges Lernen von tragfähigem Sozialverhalten zu gewährleisten, so ist das heute immer weniger möglich. Einkind-Familien und schlechte Vorbilder sorgen für unzählige Brüche und Beeinträchtigungen im Sozialisationsverlauf von Kindern und tragen mit zu den oben skizzierten Verhaltensauffälligkeiten bei. Der Vorteil der Schule gegenüber den Familien: Sie hat die Möglichkeit, das soziale Lernen in größeren Schülergruppen mit relativ viel Verbindlichkeit und Zeit zu organisieren. Deshalb: Lernförderung muss nicht zuletzt Sozialkompetenz entwickeln helfen.

1.6 Hedonistische Lernerwartungen

Zur Lebenswelt der Schüler/innen gehört die „Spaßkultur". Das alltägliche Entertainment in Fernsehen, Diskos, Kinocentern und sonstigen Unterhaltungseinrichtungen und -medien verleitet dazu, dem latenten Hedonismus vieler Jugendlicher Nachdruck zu verleihen. Spaß muss es machen, Sinnesgenuss muss es bereiten, wenn etwas angepackt werden soll. Das gilt für die Privatsphäre genauso wie für den schulischen Bereich. Fehlen Spaß und kurzweiliges Entertainment, so setzt bei vielen Schülerinnen und Schülern sehr schnell das Räsonieren ein – getreu dem Motto: „Das ist aber langweilig!". Animation, Spannung, Spiel und Spaß sind die Messpunkte, an denen sich die Erwartungen und Wünsche vieler Schüler/innen festmachen. Andernfalls sind Motivation und Lernbereitschaft in Frage gestellt. Lernen ja – aber mit möglichst wenig Anstrengung, Verzicht und Quälerei. So kann man das Lebensmotto der betreffenden Kinder und Jugendlichen zusammenfassen. Dass sie den schulischen Anforderungen eher missmutig gegenüberstehen, ist durchaus verständlich.

Die Crux in Schule und Unterricht ist, dass vieles vom dem, was dort ansteht und gelernt werden muss, mit Spiel und Spaß allein beim besten Willen nicht zu bewältigen ist. Von daher sollten sich die Lehrkräfte davor hüten, die besseren Animateure sein zu wollen. Animation ist das eine, produktives Lernen und Be-Greifen ist das andere. Und beides lässt sich nur sehr eingeschränkt zur Deckung bringen. Der Aufbau fachlicher und überfachlicher Kompetenzen verlangt nun einmal ein erhebliches Maß an Anstrengung, Ausdauer, Eigeninitiative und nicht zuletzt auch Frustrationstoleranz – Tugenden also, die für hedonistisch geprägte Schüler/innen eher unangenehm sind. Trotzdem: Tiefgründige Arbeit und Anstrengung sind nötig, wenn erfolgreicher Unterricht stattfinden soll. Zwar spricht nichts dagegen, dass die schulische Lernarbeit nach Möglichkeit auch Freude bereiten sollte; eine „conditio-sine-qua-non" kann das jedoch nicht sein. Wer eigenverantwortliches Arbeiten und Lernen für sich und andere kultivieren und nachhaltiges Wissen und Können aufbauen möchte, der muss nicht zuletzt bereit sein, den eigenen Hedonismus zu überwinden und ohne Murren auch mal individuelle Kärrnerarbeit zu leisten. Diese Erkenntnis ist zwar nicht wirklich neu; sie muss bei vielen Schüler/innen allerdings erst noch reifen.

Der skizzierte Hedonismus ist ein Symptom unserer Zeit. Er ist Ausdruck der modernen Konsum- und Animationsgesellschaft mit ihren vielfältigen Attraktionen und Zerstreuungsangeboten. Was im Großen gilt, versuchen viele Eltern in Teilen auch zuhause zu praktizieren. Sie bemühen sich, Animation und Zerstreuung zu bieten, um ihre Kinder bei Laune zu halten. Nur: Wenn sie heute mit kleinen Portionen beginnen, müssen sie morgen in der Regel mehr bieten. Das ist das Gesetz der Verwöhnung. Es ist wie bei Drogen. Die Ansprüche steigen; ergo muss auch die Dosis wachsen, wenn der gewohnte Glückszustand immer wieder hergestellt werden soll. Viele Eltern stecken in diesem Hamsterrad und wissen nicht so recht, wie sie da wieder herauskommen sollen. Denn für die Schule gelten früher oder später andere Maßstäbe. Das ist die Crux. Im Kleinkindalter mag es vielleicht noch ganz schön sein, den heranwachsenden kleinen Königinnen und Königen ein Höchstmaß an Spaß und Kurzweil zu bereiten; später wird daraus nur zu leicht ein Bumerang. Die Schule kann und muss dem besagten Hedonismus entgegenwirken. Andernfalls sind die heute geforderten Kompetenzen weder passgenau noch nachhaltig genug zu vermitteln.

1.7 Die Folge: überlastete Lehrer

Die skizzierten Lern- und Verhaltensprobleme gehen nicht zuletzt zu Lasten der Lehrerinnen und Lehrer (vgl. Abb. 3). Wenn die Schüler/innen Unselbstständigkeit und/oder methodische Unbedarftheit an den Tag legen und bei jeder sich bietenden Gelegenheit die Lehrerseite fragen und/oder zur Lösung von Problemen und Aufgaben in die Pflicht zu nehmen versuchen, dann wird das auf Dauer selbstverständlich zur Belastung. Wenn Streitigkeiten und andere Formen des unsozialen Verhaltens das Unterrichtsgeschehen beeinträchtigen, dann stört das nicht nur das Klassenklima, sondern führt über kurz oder lang auch dazu, dass die zuständigen Lehrpersonen Nerven und Kraft lassen. Wenn die Schüler/innen partout Spaß und kurzweiliges Entertainment im Unterricht erwarten und dementsprechend motzen, sobald es anstrengend und arbeitsreich wird, dann nagt das auf längere Sicht selbstverständlich am Rollenverständnis und an der Berufsmotivation der betreffenden Lehrkräfte.

Damit jedoch keine Missverständnisse entstehen: Die Schüler/innen von heute sind nicht schlechter als früher, sie sind nur anders, anspruchsvoller, egozentrischer und häufig auch widerspenstiger. Das zeigen diverse Untersuchungen, die in den letzten Jahren zum Thema Lehrerbelastung durchgeführt wurden (vgl. Schaarschmidt 2004, Dauber/Vollstädt 2003; Bayerischer Realschullehrerverband 2003; Hillert 2004). Nach den vorliegenden Befunden ist die Hauptquelle der Lehrerbelastung der Unterricht selbst mit seinen vielfältigen Störungen, Friktionen und Konflikten. „An erster Stelle steht dabei", wie Hillert bilanziert, „problematisches Lernverhalten von Schülern, was sich in mangelnder Motivation und Konzentration, geringer Mitarbeit im Unterricht sowie unzureichender Vor- und Nachbereitung des Unterrichts ausdrücken kann. Mit geringem Abstand folgen aus gestörtem Sozialverhalten von Schülern resultierende Belastungen, was Disziplinprobleme und schnell eskalierende Konflikte einschließt" (Hillert 2004, S. 55).

Gewiss, das alles ist weder objektiv noch generalisierbar. Die skizzierten Belastungsanzeigen der befragten Lehrerinnen und Lehrer sind letzten Endes immer auch Ausdruck subjektiver Wahrnehmungen und

Belastungsempfindungen. Nur, das alles ändert nichts daran, dass sich weite Teile der bundesdeutschen Lehrerschaft persönlich gestresst und überlastet fühlen und deshalb Gefahr laufen, ihre berufliche Schaffenskraft mehr und mehr einzubüßen. Wie Uwe Schaarschmidt in seinen Studien für die Jahre 2003 bis 2006 nachweist, fühlen sich 62 Prozent der bundesdeutschen Lehrerschaft in krankmachender Weise überlastet. 29 Prozent gelten als „ausgebrannt", 33 Prozent leiden darunter, dass ihr Engagement viel zu wenig respektiert, anerkannt und/oder honoriert wird. 22 Prozent setzen auf Schonung und engagieren sich kaum noch und nur 16 Prozent kommen mit den Anforderungen des Lehrerberufs nach wie vor gut zurecht (vgl. Schaarschmidt/Kieschke 2007, S. 26.). Das ist ein wahrlich alarmierendes Bild. Von daher ist es müßig darüber zu streiten, ob die angezeigten Belastungen nun tatsächlich vorhanden

Abb. 3

sind oder nur subjektive Größen darstellen. An der Beeinträchtigung des Unterrichtsgeschehens und -erfolgs ändert das letztlich nichts.

Eines der zentralen Gegenmittel heißt „Lernförderung“. Das beginnt mit der Förderung von Selbstständigkeit, Eigenverantwortung, Lerndisziplin und Einsatzbereitschaft und reicht über den Auf- und Ausbau tragfähiger Lern- und Arbeitstechniken bis hin zum Einüben grundlegender Sozialkompetenzen in den Bereichen Kommunikation, Kooperation, Präsentation und Interaktion. Wer den Lernerfolg der Schüler/innen mehren und die Entlastung der Lehrkräfte im Unterricht vorantreiben möchte, der muss verstärkt daran gehen, den skizzierten Defiziten entgegenzuwirken und konsequenter als bisher üblich auf kleinschrittige Lern- und Kompetenzförderung zu setzen. Das vorliegende Buch folgt dieser Zielsetzung und bietet vielfältige Anregungen und Hilfen für die praktische Förderarbeit in Schule und Unterricht.

2 Förderauflagen seitens der Bildungspolitik

Der Bildungspolitik ist die skizzierte Misere natürlich nicht verborgen geblieben. Spätestens mit dem Erscheinen der ersten PISA-Studien setzte die Forderung nach einer neuen Lehr- und Lernkultur ein – einer Lernkultur, in der stärker gefördert und nicht nur unterrichtet wird, einer Lernkultur, in der weniger an Symptomen herumkuriert, sondern vornehmlich präventiv an der Vermeidung potenzieller Defizite und Probleme der Schüler/innen gearbeitet wird. Gute Vorsätze sind also da. Auch die Intentionen sind richtig. Nur bei der Umsetzung hapert es noch ganz erheblich. Mit welchen Programmen und Auflagen die Bildungspolitik reagiert und welche Konsequenzen sich daraus für die Lehrerschaft ergeben, ist Gegenstand der nachfolgenden Abschnitte.

2.1 Die neuen Bildungsstandards

Eine der ersten und weitreichendsten Reaktionen auf PISA war die Einführung moderner Bildungsstandards für die Hauptfächer der einzelnen Schularten und Schulstufen in den Jahren 2003ff. Damit sollte und soll dem relativ schlechten Abschneiden der bundesdeutschen Schüler/innen bei PISA und anderen Vergleichsuntersuchungen entgegengewirkt werden. Förderung von Schlüsselkompetenzen heißt das Motto. Einigkeit besteht darin, dass die Lernarbeit in Deutschlands Schulen zu flach und zu wenig anwendungs-, team- und problemorientiert verläuft. Stattdessen dominieren nach wie vor lehrer- und stoffzentrierte Verfahrensweisen unter besonderer Betonung von Einzelarbeit und rezeptivem Lernen – zumindest im Bereich der Sekundarschulen. Das Durchnehmen des Lernstoffs rangiert deutlich vor dem kreativen Verarbeiten und Anwenden des jeweiligen Fachwissens. Dass diese Kritik keinesfalls aus der Luft gegriffen ist, belegt die Unterrichtsforschung seit Jahr und Tag.

Jürgen Baumert identifiziert als Grundproblem den „fragend-entwickelnden-Unterricht", der in Deutschlands Schulen bis heute wahre Urstände feiert. Die Logik dieses Unterrichtsscripts ist Baumert zufolge gleichermaßen einzigartig wie fatal. Fatal deshalb, weil die Lehrpersonen unter ständigem Zeitdruck versuchen, den Schüler/innen das aus der Nase zu ziehen, was zur Abrundung ihres Stundenziels bzw. Tafelbilds gerade benötigt wird. „Die Schüler sollen mitspielen, ohne die Spielregeln zu kennen, d. h. sie tasten sich an die Idee des Lehrers assoziativ durch erste Antworten heran, bis sozusagen das Problem so klein gearbeitet und trivialisiert wird, bis der Schüler Ja oder Nein sagt oder einen Satz abruft, den er vorher auswendig gelernt hat" (Baumert 2003, S. 4). Mit eigenständiger geistiger Tätigkeit und nachhaltiger Erkenntnisgewinnung hat das Ganze recht wenig zu tun.

Dieser Suggestivpädagogik sollen die Bildungsstandards entgegenwirken. Intelligentes Wissen und Können sollen aufgebaut werden. Wissen verarbeiten und anwenden statt reproduzieren und memorieren – das ist das Credo der neuen Bildungsstandards. Im Vordergrund soll nicht länger der durchgenommene Lernstoff stehen, sondern vorrangig das, was die Schüler/innen am Ende bestimmter Bildungsabschnitte an gefestigten Kompetenzen nachzuweisen vermögen. Deshalb die Abkehr vom Inputdenken und die Hinwendung zur Outputorientierung. Die dabei anvisierten Kompetenzen betreffen sowohl fachspezifische als auch fachübergreifende Fähigkeiten und Fertigkeiten. Welcher Art diese sein sollen, lässt sich exemplarisch aus Abbildung 4 ersehen. Wichtig dabei: Es geht um Kernkompetenzen und nicht um detaillierte Lernziele und Lerninhalte, wie sie in den traditionellen Lehrplänen en Detail beschrieben und vorgegeben wurden.

Die vorliegenden Bildungsstandards repräsentieren ein verändertes Lehr- und Lernverständnis. Betont wird von Seiten der Bildungsplaner, dass Output vor Input geht und weniger unter Umständen mehr bedeutet. Deshalb die Konzentration auf relativ wenige Kernkompetenzen. Der Stoffdruck wird zurückgenommen zugunsten einer möglichst selbstständigen und nachhaltigen Informationsbeschaffung, -verarbeitung und -anwendung der Schüler/innen. Können geht vor Detailwissen, Anwendung vor Memorieren. Dabei wird auf Überschaubarkeit und Anspruchsdifferenzierung Wert gelegt. Überschaubarkeit meint, dass eine recht begrenzte Anzahl von Kernkompetenzen ausgewiesen wird, Anspruchsdifferenzierung bedeutet, dass die zu erreichenden Kompetenzen nach Niveaustufen gegliedert werden. Näheres dazu wird in Abschnitt I.4 dieses Buches ausgeführt werden.

Die Bildungsstandards zielen auf Lernförderung im besten Sinne des Wortes. Begleitet und unterstützt wird ihre Implementierung durch diverse Programme, Institutionen und Maßnahmen der zuständigen Bildungsministerien. Das beginnt mit der Abfassung schulinterner Arbeitspläne, wie sie in den letzten Jahren „verordnet" wurde und reicht über die Einrichtungen von Evaluations- bzw. Inspektionsinstanzen zur Überprüfung der schulinternen Unterrichtsentwicklung bis hin zu zentralen kompetenzorientierten Abschlussprüfungen, wie sie ab 2008 in nahezu allen Bundesländern obligatorisch sein werden. Das Berliner Institut zur Qualitätsentwicklung im Bildungswesen (IQB) entwickelt derzeit die mit den

Abb. 4

Bildungsstandards in Mathematik

Probleme mittels mathematischer Hilfsmittel, Strategien und Prinzipien **lösen**	**Mathematisch modellieren** (situationsspezifische Begriffe/Strukturen/Prinzipien bilden)
Mathematisch argumentieren (erläutern, beschreiben, begründen, beweisen …)	**Mathematische Darstellungen verwenden,** unterscheiden interpretieren …
Fachspezifisch **kommunizieren** (präsentieren, besprechen, dokumentieren …)	**Mit mathematischen Symbolen, Formeln etc. umgehen** (Gleichungen, Funktionen …)

neuen Bildungsstandards korrespondierenden Evaluationsverfahren. Von daher wird es in spätestens einem Jahr ernst werden mit der Forderung von Schüler/innen und Eltern nach einer konsequenten kompetenzorientierten Förderarbeit in Schule und Unterricht. Wohl den Lehrerinnen und Lehrern, die sich frühzeitig darauf einstellen und vorbereiten.

2.2 PISA, TIMSS und andere Tests

Ein zweites Druckmittel der Bildungspolitik betrifft die Leistungstests auf nationaler und internationaler Ebene. Auch darüber wird versucht, die schulinterne Innovations- und Förderarbeit voranzutreiben. PISA wird fortgeschrieben und auf OECD-Ebene in regelmäßigen Abständen wiederholt. Auch IGLU für die Grundschule und TIMSS für den mathematisch-naturwissenschaftlichen Bereich werden mit internationalem Zuschnitt fortgeführt. Von daher wird die bundesdeutsche Lehrerschaft noch einige Jahre von den mahnenden und warnenden Befunden dieser Studien begleitet werden. Das betrifft nicht zuletzt die Aufgabenstellungen, Bildungsziele und Prüfungsverfahren, die in diesen Studien ihren Niederschlag finden.

Wer die PISA-Aufgaben sorgfältig studiert hat, der hat feststellen können, dass die dort geforderten Qualifikationsnachweise weniger auf das fachspezifische Vorratswissen der Schüler/innen abstellen, sondern vornehmlich darauf, dass die Schüler/innen lernen, mit Hilfsmitteln wie Texten und Grafiken durchdacht, rasch und kreativ zu arbeiten und korrespondierende Probleme zu lösen. Ähnliches gilt für TIMSS und IGLU. Auswendig gelerntes Vorratswissen ist danach deutlich relativiert gegenüber dem eigenständigen Arbeiten an und mit vorliegenden Sachtexten, Grafiken und sonstigen Fachinformationen. Dieses veränderte Lern- und Prüfungsverständnis muss sich in Deutschlands Lehrerzimmern zwar erst noch herumsprechen und durchsetzen, aber umgehen lässt es sich wohl nicht.

Die damit gesetzten Standards und Auflagen werden zusätzlich unterstrichen durch eine Vielzahl nationaler Tests und Vergleichsarbeiten, die seit Jahren die bildungspolitische Agenda hierzulande zieren. Schon vor der Einschulung müssen Vierjährige häufig zum Deutschtest antreten. In sieben Bundesländern schwitzen dann die Drittklässler über Vergleichsarbeiten namens „VERA“. „In der Mittelstufe folgen vielerorts weitere Vergleichsarbeiten, die in der Regel auf Länderebene konzipiert und durchgeführt werden. Dazwischen kommen alle Jahre wieder die erwähnten internationalen Studien wie PISA, TIMSS und IGLU und je nach Bundesland weitere standardisierte Erhebungen „... mit phantasievollen Namen wie QUASUM, DESI, TOSCA, MARKUS, ULME oder LAU“ (vgl. der Spiegel Nr. 24/2007, S. 136). Darüber hinaus mehren sich die bundesweit genormten Abschlussprüfungen und -zeugnisse am Ende der Gymnasial-, Realschul- oder Hauptschulzeit.

Hinter all diesen Initiativen steht u.a. die Absicht, den Lehrkräften gezielte Anstöße für die Weiterentwicklung und Effektivierung ihres Unterrichts zu geben. Wo muss nachgebessert werden und welche Versäumnisse kennzeichnen die alltägliche Unterrichtsarbeit? Diese und andere Leitfragen stehen im Mittelpunkt der betreffenden Tests und Bestandsaufnahmen. Die Ergebnisse sind zum Teil recht wegweisend. Wenn zum Beispiel die auf Deutsch und Englisch abstellende DESI-Studie Anfang 2006 offenlegt, dass die Hälfte der Unterrichtszeit im Fach Englisch damit ausgefüllt ist, dass die Lehrperson redet, dann ist das eine ernste Alarmmeldung (vgl. Die Zeit vom 9.3.2006, S. 75). Die Tatsache, dass für die vielleicht 25 bis 30 Schüler/innen einer Klasse insgesamt nur ganze 11 Minuten pro Schulstunde bleiben, signalisiert die extrem geringe Gewichtung der mündlichen Sprachanwendung. Wenn die Schüler/innen hernach nicht sprechen können und wollen, ist das kein Wunder.

Ungereimtheiten dieser Art gibt es viele – auch in anderen Fächern. Wenn zum Beispiel die letzte PISA-Studie Ende 2006 gezeigt hat, dass zahlreiche Schüler/innen im Fach Mathematik innerhalb eines ganzen Schuljahres kaum oder gar keine Fortschritte machten, dann spricht das für sich. Zum Verfahren: Schüler/innen, die als Neuntklässler für die Studie „PISA 2003“ in Mathematik und Naturwissenschaften getestet worden waren, wurden ein Jahr später nochmals überprüft. Dabei kam heraus, dass etwa 60 Prozent der Testteilnehmer/innen ihre Mathe-Leistungen zwar verbessert hatten, bei einem Drittel allerdings stagnierte die Leistungsentwicklung und acht Prozent schafften es sogar, dass sie am Ende des betreffenden Jahres weniger konnten als zu Beginn dieses Jahres. Noch schlimmer war es in den Naturwissenschaften. Hier lag die Quote derjenigen Schülerinnen und Schüler, die am Ende des Untersuchungsjahres weniger an Wissen und Fertigkeiten nachzuweisen vermochten als zuvor sogar bei 19 Prozent. Nur 44 Prozent der Testteilnehmer/innen konnten sich merklich verbessern (vgl. Die Rheinpfalz vom 17.11.2006).

Dies alles unterstreicht nicht nur die Notwendigkeit neuer Lehr- und Lernverfahren, sondern auch und zugleich die Bedeutung verstärkter Fördermaßnahmen im alltäglichen Schulunterricht. Kompetenzentwicklung setzt nun einmal verstärkte Kompetenzförderung voraus. Und Kompetenzförderung wiederum verlangt nach einer möglichst regelmäßigen und kleinschrittigen Übungs- und Anwendungsarbeit in den betreffenden Fächern. Diese Wechselwirkung von Übung, Anwendung und nachhaltigem Kompetenzerwerb wird in praxi nur zu oft übersehen. Das zeigt nicht zuletzt die oben zitierte DESI-Studie. Wenn z.B. Kommunikationsfähigkeit eine der zentralen Kernkompetenzen im Fach Englisch ist, dann muss den Schüler/innen selbstverständlich sehr viel mehr Zeit und Gelegenheit zu mündlichen Beiträgen gegeben werden, als das laut DESI-Studie der Fall ist.

So gesehen sind die besagten Tests und Vergleichsarbeiten Mahnmale in Sachen Lernförderung. Sie signalisieren in deutlicher Weise, dass im landläufigen Unterricht offenbar zu wenig getan wird, um die Potenziale der Schüler/innen hinreichend zu mobilisieren. Wer den nationalen und internationalen Vergleichsstudien und Bildungsstandards überzeugend Rechnung tragen möchte, der muss verstärkt daran gehen, tradierte Gewohnheiten in Frage zu stellen und neue Lern- und Förderverfahren so zu kultivieren, dass nachhaltige Kompetenzentwicklung auf Schülerseite Platz greifen kann. Mit anderen Worten: Die bundesdeutschen Schüler/innen müssen verstärkt gefördert und gefordert werden, selbstständig und kreativ zu denken, Fachwissen nachhaltig zu verarbeiten, zu vernetzen und anzuwenden, fachspezifische Probleme zu lösen, tragfähige Arbeitsmethoden zu entwickeln, Informationen zu recherchieren, überzeugend zu kommunizieren und zu präsentieren etc. Diese Botschaft lässt sich aus den vorliegenden Tests und Vergleichsarbeiten ableiten.

2.3 Inspektionen und Evaluationen

Die neue Wunderwaffe der Bildungspolitik heißt Inspektion bzw. Evaluation. Damit gemeint sind gezielte Feldstudien zur Begutachten der Lehr- und Lernkulturen innerhalb der Schulen. Ziel dieser Feldstudien ist es, den Lehrkräften, Schulleitungen, Eltern, Schulträgern und Schüler/innen der betreffenden Schulen den Spiegel vorzuhalten und mit diesen gemeinsam daran zu arbeiten, die anstehende Schul- und Unterrichtsentwicklung in möglichst überzeugende und wirksame Bahnen zu lenken. Die Schlüsselinstanzen in diesen Prozessen sind die landeseigenen Qualitätssicherungsagenturen, die zugehörigen Inspektoren bzw. Evaluatoren sowie die zuständigen Schulaufsichtsorgane der Länder. Letztere haben vornehmlich die Aufgabe, die Fixierung innovativer Zielvereinbarungen zu begleiten und zu überwachen sowie anschließend sicherzustellen, dass auch die nötigen Umsetzungsschritte und Rechenschaftsberichte angepackt werden. Die Aufgabe der Inspektoren und ihrer Behörden dagegen ist es, den Entwicklungsstand und -bedarf der betreffenden Schulen zu diagnostizieren und entsprechende Informations- und Beratungsgespräche zu führen.

Schwerpunkt der gängigen Inspektionen ist die Unterrichtsarbeit. Inspektorenteams beobachten für meist 20 Minuten das Lehr-, Lern- und Interaktionsgeschehen in möglichst vielen Klassen und halten anhand spezifischer Beobachtungsbögen fest, was an signifikanten Eigenheiten auffällt. Dazu gehören auch Angaben zur Raumsituation sowie zur technischen und sonstigen Ausstattung im Klassenzimmer. Die Checklisten basieren auf dem jeweiligen „Orientierungsrahmen Schulqualität" der betreffenden Bundesländer. Ergänzt und verfeinert wird die Beobachtungstätigkeit der Inspektoren durch gezielte Befragungen von Lehrkräften, Eltern, Schülervertretern sowie Repräsentanten der Schulträger. Verantwortlich für die Zielsetzungen, Instrumente und Prozeduren der Inspektionen sind die landeseigenen Institute zur Qualitätssicherung im Schulbereich.

Zu den Aufgaben dieser Institute gehört es, (a) geeignete Verfahrensweisen, Beobachtungsbögen, Gesprächsleitfäden und Fragebögen für die verschiedenen Zielgruppen zu entwickeln, (b) diese in einer Pilotphase nach und nach zu testen und so zu optimieren, dass alltagstaugliche und hilfreiche Ergebnisse herauskommen, (c) geeignete Inspektoren auszuwählen und einschlägig zu qualifizieren sowie (d) das Berichtswesen so aufzubauen und zu gestalten, dass die Akteure in den Schulen etwas davon haben. Das gilt für die Inspektionsberichte genauso wie für die darauf aufbauenden Beratungsgespräche in den Schulen. Dabei geht es um Akzeptanz und Praktikabilität, um Alltagstauglichkeit und Verständlichkeit, um Ermutigung und Konsensfindung. Ohne diese letztgenannten

Abb. 5

Auszüge aus einem Fragebogen der AQS Rheinland-Pfalz

14.	**Hier finden Sie Aussagen zu verschiedenen Unterrichtsformen. Bitte kreuzen Sie an, was Ihrer Meinung nach in Ihrem Unterricht am meisten vorkommt.**				
		Nie	**Selten**	**Oft**	**Immer**
14.1	Die Schüler/innen arbeiten selbstständig an selbst gewählten Aufgaben.	❑	❑	❑	❑
14.2	Die Schüler/innen arbeiten jeder für sich an den gleichen Aufgaben.	❑	❑	❑	❑
14.3	Die Schüler/innen bearbeiten Aufgaben in Gruppen.	❑	❑	❑	❑
14.4	Die Schüler/innen geben Rückmeldung zum Unterricht.	❑	❑	❑	❑
14.5	Die Schüler/innen planen Lerneinheiten selbstständig.	❑	❑	❑	❑

15.	**Bitte kreuzen Sie an, inwieweit die folgenden Aussagen Ihrer Meinung nach zutreffen.**				
		Trifft nicht zu	**Trifft eher nicht zu**	**Trifft eher zu**	**Trifft zu**
15.1	Ich unterstütze die Schüler/innen dabei, sich Ziele für Ihr eigenes Lernen zu setzen.	❑	❑	❑	❑
15.2	Die Schüler/innen erhalten von mir Anregun-gen zur Reflexion und Verbesserung der eigenen Lernstrategie.	❑	❑	❑	❑

16.	**Wie häufig kommt Ihrer Meinung nach in Ihrem Unterricht folgendes vor?**				
		Nie	**Selten**	**Oft**	**Immer**
16.1	Die Schüler/innen sitzen und hören zu, ich spreche.	❑	❑	❑	❑
16.2	Ich stelle Fragen, einzelne Schüler antworten.	❑	❑	❑	❑
16.3	Die Schüler/innen führen eigene Unter-suchun-gen durch.	❑	❑	❑	❑
16.4	Die Schüler/innen arbeiten in Projekten.	❑	❑	❑	❑
16.5	Fachleute von außerhalb der Schule stehen im Unterricht zur Verfügung.	❑	❑	❑	❑

Quelle: Fragebogen für Lehrkräfte. Eingesetzt an Pilotschulen in Rheinland-Pfalz. Hrsg. von der Agentur für Qualitätssicherung Rheinland-Pfalz. Stand: 16.5.2007

Inspektionsmerkmale steht vieles nachweislich in der Gefahr, von den innerschulischen Akteuren abgelehnt, verwässert und/oder ausgesessen zu werden. Deshalb: Ohne Akzeptanz keine Innovation, ohne Praktikabilität kein Tatendrang – so einfach lassen sich die Anforderungen und Herausforderungen der anstehenden Inspektionsarbeit zusammenfassen.

Dreh- und Angelpunkt der besagten Unterrichtsevaluationen ist die Frage nach der praktischen Kompetenzförderung in Schule und Unterricht. Inwieweit gelingt es, die Schüler/innen wirksam zu motivieren, zu aktivieren und so zu qualifizieren, dass sie die durch die neuen Bildungsstandards markierten Kernkompetenzen tatsächlich erwerben? Welche Schritte schulinterner Unterrichtsentwicklung sind im Gang und wie werden die notwendigen Fördermaßnahmen in Schule und Unterricht in die Tat umgesetzt und innerhalb der Lehrerschaft in die Breite getrieben? Diese und andere Fragen signalisieren den ausgeprägten Stellenwert, der dem Thema Lern- und Kompetenzförderung zukommt. Das beginnt mit der Sicherstellung eines lernförderlichen Unterrichtsklimas und reicht über Fragen der Schülermotivierung und Schüleraktivierung bis hin zur Forderung nach angemessener Methodenvariation, Methodenvermittlung und Kompetenzförderung im besten Sinne des Wortes (vgl. Agentur für Qualitätssicherung 2006, Abschnitt 3). Fazit: Lehrkräfte, die diesen Anforderungen und Arbeitsperspektiven gerecht werden wollen, tun gut daran, mit dem Ausbau der kompetenzorientierten Förderarbeit so schnell und konsequent wie möglich zu beginnen.

2.4 Sprachförderung als Kernaufgabe

Sprachförderung ist eine Grundvoraussetzung für schulischen und beruflichen Erfolg. Von daher setzt die Bildungspolitik in den letzten Jahren zunehmend auf gezielte Maßnahmen zur Verbesserung der Sprach- und Leseleistungen der deutschen Schüler/innen. Diesbezüglich wurden und werden sowohl grundständige Sprachförderkurse eingerichtet (vgl. Die Rheinpfalz vom 19.8.2007) als auch gesteigerte Auflagen und Vorgaben in Sachen Leseförderung gemacht. Die Förderung der Leseleistungen gehört erklärtermaßen zu den Schwerpunktprogrammen der aktuellen Bildungspolitik. Warum? Weil das Lesen, Erfassen, Auswerten, Beurteilen und Anwenden fachspezifischer Textinformationen zur modernen Informations- und Wissensgesellschaft gehört wie das Salz zur Suppe. Das ist spätestens seit „PISA" ins Bewusstsein der Bildungsverantwortlichen vorgedrungen.

Rund ein Viertel der Kinder und Jugendlichen an weiterführenden Schulen gelten als leseschwach bis leseunfähig. Besonders häufig findet sich diese Problemgruppe in der Hauptschule. Aber auch in Realschulen und Gymnasien gibt es mittlerweile eine beträchtliche Anzahl von Kindern, die ihre liebe Not mit dem Lesen anspruchsvoller Sach- und Fachtexte haben (vgl. Schoenbach u.a. 2006, S. 8). Das ist angesichts der Anforderungen in der modernen Arbeits- und Berufswelt eine mittlere Katastrophe, ist doch das Lesen und Verstehen von Texten eine entscheidende Voraussetzung dafür, dass negative Schulkarrieren vermieden werden können. Dabei geht es weniger um die technische Seite des Lesevorgangs, d.h. um das Erfassen und Aussprechen von Buchstaben, Wörtern und Sätzen, sondern vorrangig darum, Textinformationen im besten Sinne des Wortes sinnerfassend und sinngebend zu lesen. Letzteres fällt vielen Schülerinnen und Schülern schwer.

Leseförderung ist also angesagt. Das gilt keinesfalls nur für den Deutschunterricht oder für spezielle Fördermaßnahmen im Rahmen von Arbeitsgemeinschaften, Lesewettbewerben oder Lesenächten. Das gilt auch und zugleich für all die anderen Unterrichtsfächer, in denen Textinformationen eine Rolle spielen. Und das betrifft faktisch alle Fächer (vgl. Eikenbusch 2007, S. 6 ff). Die Frage ist daher nicht „ob", sondern einzig und allein, „wie" es gelingen kann, die Lesefähigkeit der Schüler/innen verstärkt zu fördern. Dabei gilt es Missverständnisse zu beheben.

Viele Schülerinnen und Schüler meinen nämlich bis heute, dass das Lesen von Texten in erster Linie ein Vorgang sei, bei dem Wörter zu erfassen und angemessen auszusprechen seien. Die textgestützte Konstruktion von Bedeutungen und Erkenntnissen ist viel zu wenig im Blick. Das gilt nicht zuletzt für die Lehrerseite. Kein Wunder also, dass einem vorliegenden Praxisbericht zufolge ein Schüler nach der Lektüre eines Textabschnitts mit den Worten passen muss: Er wisse nicht, worum es gehe; er sei schließlich damit beschäftigt gewesen zu lesen. Auf das Thema habe er dabei nicht geachtet (vgl. Schoenbach 2006, S. 21).

Die Crux ist, dass dieser Mangel an Lesefähigkeit viele Lehrkräfte dazu veranlasst, den betreffenden Schüler/innen ernsthafte Leseanstrengungen erst gar nicht mehr abzuverlangen. Im Gegenteil: Sie umgehen den drohenden Misserfolg ihrer Schüler/innen, indem sie für diese die betreffenden Fachtexte lesen, exzerpieren, analysieren, kommentieren und präsentieren. „Die mündliche Wiedergabe von Inhalten, die Schüler Lehrbuchtexten nicht entnehmen können oder wollen, ist eine natürlich Reaktion engagierter Lehrer ... (Sie) lesen den Schülern manchmal vor, erzählen Lehrbuchinhalte mündlich nach oder zeigen ein entsprechendes Video ... Weil Schüler in einigen Fachunterrichtsstunden nicht lesen müssen, werden sie auch in den Unterrichtsstunden anderer Fächer nicht lesen wollen ... Auf diese Art und Weise ermöglichen es engagierte Lehrer, ohne das zu wollen, dass Schüler mit sehr begrenzter Lesekompetenz in die nächsten Klassen aufsteigen“ (ebenda, S. 23 f).

Nachhaltige Leseförderung muss andere Wege beschreiten. Das beginnt mit der Auswahl interessanter und abwechslungsreicher Lektüreangebote und reicht über die Steigerung der Lesehäufigkeit und Leseverbindlichkeit bis hin zum konsequenten und kleinschrittigen Erschließen, Anwenden und Verarbeiten lernrelevanter Textinformationen unter Mithilfe der jeweiligen Lehrperson. Geht es nicht nur um trockenen Lesestoff, sondern auch und zugleich um jugendnahe Romantexte, um die Lyrik eines Rap-Songs, den Sportteil einer Tageszeitung, das Erlesen einer alltagsnahen Gebrauchsanweisung etc., dann kann durchaus erwartet werden, dass die Lesebereitschaft und -konzentration der Schüler/innen ansteigt. Kommen dann noch ermutigende Reflexions-, Gesprächs- und/oder textgestützte Produktionsaktivitäten hinzu, dann sind die Vorzeichen für den anvisierten Leseerfolg nochmals besser. So gesehen ist Leseförderung nicht nur nötig; sie ist auch möglich – vorausgesetzt, es wird im Unterricht häufiger, abwechslungsreicher, kleinschrittiger, verbindlicher, produktiver und anwendungsbezogener als bisher gelesen! In dieser Hinsicht muss die staatlich verordnete Leseförderung erst noch Profil, Konstanz und Attraktivität gewinnen.

2.5 Veränderte Prüfungsverfahren

Eine weitere Auflage der Bildungspolitik betrifft die Leistungsmessung in den Schulen. Geht es traditionell ganz vorrangig darum, dass die Schüler/innen hin und wieder Klassenarbeiten, Hausaufgabenüberprüfungen oder sonstige punktuelle Wissensabfragen über sich ergehen lassen müssen, so ändert sich diese Praxis zur Zeit recht grundlegend. Statt punktueller Abfragen zum Lernstoff der letzten Wochen bzw. Stunden wird zunehmend auf Prüfungsverfahren abgestellt, die Aufschluss darüber geben sollen, wie es um den längerfristigen Kompetenzerwerb der Schüler/innen bestellt ist (siehe Bildungsstandards). Das beginnt mit anspruchsvolleren Klassenarbeiten und reicht über spezifische Projekt- und Präsentationsprüfungen bis hin zur Einforderung und Bewertung fachspezifischer Portfolios. Wichtig dabei: Die Kompetenzentwicklung der Schüler/innen soll möglichst breit diagnostiziert und so überprüft werden, dass Langfristerfolge sichtbar werden. Das kurzfristige Pauken und Reproduzieren von Tafelbildern, Hefteinträgen und sonstigem Detailwissen reicht deshalb nicht mehr hin, um eine Prüfung überzeugend zu bestehen.

Derartige Prüfungsanforderungen müssen im Unterricht natürlich vorbereitet werden. Von daher sind entsprechende Förder- und Trainingsmaßnahmen vonnöten, damit die Schüler/innen das ihnen eigene Potenzial auch einigermaßen mobilisieren können. Wenn die Aufgabenstellungen in Klassenarbeiten diffiziler und vielschichtiger werden (vgl. Abb. 6), dann müssen die Schüler/innen vorher natürlich entsprechend gefördert und gefordert werden. Andernfalls besteht die Gefahr, dass sie aufgrund mangelnder Vertrautheit mit den angedeuteten Aufgabentypen mehr oder weniger kläglich scheitern. Informationen rasch nachschlagen, Schlüsselfragen entwickeln, einen fundierten Text auf der Basis eines persönlichen Spickzettels schreiben, Fehlerkorrektur mithilfe des Lexikons, vorliegende Behauptungen überprüfen und beurteilen etc. – das alles ist bis dato weder im Unterricht noch in Klassenarbeiten üblich.

Abb. 6

Klassenarbeiten einmal anders

Fragen zum vorliegenden Material beantworten (s. PISA)
Vorgegebene Behauptungen überprüfen und beurteilen
Fünf Schlüsselfragen zu einem Text/Material entwickeln
Text auf der Basis eines persönl. Spickzettels schreiben
Problemfragen durch Nachschlagen lösen (siehe BVG)
In Text/Aufgabe eingebaute Fehler finden + korrigieren
Im Lexikon oder Schulbuch bestimmte Fakten finden
Umfangreichen Text in Zeitungsartikel zusammenfassen
Tabelle oder Diagramm zu vorgegebenen Daten erstellen

Unkonventionelle Anforderungen stellen auch die erwähnten Projekt- und Präsentationsprüfungen. Eingeführt wurden sie bereits vor Jahren in Baden-Württemberg, als die neuen Bildungspläne etabliert wurden und nach veränderten Prüfungsverfahren verlangten. Mittlerweile haben sich weitere Bundesländer angeschlossen, in denen ähnliche Prüfungsszenarien gelten. Typisch für die Projektprüfung ist, dass eine Schülergruppe über einen längeren Zeitraum an einer komplexeren Aufgabenstellung arbeitet, die selbst gewählt oder auch vom Lehrer vorgegeben sein kann. Am Ende der Projektarbeit werden die erzielten Ergebnisse gegenüber einer Prüfungskommission vorgestellt sowie die zurückliegenden Arbeits- und Planungsabläufe reflektiert. Auf dieser Basis erhält jedes Mitglied der betreffenden Projektgruppe eine individuelle Note, die sich nicht nur auf das Arbeitsergebnis, sondern auch auf den gesamten Arbeitsprozess bezieht (vgl. Wolf 2004, S. 20ff). Selbstständigkeit, Fachwissen, Planungskompetenz, Methodenbeherrschung, Teamfähigkeit, Kommunikationsvermögen, Problemlösungsfähigkeit und Zeitmanagement fließen hierbei in die Beurteilung ein.

Dieser erweiterte Lern- und Leistungsbegriff liegt auch den erwähnten Präsentationsprüfungen zugrunde. Präsentiert werden kann einmal im Rahmen von Projektprüfungen, zum anderen aber auch unabhängig davon am Ende eines mehr oder weniger intensiven Arbeitsprozesses. Das kann nach Abschluss eines Referats genauso sein wie am Ende einer

Abb. 7

Beobachtungsbogen zur Erfassung von Präsentationsleistungen

	++	+	o	–	––
Sachebene					
verständlich dargestellt, roter Faden erkennbar, fachlich korrekt ...					
Sprechweise					
freie Rede, Lautstärke, Sprechtempo, Artikulation, Modulation ...					
Auftreten					
Blickkontakt, Standfestigkeit, Körperhaltung, Mimik, Gestik ...					
Visualisierung					
übersichtlich, angemessen, ansprechend, gut lesbar ...					
Kooperation der Partner					
gleiche Anteile, gute Übergänge, gegenseitige Unterstützung ...					
Gesamteindruck					

Besondere Anmerkungen (+)	**Besondere Anmerkungen (–)**

gezielten Recherche zum einen oder anderen Fachthema. Dabei gilt: Präsentationsleistungen können sowohl einer einzelnen Person als auch einer ganzen Gruppe abverlangt werden. Im letzteren Fall spricht man von einer kooperativen Präsentation, im ersteren Fall von einer Einzelpräsentation. Die Präsentationsprüfung selbst schließt – neben dem fachlichen Leistungsnachweis im engeren Sinne – Visualisierungs-, Verbalisierungs- und (bei Teampräsentationen) Kooperations- und Koordinationsleistungen mit ein. So gesehen zielt auch die Präsentationsprüfung auf breit gefächerte Kompetenzförderung und -vermittlung im Unterricht (vgl. Abb. 7).

Gleiches gilt für die fachspezifischen Portfolio-Bewertungen. Der Grundgedanke dabei ist der, dass die ganze Breite des Leistungsspektrums der Schüler/innen erfasst und in die Beurteilung mit einbezogen werden sollte. Das beginnt mit Mappen und Berichtsheften und reicht über selbst erstellte Zeichnungen, Schaubilder, Werkstücke, Protokolle, Befragungsberichte und sonstige themenzentrierte Lernprodukte bis hin zu persönlichen Lernberichten, Tagesplänen und etwaigen Gutachten außerschulischer Einrichtungen. Klar ist, dass diese Breite der möglichen Leistungsnachweise nach Beschränkung und Konzentration verlangt. Andernfalls wird der Portfolio-Ansatz sehr schnell zu einem gigantischen Arbeitsbeschaffungsprogramm für die beurteilungspflichtigen Lehrkräfte. Was für die gängigen Praktikumsmappen gilt, gilt im Kern auch für das Portfolio: In der Präzisierung und Limitierung der einfließenden Leistungsnachweise liegt die Chance, dass das betreffende Bewertungsverfahren beherrschbar und aussagekräftig bleibt. Denn wer sagt denn, dass vom Schüler abgelieferte Lernprodukte auch tatsächlich aus seiner Feder bzw. seiner Herstellung stammen!?

Es liegt auf der Hand, dass die skizzierten Prüfungs- und Beurteilungsverfahren der korrespondierenden Lern- und Kompetenzförderung im vorgelagerten Unterricht bedürfen. Wer die Schüler/innen anspruchsvoll prüfen und in differenzierter Weise beurteilen möchte, der muss selbstverständlich auch dafür sorgen, dass die entsprechenden Fähigkeiten und Fertigkeiten rechtzeitig und einschlägig vermittelt werden. Von daher liegt die Bildungspolitik durchaus richtig, wenn sie nicht nur neue Prüfungen, sondern auch und zuvor nachhaltige Schritte zur Umsetzung der neuen Bildungsstandards in Schule und Unterricht fordert. Allerdings: Förderung brauchen nicht nur die Schüler/innen, sondern auch ihre Lehrkräfte. Andernfalls laufen die hochtrabenden Pläne zum Aufbau einer neuen Lehr- und Lernkultur in Deutschlands Schulen Gefahr, im Stadium der Absichtserklärungen stecken zu bleiben.

2.6 Sonstige Präventionsansätze

Die Förderauflagen der Bildungspolitik zielen auf Prävention im weitesten Sinne des Wortes. Vorbeugen statt Reagieren – das ist die Devise. Die skizzierten Maßnahmen und Programme sollen dazu beitragen, dass gravierende Lern- und Verhaltensdefizite erst gar nicht auftreten, sondern möglichst frühzeitig abgefangen und konstruktiv gewendet werden. Dieser Anspruch gilt für die neuen Bildungsstandards und Prüfungsverfahren genauso wie für die angesprochenen Maßnahmen zur Leseförderung und zur Schulinspektion. Doch damit nicht genug. Die Palette der Präventionsmaßnahmen und -programme erstreckt sich im Kleinen noch deutlich weiter. Das beginnt mit Gewaltprävention und Suchtprävention und reicht über Demokratie lehren und lernen bis hin zu berufsvorbereitenden Maßnahmen wie Betriebspraktika und Berufserkundungen. Hinzu kommen Programme zur Mädchenförderung sowie – neuerdings – zur verstärkten Jungenförderung unter besonderer Berücksichtigung der verschiedenartigen Talente und Affinitäten dieser Schülergruppierungen.

Für die Bildungspolitik ist klar: Wenn ein Lern- oder Verhaltensproblem auftaucht, dann muss es möglichst umgehend mittels Sonderprogramm aus der Welt geschafft werden. Dementsprechend seismografisch wird reagiert. Die Folgen sind politischer Aktionismus auf der einen Seite und zahlreiche Brüche und Ungereimtheiten im Schulalltag auf der anderen Seite. Ein Blick in die bundesdeutsche Schul- und Bildungslandschaft macht dieses deutlich. Schaut man sich die angezeigten Förderprogramme genauer an, so stellt man fest, dass viele Programme deutliche Überschneidungen aufweisen und/oder einfach zu spät ansetzen. So werden z.B. die gängigen Streitschlichterprogramme in der Regel erst dann angekurbelt, wenn bereits ernstzunehmende Streitereien aufgetreten sind. Auch die Präventionsarbeit in Sachen Gewalt und/oder Rechtsradikalismus leidet darunter, dass meist erst dann reagiert wird, wenn entsprechende Gewaltexzesse bzw. rechtsradikale Umtriebe die Öffentlichkeit aufgewühlt haben. So gesehen liegt die vorausschauende Präventionsarbeit unübersehbar im Argen.

Diese Schwachpunkte sind mittlerweile zwar erkannt, aber sie sind deshalb noch längst nicht behoben. Bedenkt man z.B., dass im Schulalltag nicht selten mehrere in die gleiche Richtung zielende Präventionsprogramme nebeneinander und zum Teil auch gegeneinander laufen, dann zeigt sich das ganze Dilemma. Da etablieren z.B. unterschiedliche Lehrergruppen zeitgleich verschiedene Sonderprogramme zur Streitschlichtung und zum Sozialen Lernen, zur Gewaltprävention und zur Suchtbekämpfung, zum Lions-Quest-Programm „Erwachsenwerden“ und zum Problemkreis „Mobbing in der Schule“, zum Komplex „Demokratie lernen“ und zur „Themenzentrierten Interaktion“ mit Schülern, zur Freizeitpädagogik und zur Mädchenförderung im Unterricht. Diese Palette ähnlicher Programme und Initiativen ließe sich noch fortsetzen. Das Problem ist nur, dass das alles nicht nur die Lehrerschaft überfordert, sondern auch daran krankt, dass ganz vorrangig außerhalb des Fachunterrichts angesetzt wird. So gesehen sind bestenfalls kompensatorische Effekte zu erzielen.

Von daher spricht vieles dafür, die angedeuteten Präventionsprogramme viel stärker als bisher zu bündeln, zu begrenzen und so mit dem normalen Fachunterricht zu verzahnen, dass nachhaltige Übungs- und Qualifizierungseffekte entstehen können. Weniger ist mehr – das gilt sowohl für die innerschulische Präventions- und Förderarbeit als auch für die politische Regieführung. Wer zu vieles gleichzeitig und nebeneinander bewerkstelligen möchte, der läuft beinahe zwangsläufig Gefahr, die verfolgten Ziele und Anliegen zu verfehlen. Wenn sich zwanzig Lehrkräfte auf mehrere scheindifferente Programme verteilen, dann bewirken alle am Ende vergleichsweise wenig. Wenn sie sich dagegen auf weniges konzentrieren und zur konzertierten Kompetenzförderung im Fachunterricht entschließen, dann sind die Chancen auf nachhaltige Wirkungen ungleich größer. Dies vor allem dann, wenn wirklich frühzeitig eingesetzt und nicht erst gewartet wird, bis die absehbaren Lern- und Verhaltensdefizite der Schüler/innen endgültig überhand nehmen.

2.7 Schulautonomie soll's richten

Die Implementierung der skizzierten Förderprogramme ist das eigentliche Problem. Fördermaßnahmen zu „verordnen“ ist das eine, sie faktisch in die Tat umzusetzen ist das andere. Und in diesem letzteren Punkt zeigen sich nach wie vor gravierende Unklarheiten und Ungereimtheiten – in den Schulen genauso wie auf der Ebene der großen Politik. Wie können und sollen die Akteure in den Schulen überzeugend ermutigt und angeregt werden, die skizzierte Unterrichtsentwicklung tatsächlich in die Hand zu nehmen und erfolgreich auf den Weg zu bringen? Diese Frage ist politisch in den letzten Jahren recht eindeutig entschieden worden. „Mehr Schulautonomie“ heißt die Zauberformel. Zwar sind die hiesigen Bildungspolitiker noch weit davon entfernt, die selbstständige Schule in Reinkultur zu etablieren; für erweiterte Selbstverwaltung und

Selbstorganisation sind inzwischen jedoch fast alle – allerdings nur in Verbindung mit regelmäßigen Kontrollen, Evaluationen und Rechenschaftsberichten der Schulen. Diese Ungereimtheiten sind und bleiben ein Stein des Anstoßes.

Dreh- und Angelpunkt der aktuellen Reformpolitik ist die These von der Selbsterneuerung des Systems Schule. Lehrer, Schüler, Eltern und Schulträger sollen gemeinsam daran arbeiten, die anstehenden Innovations- und Förderansätze in die Tat umzusetzen. „Schulen brauchen ... mehr Freiräume und mehr Flexibilität, wenn sie Unterricht und sich selbst verbessern wollen" – so bringt es die ehemalige NRW-Bildungsministerin Gabriele Behler auf den Punkt (vgl. Frankfurter Rundschau vom 9.9.2001). Die daran geknüpfte Erwartung ist die, dass die Gewährung von mehr Autonomie und Selbstverantwortung dazu führt, dass die in den Schulen schlummernden kreativen und innovativen Kräfte verstärkt freigesetzt werden. Erweiterte Spielräume in Sachen Personalbewirtschaftung, Sachmittelbewirtschaftung, Unterrichtsorganisation, Unterrichtsgestaltung, Elternarbeit und Schul- und Unterrichtsevaluation sollen dazu ermutigen, die pädagogische Arbeit zielstrebig umzukrempeln, damit die bestehenden Effizienz-, Organisations- und Lernprobleme in den Einzelschulen zukunftsorientiert behoben werden. Dabei kommt der Neugestaltung des Unterrichts und der innerschulischen Förderarbeit zentrale Bedeutung zu (vgl. Lohmann 2003, S. 10).

Diese Neuausrichtung betrifft sowohl die Lerninhalte und Lernverfahren als auch die zeitlichen und personellen Rahmenbedingungen, unter denen der alltäglich Schulunterricht abläuft. Veränderte Zeittakte, gelegentliches Teamteaching, veränderte Prüfungen, bessere Klassenraumausstattung, kompetenzorientierte Lehr- und Lernmittel etc. – das alles begünstigt die Implementierung neuer Lehr-, Lern- und Förderverfahren. Den Schulen müsse im Interesse der Qualitätsverbesserung mehr Gestaltungsspielraum im Hinblick auf die Ausgestaltung des Unterrichts, der Stundentafeln sowie der Richtlinien und Lehrpläne gegeben werden, so heißt es bestätigend in der bereits 1995 veröffentlichten Denkschrift der sogenannten Rau-Kommission (vgl. Bildungskommission NRW 1995).

Für die Richtigkeit dieser Einschätzungen sprechen die schulischen Gegebenheiten in erfolgreichen „PISA-Länder" wie Finnland, Kanada, Schottland, Schweden und Neuseeland, wo es seit längerem eine recht fruchtbare Verzahnung von erweiterter Schulautonomie und konsequenter Schul- und Unterrichtsentwicklung gibt. „Schulen bestimmen dort im Rahmen weniger staatlicher Vorgaben und auf der Basis von Vereinbarungen wesentliche Elemente ihres Alltags selbst: die Stundentafel wird bei vorgegebenem Stundenvolumen für die Fächer selbstständig fixiert, die Unterrichtszeiten werden frei gestaltet und rhythmisiert und schließlich werden die Stunden- und Pausenzeiten sowie die Projektphasen festgelegt; die Kernzeit für Unterricht und die Präsenzzeit der Lehrerinnen und Lehrer für Reflexion und pädagogische Abstimmung werden schulintern festgelegt." (vgl. Niedersächsisches Kultusministerium 2002, S. 2). Worüber indes wenig ausgesagt wird, das ist die konkrete Ausgestaltung der Unterrichts- und Förderarbeit in den Schulen.

Dieses Abgleiten in die Peripherie der praktischen Unterrichtsarbeit ist eines der Grundprobleme der „selbstständigen Schulen". Unterrichtsentwicklung und verstärkte Kompetenzförderung stellen sich nun einmal nicht schon deshalb ein, nur weil den schulischen Akteuren mehr Freiheit zugestanden wird. Die Schulprogrammforschung der letzten Jahre belegt sogar eher das Gegenteil, nämlich die weitreichende Ausblendung praktischer Unterrichtsreformen. So gaben anlässlich einer Befragung nordrhein-westfälischer Lehrkräfte lediglich 22 % der Befragten an, dass ihnen das Schulprogramm genützt habe, nur 19 % konstatierten einen Nutzen für den eigenen Unterricht, und nicht mehr als 9 % meinten, dass das Nachdenken über gemeinsame pädagogische Ziele den Unterricht der einzelnen Lehrkräfte verändert habe. Ähnlich wenige, nämlich 11 %, bekundeten die Ansicht, die Arbeit am Schulprogramm habe das Kollegium mehr zusammengeschweißt und 14 % meinten, diese Arbeit habe die Kommunikation im Kollegium verbessert (vgl. Burkhard/Kanders 2002, S. 22).

Überzeugend ist das nicht! Zwar werden in zahlreichen Schulen seit Jahren tolle Programme entwickelt, Pläne erstellt, Leitbilder formuliert und eindrucksvolle Presseartikel lanciert, doch eine faktische Weiterentwicklung der schulinternen Unterrichts- und Förderarbeit ist damit noch längst nicht verbunden. Warum nicht? Die Schulentwicklungsforschung spricht zur Erklärung dieser Diskrepanz vom „implementation dip", dem *Durchführungsloch* nach Abschluss der schulinternen Programmplanungen (vgl. Holtappels/Rolff 2002, S. 4). Der Grund für dieses Durchführungsloch: Die Lehrkräfte fühlen sich häufig überfordert, wenn sie die neuen Optionen in die Tat umsetzen sollen. Langjährig erworbene Handlungsroutinen stehen dem entgegen. Was fehlt, sind alltagstaugliche

Unterstützungs- und Servicemaßnahmen, die helfen, zeitsparend zu neuen Ufern zu gelangen. Das gilt für Deutschland wie für andere Länder. „Teachers feel alone in education-reform fight", so übertitelte eine große thailändische Wochenzeitung das beschriebene Dilemma. Und der Untertitel: "I want to change my teaching methods, but I don't know how" (The Sunday Nation vom 16.1.2000). Genau das ist der Knackpunkt auch in vielen deutschen Schulen.

Auf jeden Fall ist das Misstrauen unter Deutschlands Lehrer/innen groß. Zu oft haben sie während der letzten Jahrzehnte erleben müssen, dass politisch gewollte Reformen gescheitert sind und unter dem Strich lediglich Frustrationen und Mehrarbeit übrig blieben. Nun wird Schulautonomie als Königsweg propagiert, obwohl grundlegende Mitwirkungsrechte der Lehrkräfte doch schon immer vorhanden waren. Schon immer haben die Lehrpersonen im unterrichtlichen wie im schulorganisatorischen Bereich beträchtliche Gestaltungsspielräume gehabt und auch wahrnehmen sollen. Nur, mit der Realisierung hat es meist nicht recht geklappt. Die Erklärung von Manfred Bönsch: „Diese Selbstständigkeiten wollen im Alltag erst einmal wahrgenommen werden, besonders dann, wenn es an vielen Ecken und aus unterschiedlichen Gründen ziept und hapert" (ebenda). So gesehen ist der „Rettungsanker" Schulautonomie mit Vorsicht zu genießen. Die partiellen Erfolge anderer PISA-Länder mögen ermutigen; eine Erfolgsgarantie sind sie indes nicht.

2.8 Der Reformdruck nimmt zu

Der skizzierte Reform- und Förderbedarf führt zu vermehrter Hektik auf Seiten der Bildungspolitik und der Bildungsverwaltung. Das lässt sich bei regelmäßiger Zeitungslektüre leicht verifizieren. Das Reformkarussell dreht sich zunehmend schneller. Kaum ein Monat vergeht, ohne dass nicht neue Pläne und Reformabsichten publik werden. Das betrifft die Bildungspolitik genauso wie die Schulleitungen und Schulträger. Seit Jahren wird sprunghaft reformiert. Ein Projekt jagt das andere, eine Maßnahme löst die andere ab. Die skizzierten Innovations- und Förderprogramme stehen für diesen manischen Drang nach immer neuen Reformansätzen und -auflagen in Schule und Unterricht. Was dagegen sträflich vernachlässigt wird, das ist die praktische Konsolidierung der angekurbelten Reformmaßnahmen. Genau davon aber hängt die erwartete Bestätigung und Zufriedenheit der schulischen Akteure ab. Sprunghafte Reformen sind immer auch problematische Reformen. Sie verleiten zu Halbherzigkeit und Unverbindlichkeit und erschöpfen sich nur zu oft in eher flüchtigen „Glühwürmcheneffekten". Die Folge: Außer dem unguten Gefühl, viel Zeit und Energie in den Sand gesetzt zu haben, bleibt bei den engagierten Lehrkräften oft nicht viel übrig.

Beispiele für diesen schulpolitischen Aktionismus gibt es viele. So waren seit Anfang der 1990er Jahre u. a. Schulprogramme zu entwickeln und Leitbilder zu formulieren, Bestandsaufnahmen anzufertigen und Rechenschaftsberichte abzuliefern, Stoffpläne zu entrümpeln und vorgezogene Abiturprüfungen zu gewährleisten, neue Medien zu implementieren und entsprechende Computerfortbildungen zu nutzen, Mädchen zu fördern und D-Zug-Klassen zum Laufen zu bringen, Leseförderung auszubauen und Migrantenkinder zu integrieren, Ganztagsschulen auszugestalten und Hausaufgabenbetreuung zu gewährleisten, von TIMSS und PISA zu lernen und Vergleichsarbeiten zu entwickeln, neue Bildungsstandards umzusetzen und neue Prüfungsmethoden zu kultivieren, Freiarbeit zu ermöglichen und Wochenpläne zu etablieren, Gewaltprävention zu betreiben und Streitschlichterprogramme zu implementieren, ökologisches Lernen zu sichern und Demokratiekompetenz aufzubauen, Fremdsprachenunterricht einzuführen und neue Formen der Elternarbeit zu praktizieren, Lernberichte zu erstellen und gezielte Lernberatungen zu gewährleisten etc.

Die Bildungspolitik hat natürlich viele gute Gründe, warum das alles möglichst schnell und parallel realisiert werden sollte. Die nächsten Wahlen drohen; viele Wähler/innen zeigen sich ungeduldig und bestehen darauf, dass ihren ganz persönlichen Anliegen möglichst zügig Rechnung getragen wird. Die Vielfalt der Kommissionen und Kommissionsvorschläge begünstigt eine bildungspolitische Schlagzahl, die viele Betroffene eher irritiert, verängstigt oder auch überfordert zurücklässt. Zwar sind von den angesprochenen Reformaktivitäten selten alle Lehrkräfte gleichermaßen tangiert; gleichwohl bleibt bei vielen von Ihnen der Eindruck, dass die Bildungspolitik die Realität aus den Augen verloren hat. Von Machbarkeit, Nützlichkeit und Nachhaltigkeit spüren die engagierten Lehrkräfte in der Regel viel zu wenig. Dieses erklärt, warum viele Reformprojekte in der Vergangenheit relativ folgenlos geblieben sind. Mag sein, dass sich diese Bilanz in den nächsten Jahren verbessern wird, aber vieles spricht derzeit (noch) dafür, dass sich der laufende bildungspolitische Aktionismus so schnell nicht verlieren wird. Widerkehrende Tests, Vergleichsarbeiten, Schulinspektionen, Zentralprüfungen etc. signalisieren die Berechtigung dieser Prognose.

Kein Wunder also, dass viele Lehrkräfte auf Abwarten schalten und bestenfalls vorsichtig und reserviert daran gehen, die angesagten Innovations- und Förderprogramme in die Tat umzusetzen. Haben sie in der Vergangenheit doch immer wieder erleben müssen, dass Aufwand und Ertrag in keinem angemessenen Verhältnis standen. Da wurden eine Menge Zeit und Arbeit eingesetzt, ohne dass befriedigende Abschlüsse und Belohnungen erzielt werden konnten. Diese Diskrepanz zwischen Aufwand und Ertrag wirkt leicht zermürbend. Das ist eine der Erklärungen dafür, warum es in Deutschlands Schulen bis heute so mühsam ist, nachhaltige Reformbereitschaft bei den Lehrerinnen und Lehrern auszulösen. Wer des Öfteren erlebt hat, dass die Initiatoren von Reformvorhaben vornehmlich am „Feuerwerkseffekt“ ihrer Initiativen interessiert waren und sind, der hat allen Grund dazu, zurückhaltend zu sein. Das entbindet freilich nicht von dem Auftrag, bessere und erfolgreichere Wege zur inneren Schul- und Unterrichtsentwicklung zu suchen und zu finden.

3 Richtungsweisendes aus der Lernforschung

Die Befunde der Lernforschung sind eindeutig: Neue Lehr-, Lern- und Förderverfahren müssen her, wenn im Schulunterricht effektiver und nachhaltiger als bisher gelernt werden soll. Handeln und Lernen, Lernen mit allen Sinnen, die Schüler/innen als Konstrukteure von Lernergebnissen, mehr Varianz und Sozialformwechsel, klare Regeln und Rituale im Unterricht, vermehrte Übungs- und Anwendungsphasen, verstärkte Methodenschulung mit Schülerinnen und Schülern – diese und andere Grundsätze werden von der neueren Lern- und Gehirnforschung hergeleitet und begründet. So gesehen ist die hier in Rede stehende Reform- und Förderarbeit nicht zuletzt wissenschaftlich legitimiert. Die nachfolgenden Abschnitte werden nähere Informationen und Aufschlüsse dazu liefern.

3.1 Handlungstheoretische Befunde

Der enge Zusammenhang zwischen Lernhandlungen und nachhaltigem Wissens- und Kompetenzerwerb ist durch die Erziehungswissenschaften wiederholt belegt worden. Entsprechende Befunde wurden aus anthropologischer wie lernpsychologischer Sicht formuliert. Anthropologisch betrachtet gehören Kopf und Hand, Denken und Handeln, Geist und Körper aufs Engste zusammen (vgl. Fauser u.a. 1983, S. 138ff). Diese Grunderkenntnis durchzieht die wissenschaftlichen Veröffentlichen seit vielen Jahrzehnten. Ihren Ausdruck findet sie u.a. in den abgebildeten Zitaten führender deutscher Dichter und Denker (vgl. Abb. 8). Nachhaltiger Kompetenzerwerb ist danach in hohem Maße darauf angewiesen, dass die Schülerinnen und Schüler korrespondierende Lernerfahrungen sammeln und möglichst vielseitige Lerntätigkeiten starten. Dieser Konnex von Handeln und Lernen wird im Schulalltag nur zu oft übersehen. Nachhaltiges Lernen verlangt zuallererst nach intensivem „Be-Greifen". Egal, ob es sich um Texte oder Bücher handelt, um Grafiken oder Filme, um Lehrervorträge oder Tafelbilder, um Gedichte oder Mathematikaufgaben – stets müssen die Schüler/innen an und mit diesen Lerngegenständen möglichst variantenreich arbeiten, wenn sie nachhaltig lernen und Verständnis aufbauen sollen. Handeln und Lernen sind also zwei Seiten der gleichen Medaille.

Lernforscher wie Leontiew und Galperin haben diese Schlussfolgerung in den 70er Jahren des letzten Jahrhunderts unter primär materialistischem Blickwinkel belegt. Danach sind Geist und Materie, Sein und Bewusstsein aufs Engste verknüpft und verlangen folgerichtig nach einer möglichst ausgeprägten Lerntätigkeit im Unterrichtsprozess (vgl. Gmelch 1987). Die dadurch ausgelösten Lerneffekte: Die entsprechenden Lernhandlungen der Schülerinnen und Schüler begünstigen abstrahierendes Denken wie reflektierte Begriffsbildung, geistige Durchdringung wie vielfältige sprachliche Operationen. Erhärtet werden diese Thesen u.a. durch zahlreiche Befunde der neueren Kognitions- und Entwicklungspsychologie, wie sie z.B. von Piaget, Bruner und Aebli zutage gefördert wurden.

Folgt man z.B. den Untersuchungen des französischen Lernforschers Jean Piaget, so spricht eigentlich alles dafür, dass Kinder zumindest bis zum 11. Lebensjahr ganz elementar auf praktisches Tun und konkrete

Abb. 8

Zitate zum Nachdenken

- „Der naturgemäße Weg der Bildung ist der Weg des praktischen Handelns." (Kerschensteiner)
- „Was der Schüler sich nicht selbst erwirkt oder erarbeitet hat, das ist er nicht und das hat er nicht." (Diesterweg)
- „Ein Gramm Erfahrung ist besser als eine Tonne Theorie." (Dewey)
- „Das kleinste Gramm eigener Erfahrung ist mehr wert als Millionen fremder Erfahrung." (Lessing)
- „Denken und Tun, Tun und Denken, das ist die Summe aller Weisheit." (Goethe)

Operationen angewiesen sind, wenn sie wirksam lernen sollen (vgl. Piaget 1976). Danach sind die Heranwachsenden aufgrund ihrer zunehmenden biologischen und intellektuellen Reife zwar grundsätzlich in der Lage, auch formal-abstrakt zu operieren und entsprechende Denk- und Abstraktionsleistungen zu erbringen. Die Bedeutung der Lerntätigkeit wird dadurch jedoch nicht geschmälert. Im Gegenteil: Auch vielen Erwachsenen tut es in der Regel ausgesprochen gut, über anstehende Lerngegenstände nicht nur etwas zu hören bzw. zu lesen, sondern damit auch ganz praktisch zu hantieren. Daher die ausgeprägte Handlungsorientierung z.B. in der Erwachsenenbildung sowie in der betrieblichen Aus- und Weiterbildung.

Nach den Befunden der neueren Informations- und Medienforschung behalten wir durchschnittlich ca. 20 Prozent von dem, was wir hören, 30 Prozent von dem, was wir sehen, aber 70 Prozent von dem, was wir in Vorträgen oder Gesprächen in selbstgefertigten Sätzen sagen und sogar 90 Prozent von dem, was wir unter Einsatz unterschiedlicher Sinne selbst tun bzw. ausführen (vgl. Gemmer u. a. 2004, S. 74; Witzenbacher 1985, S. 17). Zeitgemäßer Unterricht muss demnach „den visuellen, den haptischen, den gefühlsmäßigen und den auditiven Kanal in gleicher Weise nutzen und dadurch viel stärkere Assoziationsmöglichkeiten bieten als bei einem realitätsfernen Eintrichtern" (Vester 1978, S. 102). Dieser breit gefächerte Handlungsansatz schließt vieles ein: Zeichnen und lesen, schreiben und nachschlagen, spielen und gestalten, strukturieren und visualisieren, kommunizieren und präsentieren, recherchieren und kooperieren, dokumentieren und archivieren, planen und organisieren etc.

Hans Aebli sieht diese Lerntätigkeiten als Quelle kognitiver Handlungsschemata, die er in zahlreichen Experimenten nachgewiesen hat (vgl. Aebli 1983, S. 184 ff). Damit meint er strategische Handlungsmuster, die Schüler/innen durch wiederholtes Tun und Reflektieren aufbauen. Derartige Handlungsschemata beruhen in aller Regel auf konkreten Handlungsvollzügen; ihr Ablauf ist gelernt und als ganzer abrufbar. Sie können allerdings auch durch abstraktes Nachdenken, d. h. durch Analogiebildung und theoretisches Kombinieren konstituiert werden – vorausgesetzt, die Schüler/innen haben ein entsprechendes Alter und Abstraktionsvermögen erreicht. Interessant an Aeblis Überlegungen und Befunden ist dreierlei: Erstens unterstreichen sie die zentrale Relevanz des methodisch-strategischen Lernens, zweitens machen sie deutlich, dass das tätige Lernen den Lernerfolg der Schüler/innen nachhaltig begünstigt, und drittens schließlich belegen sie, dass die besagten Handlungsschemata in der Regel so abgespeichert und automatisiert werden, dass sie den Lernern ganzheitlich zur Verfügung stehen. Daher steht für Aebli fest: „Schulen sollten Orte des praktischen Tuns ..., aber zugleich (auch) Orte des Nachdenkens und der Reflexion sein“ (ebenda, S. 227). Funktionieren kann das Ganze freilich nur dann, wenn die Schüler/innen über entsprechende Lern- und Handlungskompetenzen verfügen. Deshalb müssen verstärkte Förder- und Trainingsmaßnahmen angesetzt und implementiert werden.

3.2 Lernen als Konstruktionsprozess

Eng verwandt mit der skizzierten Handlungstheorie ist der Konstruktivismus. Damit gemeint ist jene Richtung der Lernforschung, die Lernen in erster Linie als Konstruktionsarbeit der Schülerinnen und Schüler sieht. Wie Jerome S. Bruner in seinen Studien nachgewiesen hat, lernen die Schüler/innen dann am besten, wenn sie selbst zu Enteckern und Konstrukteuren von Lernergebnissen bzw. Erkenntnissen werden. „Wenn man das Entdecken beim Lernen betont“, so schreibt Bruner, „so wirkt sich das auf den Lernenden gerade so aus, dass aus ihm ein Konstrukteur wird. Was er antrifft, wird ... so organisiert, dass er Ordnungen und

Beziehungen entdeckt“ (Bruner 1981, S. 21). Als Vorteile dieses entdeckenden, konstruktiven Lernens stellt Bruner heraus, dass die Schüler/innen dadurch sowohl zu versierten Problemlösern werden als auch und zugleich die Fähigkeit erwerben, den zu lernenden Stoff relativ intensiv im eigenen Gedächtnis zu vernetzen und so abzuspeichern, dass er längerfristig zur Verfügung steht, wenn neue Problem- bzw. Anwendungssituationen zu bewältigen sind (vgl. ebenda, S. 28). Hinzu kommt, dass das wiederholte Praktizieren elementarer Konstruktionsaktivitäten die Lernmotivation der Schüler/innen begünstigt. Bruner spricht diesbezüglich von „Kompetenzmotivation“ und meint damit die Tatsache, dass die Schüler/innen aufgrund ihres wiederholten Tuns ausgeprägte Kompetenzerfahrungen sammeln. Das motiviert.

Diese konstruktivistische Sichtweise wird durch andere Studien untermauert (vgl. Roth 1997, Glasersfeld 2002, Siebert 2003, Reich 2002). Lernen ist danach vor allem Konstruktion von Bedeutungen und Begriffen, von Zusammenhängen und Strukturen, von Handlungen und Problemlösungen, von Thesen und Theorien durch die Schüler/innen selbst. Deshalb können Lehrkräfte Lernergebnisse nicht einfach determinieren und den Schülern vorsetzen, sondern sie müssen sich ganz vorrangig als Vermittlungsexperten und Entwicklungshelfer im Dienste der Schülerinnen und Schüler verstehen – als Helfer in Sachen Denken und Vernetzen, Recherchieren und Konstruieren, Kommunizieren und Kooperieren. Vorsagen und nachplappern von Lehrerwissen führt nicht wirklich weiter. „Wissen wird eben nicht wie im Rahmen informationsverarbeitender Beschreibungen unterstellt, von außen übernommen und gespeichert, so dass es zu einem späteren Zeitpunkt wieder aus dem Speicher bereitgestellt werden kann. Wissen muss vielmehr intern (im kognitiven System) erzeugt werden.“ (Aufschnaiter 1998, S. 55). Dieser Konstruktionsarbeit wird in den Schulen bislang zu wenig Aufmerksamkeit geschenkt.

Die pädagogischen Konsequenzen des Konstruktivismus liegen auf der Hand: Die Schüler/innen müssen verstärkt angehalten und befähigt werden, fach- und themenzentrierte Konstruktions- und Rekonstruktionsarbeiten zu erledigen. Das betrifft erstens die Re-Konstruktion von vorliegenden Texten, Tafelbildern, Lehrervorträgen, Interpretationen, Filmbeiträgen, Erzählungen und anderem mehr sowie zweitens die möglichst genuine Konstruktion von Lernprodukten der verschiedensten

Art – angefangen beim Schreiben eigener Texte, Kommentare, Spickzettel und Gedichte über das Gestalten von Wandzeitungen, Plakaten, Folien, Pinnwänden und praktischen Werkstücken bis hin zur eigenständigen Konstruktion von Versuchsanordnungen, Fragebögen, Tabellen, Schaubildern, Mathe-Aufgaben, Thesenpapieren, Referaten und Vortragsleitfäden. Dieser konstruktive bzw. rekonstruktive Umgang mit Inhalten und Aufgaben ist den Konstruktivisten zufolge der effektivste Weg des Lernens (vgl. Reich 1998, S. 44). Dieser erkenntnis- bzw. lerntheoretische Befund hat natürlich Folgen: Er verlangt zwingend nach einer veränderten Lernkultur – einer Lernkultur, die Lernen über Lehren, Konstruktion über Instruktion, Produktion über Reproduktion, Kooperation über Isolation, Diskussion über Rezeption, Expression über Impression stellt. Ohne entsprechende Qualifizierungs- und Fördermaßnahmen in den Klassen ist dieser Anspruch natürlich schwerlich einzulösen. Hier setzt die anvisierte Förderarbeit an.

Den Schüler/innen freilich nur Freiraum zu gewähren, reicht nicht. Konstruktives und rekonstruktives Arbeiten verlangt mehr. Wenn die Schülerinnen und Schüler tatsächlich eigenverantwortlich arbeiten und lernen sollen, dann brauchen sie vor allem eines: einschlägige Handwerkszeuge im besten Sinne des Wortes. Das beginnt bei grundlegenden Lern- und Arbeitstechniken und reicht über elementare Kommunikations-, Kooperations- und Präsentationskompetenzen bis hin zu solchen Persönlichkeitsmerkmalen wie Eigeninitiative und Selbstvertrauen, Kreativität und Problemlösungsvermögen, Offenheit und Empathie. Um diese Fähigkeiten und Fertigkeiten ausbilden zu können, brauchen die Schüler/innen Hilfestellung und Training. Denn Selbstregulierungs- und Konstruktionsfähigkeit werden nun einmal nicht bereits dadurch erreicht, „... dass man sie in komplexen Lernsituationen als bereits erreicht unterstellt“ (vgl. Bund-Länder-Kommission 1997, S. 23). Konstruktionsarbeiten der Schüler/innen bedürfen der nachhaltigen Übungs- und Förderarbeit.

3.3 Befunde der Intelligenzforschung

Intelligenzen gibt es viele. Das lässt sich aus Abbildung 9 ersehen (vgl. Gardner 1996; Goleman 1996). Werden diese Intelligenzen als Potenziale verstanden, so ist klar, dass eine anspruchsvolle Begabungsförde-

Abb. 9

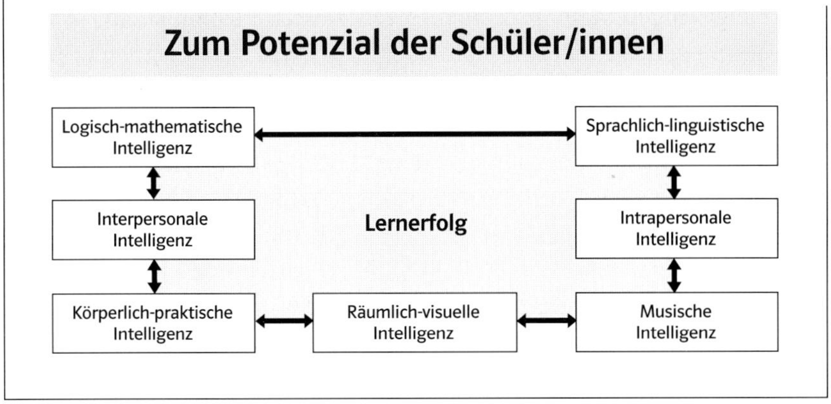

rung darauf bedacht sein muss, eine eindimensionale Unterrichtsgestaltung zu vermeiden. Unterricht muss vielschichtig und vielgestaltig sein, soll er die unterschiedlichen Potenziale der Schüler/innen mobilisieren helfen. Das ist im Horizont der deutschen Lehrerschaft zu wenig verankert. Wenn bei der Unterrichtsplanung und -gestaltung bis heute vorrangig darauf abgestellt wird, dass die Schüler/innen im logisch-mathematischen Bereich angesprochen und über weite Strecken rezeptiv bedient werden, dann ist damit nachgerade programmiert, dass dieser Unterricht gravierende Benachteiligungen für all diejenigen mit sich bringt, die andere Begabungsschwerpunkte haben.

Wirksame Begabungsförderung verlangt mehr und anderes. Wie aus Studien zur Begabungsförderung hervorgeht, ist das Gros der Menschen ganz vorrangig praktisch-anschaulich begabt und daher in hohem Maße darauf angewiesen, dass vielseitige Lerntätigkeiten ins Spiel gebracht werden. Aktiv-produktives Lernen – das ist die Perspektive! Demgegenüber ist nur eine deutliche Minderheit ausgeprägt verbal-abstrakt begabt. Die betreffenden Personen verfügen über ein ausgeprägtes Hör- und Sehgedächtnis, können gut abstrahieren und stehen deshalb in der Beliebtheitsskala der meisten Lehrkräfte ganz oben. Sie können Lehrervorträge, Tafelbilder, Unterrichtsgespräche und andere themenbezogene Rezeptionsangebote gut aufnehmen und nutzen und erzielen daher im tradierten lehrer- und stoffzentrierten Unterricht vergleichsweise gute Erfolge. Nur, was für diese Minderheit positiv ist, ist für die große Mehrheit in den Klassen eher ungünstig bzw. mit Überforderungen verbunden.

Diesen Begabungsunterschieden muss im Schulalltag stärker als bisher Rechnung getragen werden. Andernfalls werden viele Schüler/innen weit hinter ihren Möglichkeiten zurückbleiben müssen – ein Dilemma, das eingedenk der alarmierenden PISA-Ergebnisse kaum zu verantworten ist. Wer die vorhandene Potenziale der Schüler/innen tatsächlich verstärkt ausschöpfen möchte, der muss auf die ganze Breite der vorhandenen Intelligenzen und Begabungen setzen und die Unterrichtsarbeit zunehmend so planen und gestalten, dass das Gros der Lerner angemessen angesprochen und aktiviert wird. Der in Amerika entwickelte *„Enrichement-Ansatz"* signalisiert die Richtung, in die eine zeitgemäße Begabungsförderung gehen sollte (vgl. Renzulli u.a. 2001). Nicht ausgrenzen, sondern einbinden, nicht Höchstleistung, sondern Breitenwirksamkeit – das sind die Maßstäbe, an denen sich eine zukunftsträchtige Begabungsförderung festmachen muss.

Von daher sollte besser von „Talentförderung" gesprochen werden. Denn Talente hat ein jeder Schüler – der Schwächere genauso wie der Stärkere. Indem diese Talente gesucht, bedient und entwickelt werden, wird Lernförderung im besten Sinne des Wortes betrieben. Fakt ist nämlich, dass es in praxi nur wenige Kinder gibt, die überall Spitze sind. Umgekehrt gilt natürlich das gleiche. Auch die universell Schwachen sind die deutliche Ausnahme (vgl. Abb. 9). Der eine ist vielleicht im logisch-mathematischen Denken besonders clever, der andere mag im sprachlich-lingustischen oder im interpersonalen Bereich brachliegende Potenziale haben. So gesehen bedürfen fast alle Schüler/innen des Enrichements; d.h. der Anreicherung ihres Könnens und Wollens. Da sich im Vorhinein nur selten zuverlässig prognostizieren lässt, welcher Schüler welche Entwicklungspotentiale und -bedarfe hat, spricht vieles dafür, die Angebote und Anforderungen im Unterricht so breit zu streuen, dass möglichst alle Schüler/innen immer wieder Situationen erleben, in denen sie ihre spezifischen Talente, Interessen und/oder Stärken einbringen können. Das gewährleistet nicht nur ein Stück Chancengerechtigkeit, sondern stellt auch und zugleich sicher, dass kein Kind gänzlich entmutigt wird.

Diesem Enrichement-Gedanken schließt sich das vorliegende Buch an. Angesagt sind unterrichtliche Lernsituationen und -arrangements, die eine breite Spanne an Fähigkeiten, Interessen, Motivationen und Lernstilen von Kindern und Jugendlichen abrufen und mobilisieren helfen.

Eigentlich haben das fortschrittliche Pädagogen schon immer gefordert. Nur, die Realisierung steht unverändert aus. Die neuere Intelligenzforschung liefert überzeugende Belege dafür, dass Enrichement-Strategien nicht nur möglich, sondern auch nötig sind. Die Palette der potenziellen Fähigkeiten und Fertigkeiten der Schüler/innen ist sehr viel größer als das, was im alltäglichen Unterricht tatsächlich angesprochen und entwickelt wird. Das gilt nicht zuletzt für die vielen Problemkandidaten in den Schulen, die häufig vorschnell abgeschrieben werden, ohne dass ihnen im Unterricht hinreichende Angebote zur Einbringung ihrer kleineren oder größeren Talente eröffnet werden. Der eine kann vielleicht gut schreiben, der andere gut zeichnen, der eine kann gut rechnen, der andere gut organisieren, der eine kann einfühlsam kommunizieren, der andere überzeugend präsentieren, der eine hat Stärken beim linearen Denken, der andere ist besser, wenn es gilt, Kreativität an den Tag zu legen.

Gute Schulen müssen Schüler/innen helfen, diese unterschiedlichen Talente zu entdecken und zu entwickeln. Sie müssen Gelegenheiten eröffnen, dass sich junge Menschen auf ein kreatives und produktives Leben vorbereiten können. Warum? Weil das Beständigste in der Gegenwart der Wandel ist. Der Ruf nach selektiver Hochbegabtenförderung ist daher mit Vorsicht zu genießen. Alle Schüler/innen benötigen ein Mehr an Lern- und Kompetenzförderung und nicht nur einige wenige! Der Unterricht muss diesem Credo verstärkt folgen.

3.4 Impulse aus der Gehirnforschung

Die Gehirnforschung der letzten Jahre liefert zwar keine bahnbrechenden neuen Erkenntnisse zum Thema Lernen, wohl aber trägt sie dazu bei, dass die tradieren Annahmen und Vorstellungen zum Lernen von Kindern weitergehend geprüft, begründet und belegt werden. Das Thema Lernen ist durch die reformpädagogische Literatur und Forschung des letzten Jahrhunderts durchaus zutreffendend erhellt worden (vgl. Herrmann 2003, S. 31). Was bis vor wenigen Jahren allerdings noch ziemlich unterbelichtet geblieben ist, das waren die biochemischen Vorgänge im menschlichen Gehirn sowie die daraus ableitbaren Schlussfolgerungen für das schulische Lehren und Lernen. Manfred Spitzer kommt das Verdienst zu, dieser Klärungsarbeit kräftige Impulse gegeben zu haben (vgl. Spitzer 2003). Mit seinem Buch „Lernen – Gehirnforschung und die Schule des Lebens“ hat er nicht nur heftige Kontroversen innerhalb der wissenschaftlichen Zunft ausgelöst (vgl. z.B. Die Zeit vom 18.9.2003, S. 38 sowie vom 25.9.2003, S. 39), sondern auch und vor allem Belege und Veranschaulichungen geliefert, was im Gehirn eines Schülers unter welchen Bedingungen abläuft.

Die Botschaft der Neurobiologie ist klar und einfach: Gelernt wird immer – so oder so. Nun geht es in der Schule allerdings nicht darum, *irgendetwas* zu lernen, sondern auf bestimmte Lernziele, Lernaufgaben und Kompetenzen hin zu lernen. Dieses zielgerichtete Lernen funktioniert nach neurobiologischer Version dann am besten, wenn es gelingt, in den Köpfen der Kinder nachhaltige neuronale Netze aufzubauen. Dabei können Lehrkräfte helfen; die eigentliche Kärrnerarbeit müssen die Schüler/innen jedoch selbst leisten. Warum? Weil das Vorkauen von Wissen keinesfalls bedeutet, dass stabile neuronale Verknüpfungen gebildet werden. Letztere aber sind nötig, wenn nachhaltig gelernt und behalten werden soll. Mit anderen Worten: Entscheidend für die Speicherleistung des Gehirns ist, dass die Kinder es schaffen, zwischen ihren unzähligen Nervenzellen sinnstiftende Synapsen (Verknüpfungen) zu bilden, die den betreffenden Lernstoff dergestalt repräsentieren, dass er längerfristig bleibt und abgerufen werden kann.

Das menschliche Gehirn besteht aus vielen Milliarden Nervenzellen (Neuronen). Jede Nervenzelle wiederum ist mit Tausenden weiterer Nervenzellen verknüpft. Wie stabil diese Verknüpfungen sind, das hängt ganz wesentlich davon ab, wie gut der Aufbau der entsprechenden Synapsenverbindungen zwischen diesen Nervenzellen gelingt. Mit einem sehr vergänglichen Aufbau ist immer dann zu rechnen, wenn bestimmte Lerninhalte/Lernprozeduren nur sehr punktuell und oberflächlich gestreift werden – ein Phänomen, das im gängigen Unterrichts sehr häufig vorkommt. Unter diesen Umständen bleiben die Synapsen äußerst dünn und werden beim Ankommen neuer konkurrierender Lernangebote sehr schnell wieder aufgelöst. Werden die betreffenden Lerninhalte/Lernprozeduren dagegen wiederholt und variantenreich genutzt und angewandt, so entwickeln die besagten Synapsen nach und nach eine solche Dicke, dass sie die betreffenden Neuronen recht zuverlässig zusammenhalten. Es entstehen vergleichsweise stabile neuronale Netze.

Die Stabilität dieser neuronalen Landkarten hängt aber nicht nur von der Stärke der Synapsen ab, sondern auch davon, wie groß die Repräsentanzflächen (Domänen) für das je zu Lernende sind und wie zuverlässig korrespondierende Denk-, Wissens- und/oder Verhaltensmuster aufgebaut werden. „Je größer die Zahl der Repräsentanzstellen bestimmter Muster und je stärker ausgeprägt ihr neuronales Potenzial, desto größer ist die Wahrscheinlichkeit, dass diese Muster auch wieder aktualisiert (‚erinnert') und für weitere Verarbeitungsprozesse genutzt werden können." (Schirp 2003, S. 196). Wichtig dabei: Sind die betreffenden (Lern-)Muster immer wieder verschieden und die korrespondierenden Inputs sehr different, so wird wenig bis gar nichts gelernt. Nötig sind vielmehr Stabilität und Strukturiertheit beim Lernen. Menschen, die häufig an und mit ähnlichen Denk-, Wissens- und/oder Verhaltensmustern arbeiten, erzielen nachweislich recht nachhaltige Lern- und Behaltenseffekte (vgl. ebenda) So gesehen gelangen traditionelle Tugenden wie Üben und Wiederholen zu neuen Ehren.

Unser Gehirn ist auf Sinn und Verstehen angelegt. Es verknüpft und verdrahtet Informationen, Begriffe, Ereignisse und/oder Handlungen. Dabei werden die Weichen zunächst im Hippocampus gestellt, der darüber entscheidet, was aufgenommen und verarbeitet werden soll. Was neu, wichtig und/oder interessant ist, wird bevorzugt aufgenommen, was bekannt, unbedeutend oder eher uninteressant ist, hat es ungleich schwerer, den „Neuigkeitsdetektor" (Spitzer) des Hippocampus zu passieren. Der Hippocampus ist allerdings nicht nur Filterinstanz, sondern auch und zugleich Speicher für Fakten, Ereignisse, Situationen und Neuigkeiten, die bewusst wahrgenommen und in langfristigere Speicherstrukturen überführt werden sollen. Die eigentliche Speichereinheit im Gehirn ist aber der *Kortex* – auch Langzeitgedächtnis genannt. Letzterer hat ein ungleich größeres Fassungsvermögen als der Hippocampus und sorgt dafür, dass Lernrelevantes über längere Zeit erhalten bleibt und abgerufen werden kann (vgl. Spitzer 2003, S. 22 ff).

Das Gehirn speichert die Inputs freilich nicht „pur" ab, sondern immer nur in gefilterter Form. Dieser Filtervorgang verweist auf die grundlegende Bedeutung einer qualifizierten Lernarbeit der Schülerinnen und Schüler im Unterricht. „Lerngegenstände sollten vielfältige Zugänge aufweisen und mehrkanalige, kognitive und emotive Verarbeitungsformen miteinander kombinieren." (Schirp 2003, S. 198). Gerade emotionale Aspekte werden oft unterschätzt. Sie können das Lernen begünstigen oder auch beeinträchtigen, je nachdem, ob Angst und/oder Verunsicherung im Spiel sind oder aber Freude, Ermutigung und/oder Erfolg erlebt werden. Der Neurotransmitter Dopamin wird immer dann ausgeschüttet, wenn sich der Lernende wohlfühlt, sozial integriert ist und gute Erfolgsaussichten hat. Erfolg beflügelt und begünstigt nachhaltige Lernmotivation und Lernerfolge. Dieser Mechanismus bildet sich in den Gehirnen der Lernenden genauso ab wie einzelne Operationen in Verbindung mit bestimmten Lernaufgaben. Die Gehirnforschung hat dieses Wechselspiel mit eigens entwickelten bildgebenden Verfahren nachgewiesen.

Was folgt aus alledem für das schulische Lehren und Lernen? Viel Bekanntes – allerdings durch neue Fakten und Befunde erhärtet. Unterricht muss (a) vielseitiges Arbeiten und Üben gewährleisten (b) Muster- und Strukturbildung begünstigen, (c) ein positives Lernklima aufweisen, (d) Erfolg und Bestätigung sichern, (e) Reflexion und Feedback ermöglichen sowie (f) Abwechslung und Lernfreude mit sich bringen. Oder enger formuliert: Die Hirnforschung gibt Hinweise darauf, „...dass Wissen nicht so ohne weiteres übertragbar ist, sondern im Gehirn eines jeden neu geschaffen werden muss und dieses Erschaffen am besten durch Handeln geschieht." (Höfer/Madelung 2006, S. 26). Hier schließt sich der Kreis zum Konstruktivismus und zu anderen Befunden und Theoremen der etablierten Reformpädagogik. Dass diese veränderte Sicht des schulischen Lehrens und Lernens nicht zuletzt die Lehrerrolle tangiert, versteht sich von selbst. Lehrkräfte müssen zunehmend von Anwälten ihrer Fächer zu versierten Lernorganisatoren, Lernmoderatoren und Kompetenzvermittlern im Dienste der Kinder werden. Dieser Rollenwechsel fällt vielen zur Zeit noch recht schwer.

3.5 Was guten Unterricht auszeichnet

Dieser Abschnitt dient der Zusammenfassung des aktuellen Forschungsstandes in Sachen Lernen und Lernförderung. Andreas Helmke hat Anfang 2006 den verdienstvollen Schritt getan und die wichtigsten Kriterien guten Unterrichts auf der Basis moderner Lernforschungsstudien expliziert. Dabei standen die von Franz E. Weinert inspirierten Forschungsverfahren und -ergebnisse im Vordergrund. Die Eckpunkte dieser Zusammenfassung lassen sich aus Abbildung 10 ersehen. Der Grundgedanke dabei: Guter Unterricht muss zum nachhaltigen Aufbau *„intelligenten Wissens"* auf Schülerseite führen. Franz E. Weinert, ehemals führender

Lernforscher am Max-Planck-Institut in München, hat diesen Begriff des „intelligenten Wissens“ eingeführt und dem landläufigen „trägen Wissen“ gegenübergestellt, wie es in vielen Schulen nach wie vor dominiert. *Träges Wissen* meint Weinert zufolge passiv verfügbare Fakten und mechanisch anwendbare Kenntnisse und Fertigkeiten, die mehr oder weniger gedankenlos eingepaukt werden und nur sehr begrenzt dazu führen, dass Verständnis und praktische Anwendungskompetenzen gedeihen können (vgl. Weinert 1999, S. 16). Dieses träge Wissen ist höchst vergänglich und wird von den Schülerinnen und Schülern oft schneller vergessen, als es gelernt wurde.

Intelligentes Wissen dagegen zeichnet sich dadurch aus, dass es vernetzt, wohlorganisiert, interdisziplinär ausgerichtet und lebenspraktisch verortet ist und sowohl lernrelevante Kenntnisse, Fähigkeiten und Fertigkeiten als auch metakognitive Kompetenzen im methodischen und sozialen Bereich umfasst (vgl. Weinert 2000, S. 5). Der Aufbau derartigen Wissens ist das Ziel guten Unterrichts und verlangt von den Schüler/innen eine möglichst breit gefächerte Lernarbeit. Im Klartext: Die Schülerinnen und Schüler müssen im Unterricht möglichst oft und konsequent zum eigenständigen Denken und Konstruieren, Kommunizieren und Kooperieren, Recherchieren und Experimentieren, Präsentieren und Reflektieren, Üben und Wiederholen des je anstehenden Lernstoffes veranlasst werden, wenn sie erfolgreich lernen wollen. Das fördert

Abb. 10

Kriterien guten Unterrichts nach Helmke

- Klare Regeln und Rituale
- Aktives, selbstständiges Lernen
- Ermutigendes Lehrer- und Schülerverhalten
- Methoden- und Sozialformwechsel
- Präzise Instruktionen
- Methodenbewusstes Arbeiten und Üben
- Erweiterte Kompetenzorientierung
- Vielfältige Motivierung
- Schülergerechte Inhalte
- Mitwirkung und Schülerfeedback

den inhaltlichen Durchblick, induziert vernetztes Wissen, stärkt die fachliche Souveränität und steigert die längerfristigen Behaltenseffekte.

Andreas Helmke greift diese Grundüberlegungen auf und erweitert die wissenszentrierte Betrachtungsweise im Hinblick auf das unterrichtliche Gesamtgeschehen. Welche Gütekriterien hat die Lernforschung herausgefunden, die Lernerfolg und Lernmotivation der Schüler/innen im weitesten Sinne des Wortes begünstigen? Helmkes Credo: Guter Unterricht muss die Schülerinnen und Schüler nicht nur vielseitig aktivieren, motivieren und qualifizieren; er muss ihnen auch und zugleich angemessene Inhalte sowie klare Regeln, Rituale, Strukturen und Instruktionen bieten, die für die nötige Klarheit und Sicherheit im Lernprozess sorgen. Lehrerlenkung und Schülerselbsttätigkeit sind also gleichermaßen vonnöten. Und guter Unterricht muss den Schüler/innen auch und nicht zuletzt Gelegenheit geben, grundlegende Methoden des intelligenten Arbeitens und Übens zu erlernen – einschließlich gezielter Reflexions- und Feedbackverfahren. Das alles steigert gleichermaßen die Lernmotivation wie die Lernkompetenz, die Zielstrebigkeit wie den längerfristigen Lernerfolg der Schülerinnen und Schüler (vgl. Helmke 2006, S.42 ff).

Helmke erweitert damit den Blick im Vergleich zu Weinert ganz beträchtlich. Während Weinert ganz vorrangig auf den systematischen sachlogischen Wissensaufbau abstellt, richtet sich die Aufmerksamkeit von Helmke stärker auf die Mehrdimensionalität des Unterrichts – auf das Lehrerverhalten wie auf das Schülerverhalten, auf Motivationsfragen wie auf methodische Fragen, auf Kompetenzvermittlung wie auf Wissensvermittlung, auf Atmosphärisches wie auf Fachliches. Von daher lässt sich konstatieren: Die ideale Lehrmethode gibt es nicht. Nötig ist vielmehr ein Mix aus Schülerselbsttätigkeit und Lehrerinstruktion, aus Lehrersteuerung und Eigenverantwortlichkeit der Schüler/innen (vgl. Höfer/Madelung, S. 28). „Um das Lernen zu lernen oder um soziale Kompetenzen zu erwerben, sind andere Lehr-Lern-Szenarien angemessen als für den systematischen sachlogischen Wissensaufbau“ (Helmke 2003, S. 46). Gleiches gilt für Gruppenunterricht und Frontalunterricht. Helmke warnt daher vor jeder Dogmatik und plädiert stattdessen für einen wohlüberlegten Methodenmix unter besonderer Berücksichtigung der selbstständigen Wissensaneignung und -verarbeitung der Schüler/innen (vgl. Die Zeit v. 21.7.2005).

4 Auf das Können der Kinder kommt es an

Nimmt man die Problemanzeigen, politischen Auflagen und Lernforschungsbefunde der letzten Abschnitte zusammen, so wird klar, dass sich in Schule und Unterricht einiges ändern muss. Die Zielrichtung dieses Veränderungsprozesses geben die neuen Bildungsstandards und Bildungspläne an. Lernen soll danach nicht länger am durchgenommenen Lernstoff festgemacht werden, sondern vorrangig daran, was Kinder und Jugendliche nach Absolvierung größerer Bildungsabschnitte tatsächlich können. Auf das Können also kommt es an und nicht nur auf das Wissen. Näheres zu dieser veränderten Sicht der schulischen Bildungsarbeit wird in den nachfolgenden Abschnitten ausgeführt.

4.1 Die Abkehr vom Input-Denken

Traditionell ist die Lehreraufgabe sehr klar beschrieben. Es gibt einen bestimmten Stoffkanon, der von Lehrplankommissionen in fachspezifische Lehrpläne mit differenzierten Lernzielen und Lerninhalten überführt wird, die alsdann zum Pflichtprogramm der Lehrkräfte werden. Im Vordergrund stehen Fächer und Fachinhalte. Wer seinen Stoff straff durchbringt, gilt als guter Lehrer, wer das nicht schafft, wird als eher mittelmäßiger bis schwacher Standesvertreter eingestuft. Auch wenn dieses Bild etwas krass gezeichnet ist, so trifft es doch den Kern des traditionellen Lehrer- und Unterrichtsverständnisses. Von daher ist es durchaus berechtigt, wenn in jüngster Zeit immer mal wieder kritisiert wird, dass in Deutschlands Schulen zu sehr Fächer gelehrt und zu wenig Kinder unterrichtet und gefördert würden. Dieses Dilemma resultiert maßgeblich aus dem besagten Primat der Stoff- und Inputorientierung.

Im Vordergrund der Unterrichtsplanung und -gestaltung steht bis heute die Frage, was die jeweilige Lehrperson in welchem Umfang und mit welchem Zuschnitt behandeln will. Dieses Inputdenken beherrscht die pädagogische Szene. Im Zentrum steht dabei das fragend-entwickelnde Unterrichtsverfahren, mit dessen Hilfe das vorgesehene Stoffpensum von Lehrerseite durchgebracht wird – mit Schülern oder manchmal auch ohne sie. Dieses Verfahren ist die entscheidende Stütze der inputorientierten Unterrichtsführung. Es erlaubt den Lehrkräften durch gezielte Impulse, Fragen, Hinweise, Ergänzungen und Schlussfolgerungen die

Schüler/innen zügig dahin zu bringen, dass der je geplante Input als erfüllt abgehakt werden kann. „Dabei wird in der Regel nicht gefragt, wie gut die Schüler das neu erworbene Wissen tatsächlich verstanden haben ... und wie flexibel sie das frisch Gelernte bei unvertrauten Aufgabenstellungen nutzen können." (Weinert 1999, S. 31). Die Hauptsache, es ist abgehakt.

Reinhard Kahl hat dieses input- und lehrerzentrierte Unterrichtsskript mit den Worten charakterisiert: „Der Lehrer hat ein Ziel fest im Blick und will, dass die Schüler seinem Weg folgen. Sie laufen mit wie in der Hundeschule, häufig an der kurzen Leine und versuchen zu erschnüffeln, welche Fährte der Lehrer gelegt hat." (Kahl 2003, S. 54). Das Paradoxe an diesem Unterrichtsskript ist, dass es die Lehrkräfte vermeintlich bestätigt, die in dieser Weise zügig ihre geplanten Inputs durchbringen. Schülerfragen sind unter solchen Vorzeichen ebenso störend wie Gruppenarbeiten oder sonstige zeitintensive Arbeitsverfahren der Schülerinnen und Schüler. Kein Wunder also, dass Jürgen Baumert, ehemaliger PISA-Verantwortlicher für Deutschland, nach Auswertung zahlloser Unterrichtsvideos feststellen kann: „Wir haben bei dieser Art Unterricht keine zusammenhängenden Sätze von Schülern registriert" (zitiert nach Kahl 2003, S. 54). Der viel zitierte Stoffdruck lässt offenbar keine Zeit, die mehr oder weniger dilettantisch operierenden Schüler/innen ernsthaft zu Wort kommen bzw. zur Tat schreiten zu lassen. Stillarbeit ja – viel mehr aber auch nicht.

Diesem lehrer- und inputzentrierten Unterrichtsskript soll nunmehr abgeschworen werden. Zahlreiche Lehrkräfte haben diese Trendwende nicht nur geahnt, sondern auch bereits vollzogen. Die Entwicklung und Einführung der neuen Bildungsstandards während der letzten Jahre steht für einen bemerkenswerten Paradigmenwechsel. Unter dem Motto „Vom Wissen zum Können" läuft eine einschneidende Umorientierung der Unterrichtsarbeit in Deutschlands Schulen. Auf den Output kommt es an und weniger auf den vom Lehrer abgeleisteten Input. Manfred Spitzer nennt dies den Übergang vom expliziten zum impliziten Wissen (vgl. Spitzer 2003, S. 62). Explizites Wissen ist für ihn vorrangig zur Deklaration bestimmt und wird in der Regel kurzfristig durchgenommen und abgeprüft. Implizites Wissen dagegen ist verinnerlicht und beschreibt langfristig verfügbares inhaltliches wie prozedurales Können. Im Klartext: Die betreffenden Schüler/innen beherrschen das je zu Lernende; sie haben es nicht nur durchgenommen. Das ist der kleine aber feine Unterschied.

Wie Eckhart Klieme u.a. klarstellen, benennen Bildungsstandards die Kompetenzen, welche die Schule ihren Schülerinnen und Schülern vermitteln muss. „Sie legen fest, welche Kompetenzen die Kinder oder Jugendlichen bis zu einer bestimmten Jahrgangsstufe mindestens erworben haben sollen“ (Klieme u.a. 2003, S. 9). Kompetenzen verweisen auf Können; der traditionelle Wissensbegriff dagegen zielt stärker auf Memorieren und Reproduzieren. Zwar sind Wissen und Können letztlich hochgradig komplementär, d.h., wer langfristig etwas können will, braucht auch und zugleich abgeklärtes und kognitiv durchdrungenes Wissen. Die Frage ist jedoch, was Priorität hat. Mit der Festschreibung langfristig zu sichernder Kernkompetenzen hat die Kultusministerkonferenz ein klares Votum abgegeben: Die Schule soll auch und vor allem Lern- und Handlungskompetenz im besten Sinne des Wortes vermitteln. Das meint Inhaltsvermittlung – aber auch und vor allem Kompetenzförderung. Das meint Nachhaltigkeit des Lernens ebenso wie Reflektiertheit und Souveränität im Umgang mit fachlichen Aufgaben- und Problemstellungen. Das vorliegende Buch ist diesem Anspruch verpflichtet.

4.2 Erweiterte Kompetenzvermittlung

Die Palette der zu vermittelnden Kompetenzen ist breit abgesteckt. Das lässt sich überblickshaft aus der Auflistung für das Fach Englisch in Abbildung 11 ersehen. Auch in anderen Fächern liegen inzwischen entsprechende Kataloge vor oder befinden sich zumindest in der Entwicklung. Der Anspruch ist eindeutig: Die Standards verlangen nach „... einem Unterricht, der selbstständiges Lernen, die Entwicklung von kommunikativen Fähigkeiten und Kooperationsbereitschaft sowie eine zeitgemäße Informationsbeschaffung, Dokumentation und Präsentation von Lernergebnissen zum Ziel hat“ (KMK 2004, S. 6). Dieser Anspruch ist für das betroffene Fach Mathematik bislang eher ungewöhnlich. Dennoch: Die Situation ist ernst. Die mit den Bildungsstandards umrissenen Kompetenzen sollen spätestens ab 2008 flächendeckend berücksichtigt und umgesetzt werden. Ab diesem Jahr nämlich wird das von der Kultusministerkonferenz etablierte Institut zur Qualitätsentwicklung im Bildungswesen (IQB) mit der Evaluation und jährlichen Berichterstattung

Abb. 11

Bildungsstandards in Englisch

Kommunikative Fertigkeiten
- Hör-/Sehverstehen ▪ Sprechen
- Leseverstehen ▪ Schreiben

Interkulturelle Kompetenzen
- Kenntnisse ▪ Fertigkeiten
- Haltungen ▪ Einsichten

Verfügung über die sprachlichen Mittel
- Wortschatz ▪ Grammatik
- Aussprache ▪ Orthographie

Methodische Kompetenzen
- Arbeitstechniken ▪ Lernstrategien
- Interaktionstechniken
- Mediennutzung

in Sachen Umsetzung der Bildungsstandards beginnen. Damit wird der Implementierung der Bildungsstandards eine größere Gewichtung und Verbindlichkeit zukommen, als das bislang der Fall ist.

Fachwissen alleine genügt nicht. Gefragt sind auch und zugleich fächerübergreifende Kompetenzen wie Methodenkompetenz, Kommunikationsfähigkeit, Teamfähigkeit, Argumentationskompetenz, Präsentationskompetenz, Visualisierungskompetenz, Problemlösungsfähigkeit, Recherche- und Medienkompetenz, Planungs- und Organisationsfähigkeit und anderes mehr. Dies zwar stets in enger Anbindung an das jeweilige Fach, aber doch so, dass ein deutlich erweitertes Verständnis von Fachkompetenz dabei herauskommt. Fachkompetenz bedeutet danach fachspezifisches Können im weitesten Sinne des Wortes. Daher nehmen die KMK-Beschlüsse zu den neuen Bildungsstandards auch ganz dezidiert Abstand von der Auflistung detaillierter Inhalte und Lernziele, wie das in den traditionellen Lehrplänen der Fall war.

Bildungsstandards umreißen Kernkompetenzen. Sie beschreiben, welche Fähigkeiten die Schülerinnen und Schüler über Jahre hinweg aufbauen sollen und anhand welcher fachspezifischer Leitideen bzw. Kernthemen dies geschehen kann. Ausgewiesene „Leitideen“ für das Fach Mathematik „... sind beispielsweise ‚Raum und Form’ oder ‚funktionaler Zusammenhang’, prozessorientierte Kompetenzen sind u.a. mathematisches Problemlösen und Argumentieren. Damit werden grundlegende Dimensionen beschrieben, in denen sich mathematische Kompetenz darstellt“ (Klieme 2004, S. 12). Wichtig dabei: Die besagten „Leitideen“ dürfen nicht einfach mit Inhaltslisten gleichgesetzt werden; sie sind deutlich vielschichtiger. „Beispielsweise umfasst die Leitidee ‚funktionaler Zusammenhang’ Themen, die aus verschiedenen Stoffgebieten wie Zahlentheorie, Algebra, Differentialrechnung oder auch Geometrie stammen können“ (ebenda).

Die Kompetenzvermittlung ist ferner niveauverschieden. Das lässt sich z.B. aus Abbildung 12 ersehen. Die unterste Stufe (A) lässt sich als Stufe der „elementaren Sprachverwendung“ bezeichnen, die zweite Stufe (B) meint die „selbstständige Sprachverwendung“ und das Erreichen der dritten Stufe (C) setzt voraus, dass die Schüler/innen zu „kompetenter Sprachverwendung“ in der Lage sein müssen (vgl. Klieme u.a. 2003, S. 126 ff). Derartige Abstufungen sind freilich nicht immer ganz leicht. Das gilt vor allem für Kompetenzbereiche wie Sozialkompetenz, affektive Kompetenz oder interkulturelle Kompetenz. Gleichwohl werden auch diese Kompetenzbereiche nicht außen vor bleiben dürfen, sondern möglichst präzise definiert, trainiert und überprüft werden müssen. Wie? Indem z.B. Arbeitsproben, Kurzvorträge, Gruppendiskussionen, Interviews, Feedbackrunden oder mediengestützte Präsentationen vorgesehen werden – vorausgesetzt, die jeweiligen Erwartungshorizonte sind einigermaßen präzise beschrieben (vgl. Klieme 2004, S. 13).

Abb. 12

Kompetenzstufen im Bereich der Fremdsprachen

	hier: „Mündliche Produktion Allgemein“
C 2	Kann klar, flüssig und gut strukturiert sprechen und seinen Beitrag so logisch aufbauen, dass es den Zuhörern erleichtert wird, wichtige Punkte wahrzunehmen und zu behalten.
C 1	Kann komplexe Sachverhalte klar und detailliert beschreiben und darstellen und dabei untergeordnete Themen integrieren, bestimmte Punkte genauer ausführen und alles mit einem angemessenen Schluss abrunden.
B 2	Kann zu einer großen Bandbreite von Themen aus seinen/ihren Interessengebieten klare und detaillierte Beschreibungen und Darstellungen geben, Ideen ausführen und durch untergeordnete Punkte und relevante Beispiele abstützen.
B 1	Kann relativ flüssig eine unkomplizierte, aber zusammenhängende Beschreibung zu Themen aus ihren/seinen Interessengebieten geben, wobei die einzelnen Punkte linear aneinandergereiht werden.
A 2	Kann eine einfache Beschreibung von Menschen, Lebens- oder Arbeitsbedingun-gen, Alltagsroutinen, Vorlieben oder Abneigungen usw. geben, und zwar in kurzen listenhaften Abfolgen aus einfachen Wendungen und Sätzen.
A 1	Kann sich mit einfachen, überwiegend isolierten Wendungen über Menschen und Orte äußern.

Quelle: Klieme u.a. 2003, S. 152

Die praktische Förderarbeit kann zum einen so aussehen, dass die jeweilige Lehrperson einschlägige Übungen und/oder Arbeitsweisen ansetzt, zum anderen kann sie den Schüler/innen hin und wieder aber auch abverlangen, sich selbst einzuschätzen und konkrete Trainingsvorsätze zu fassen, die zu Hause oder im Unterricht realisiert werden (vgl. Hagner 2007, S. 12 ff). Mit einfachen Checklisten lässt sich diese „Selbstdiagnose" strukturieren. Schätzt sich ein Schüler z.B. so ein, dass er im Lesen gerade mal Niveaustufe A1 erreicht hat, dann kann er auf einem zweispaltigen Formblatt genauer ankreuzen bzw. anführen, was er bis dato denn schon beherrscht bzw. kann (z.B.: „aus einem Text wichtige Daten entnehmen" „nach entsprechender Vorbereitung einen einfachen Text fließend lesen") und was er in den nächsten Tagen und Wochen eingehender üben möchte (vgl. ebenda, S. 14). So gesehen ist die anvisierte Kompetenzvermittlung nicht nur eine Sache der Lehrkräfte, sondern auch und nicht zuletzt eine sehr persönliche Aufgabe der Schülerinnen und Schüler.

4.3 Anspruchsvollere Aufgabenkultur

Kompetenzerweiterung verlangt nach anspruchsvolleren Aufgaben. Das ist unter Wissenschaftlern wie Schulpraktikern ziemlich unstrittig. Wenn die Schüler/innen lernen sollen, Probleme zu lösen oder überzeugende Präsentationen abzuliefern, dann müssen ihnen selbstverständlich auch entsprechende Aufgaben gestellt werden. Das Rechnen nach Schema F oder das Abschreiben irgendwelcher Tafelbilder des Lehrers sind wohl kaum geeignet, um tragfähige Problemlösungskompetenzen in Mathematik oder überzeugende Visualisierungs- oder Präsentationskompetenzen in irgendwelchen anderen Fächern zu entwickeln. Vielmehr muss es darum gehen, selbst Aufgaben zu erfinden und nicht nur vorgefertigte Aufgaben schematisch zu rechnen, selbst Tafelbilder zu entwickeln und entsprechende Vorträge zu konzipieren, anstatt lediglich das vorgefertigte Wissen des Lehrers zu übernehmen. Abschreiben hat weniger Wirkung als freies Schreiben, Nacherzählen bewirkt weniger als Vorträge selbst zu konzipieren und zu halten. Die Palette der Beispiele und Kontrastierungen ließe sich fortführen.

Jürgen Baumert, ehemaliger PISA-Verantwortlicher und Direktor des Max-Planck-Instituts für Bildungsforschung in Berlin sieht in den fehlenden Herausforderungen einen der zentralen Gründe für das relativ schwache Abschneiden der deutschen Schüler/innen bei PISA und anderen internationalen Vergleichsuntersuchungen. „Japans Schüler“, so bilanziert Baumert, „nehmen nicht anderen oder mehr mathematischen Stoff durch, sondern denselben Stoff variationsreicher und mathematisch anspruchsvoller“ (zitiert nach Gruber u.a. 2000, S. 141). Das ist der Maßstab. Während in Deutschland nach wie vor sehr viel Wert auf das richtige Reagieren und Reproduzieren im Rahmen lehrergelenkter Unterrichtsgespräche gelegt wird, setzen andere Länder bereits seit längerem deutlich stärker auf das eigenständige Bearbeiten und Lösen von „Knobelaufgaben“ durch die Schüler/innen selbst. Dieses eigenverantwortliche, problemlösende, kooperative Arbeiten an und mit diffizileren Aufgaben ist das A und O nachhaltigen Be-Greifens und Lernens (vgl. die Anforderungsbereiche II und III in Abb. 13).

Diese Erkenntnis muss in Deutschlands Schulen erst noch stärker Platz greifen. Häufig wird in Anbetracht der Unlust und/oder der Hilflosigkeit einiger Schüler/innen von vorneherein vermieden, anspruchsvollere Aufgabenstellungen in den Unterricht einzubringen. Die verbreitete „Häppchenpädagogik“ in unseren Schulen ist Ausdruck dieser Anspruchsminimierung. Statt diffiziler Problemstellungen werden den Schüler/innen die Problemlösungen gleich mitgeliefert; statt konsequenter Schülerrecherchen, recherchieren und exzerpieren in der Regel die zuständigen Lehrkräfte; statt anspruchsvoller Schülerexperimente neigen viele Lehrer/innen dazu, die vorgesehenen Experimente gleich selbst vorzuführen. Die Crux bei dieser einseitigen Rollen- bzw. Aufgabenverteilung ist die, dass sich die Schüler/innen in der Regel sehr schnell daran gewöhnen, dass ihnen nicht besonders viel abverlangt wird. Dieser Teufelskreis von Verwöhnung und Anspruchsabsenkung ist zu durchbrechen.

Die Schüler/innen müssen mehr und die Lehrkräfte weniger arbeiten! Das ist eine der zentralen Implikationen der neuen Aufgabenkultur. Die Lehrkräfte sollten ihren Schüler/innen zurückhaltender helfen und mehr Selbststeuerung und Problemlösearbeit abverlangen. Sie sollten die Kinder häufiger zum Erforschen des zu lernenden Wissens einladen und sie deutlich seltener zum bloßen Rezipieren und Reproduzieren veranlassen. Kurzum: Den Schülerinnen und Schülern muss mehr zugemutet und zugetraut werden, als das traditionell der Fall ist. Andernfalls werden sie

Abb. 13

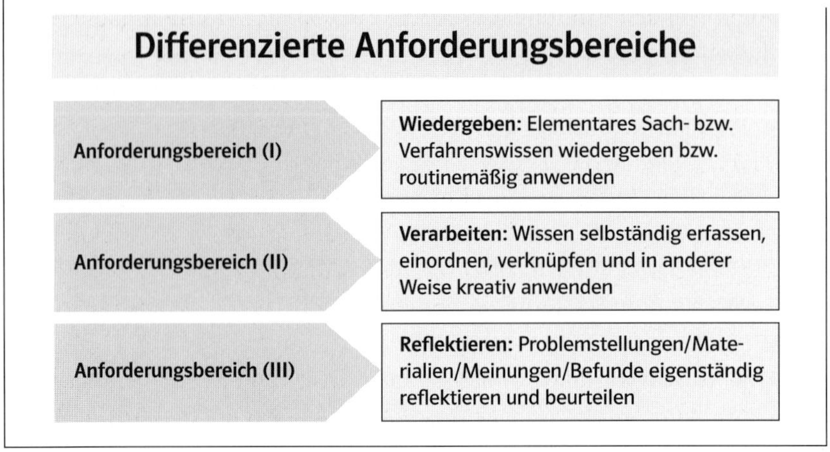

ihre Potentiale nur unzureichend freisetzen können. Deshalb sollten häufiger Aufgaben auf höherem Niveau gestellt werden (vgl. Abb. 13), d. h. Knobelaufgaben und Problemlöseaufgaben, Recherche- und Strukturierungsaufgaben, Diskussions- und Präsentationsaufgaben, Planungs- und Entscheidungsaufgaben, Argumentations- und Visualisierungsaufgaben, Modellierungs- und Experimentalaufgaben, Erkundungs- und Projektaufgaben etc. – das sind mögliche Eckpunkte der neuen Aufgabenkultur. Darin eingeschlossen sind vielschichtige Lernprozesse und Lernprodukte – angefangen bei Rollenspielen, Planspielen, Hearings, Talkshows, Debatten und Projekten über selbst erstellte Plakate, Leserbriefe, Grafiken, Sachtexte, Gedichte, Fragebögen und Mappen bis hin zu umfangreicheren Referaten, Facharbeiten und Präsentationen.

4.4 Tätiges Lernen als Grundmaxime

Die skizzierte Könnensentwicklung tangiert die Unterrichtsmethodik. Wenn die Schüler/innen breit gefächerte Kompetenzen erwerben sollen, dann brauchen sie auch und vor allem einen Unterricht, der ihnen entsprechendes Erfahrungslernen und Training ermöglicht. Kompetenzen lernen sich nun einmal nicht abstrakt und/oder durch entsprechende Lehrerinstruktionen, sondern letztlich nur dadurch, dass die Schüler/innen kompetenzorientiert tätig werden. Die in Abschnitt 3 skizzierten Befunde der Lernforschung unterstreichen diese Erkenntnis. Lernen und Arbeiten – das ist das Motto. Wie sich aus Abbildung 14 ersehen lässt, sind die mit den Bildungsstandards gekoppelten Lerntätigkeiten der Schüler/innen ebenso vielschichtig wie anspruchsvoll. Sie reichen vom eigenständigen Schreiben und Strukturieren bis hin zum Anwenden moderner Brainstorming- und Entscheidungsmethoden. Die Botschaft der Bildungsplaner ist eindeutig: Die Schüler/innen sollen zu den je anstehenden Kernthemen bzw. Leitideen der unterschiedlichen Schulfächer möglichst oft und konsequent veranlasst werden, aufgabenbezogen zu recherchieren, zu konstruieren, zu kooperieren, zu präsentieren, zu kommunizieren, zu reflektieren und immer wieder auch Probleme zu lösen.

Wollen Schüler/innen Erfolg haben, dann müssen sie bereit und in der Lage sein, derartige Lerntätigkeiten zielführend und souverän zu praktizieren. Oder anders ausgedrückt: Sie müssen begriffen haben, welche methodischen Implikationen die ausgewiesenen prozeduralen Kompetenzen haben (vgl. Abb. 14). Darüber hinaus sollten sie im Umgang mit diesen Lerntätigkeiten so geübt und erfahren sein, dass sie die damit verbundenen methodischen Prozeduren angemessen und effektiv ausgestalten können. Das ist Methodenkompetenz im weitesten und besten Sinne des Wortes. Was folgt daraus? Die Könnensentwicklung im Unterricht muss vor allem auf zweierlei gerichtet sein: Zum einen auf den Erwerb fundierten Kenntnisse und Erkenntnisse im jeweiligen Fach, zum anderen auf das Einüben und Beherrschen der angedeuteten methodischen, kommunikativen und kooperativen Prozeduren. Recherchieren muss eben trainiert sein, Kooperieren in Gruppen genauso. Von daher

Abb. 14

Lerntätigkeiten und Bildungsstandards

Laut KMK sollen die Schüler/innen zu den fachspezifischen Kernthemen/ Leitideen möglichst oft ...

- **Recherchieren** (lesen, nachschlagen, exzerpieren ...)
- **Konstruieren** (schreiben, strukturieren, modellieren ...)
- **Kommunizieren** (sprechen, zuhören, fragen, diskutieren ...)
- **Präsentieren** (visualisieren, vortragen, inszenieren ...)
- **Kooperieren** (unterstützen, regeln, mitarbeiten ...)
- **Problemlösen** (brainstormen, planen, entscheiden...)
- **Reflektieren** (bilanzieren, beurteilen, kritisieren...)

sind prozedurales und inhaltliches Lernen und Können stark aufeinander angewiesen. Beides aufzubauen lohnt. Wer forschendes und entdeckendes Lernen versiert zu steuern und zu gestalten versteht, der wird in Schule und Beruf fraglos auch Erfolg haben – angefangen bei den Schulnoten bis hin zum alltäglichen Erleben von Kompetenz, Anerkennung und Selbstbestätigung in den gängigen Arbeitsprozessen.

Dröselt man die angeführten Tätigkeitsfelder weiter auf, so gelangt man zu einer Vielzahl elementarer Arbeits- und Interaktionsmethoden. Das beginnt beim Schreiben, Zeichnen, Rechnen, Nachschlagen, Protokollieren und Markieren und reicht über grundlegende Ordnungstechniken wie Planen, Archivieren, Organisieren und Dokumentieren bis hin zu vielschichtigen Tätigkeiten im kommunikativen und kooperativen Bereich wie Vortragen, Nacherzählen, Argumentieren, Debattieren, Interviewen, Zusammenarbeiten, Helfen, Kritisieren und Moderieren. Die Auflistung ließe sich fortsetzen. Dies alles müssen die Schüler/innen lernen und immer wieder praktizieren, damit sie Sicherheit und Routine im besten Sinne des Wortes entwickeln können. Ein zeitgemäßer und wirksamer Unterricht muss diese Könnensentwicklung nachdrücklich unterstützen und ermöglichen.

4.5 Arbeiten in heterogenen Gruppen

Schüler/innen müssen mit Heterogenität umgehen lernen. Das betrifft heterogene Begabungen und Verhaltensweisen genauso wie heterogene soziale, biografische und kulturelle Hindergründe der einzelnen Klassenmitglieder. Der Regelfall in Schule und Unterricht ist mittlerweile der, dass Kinder verschiedenster Couleur zusammentreffen und auf kürzere oder längere Zeit miteinander arbeiten müssen – sei es nun im Klassenverband oder in kleineren Gruppen- oder Partnerkonstellationen. Heterogenität ist mithin der Normalfall und keinesfalls eine Sondersituation, wie das die Befürworter des gegliederten Schulwesens gerne sehen würden. Und: Heterogenität ist eine außerordentliche Herausforderung für die Lehrpersonen wie für die Schülerinnen und Schüler. Die Tatsache, dass inzwischen auch in Realschulen und Gymnasien Schülerpopulationen vorherrschen, die vom sozialen, motivationalen, kulturellen und intellektuellen Background her sehr verschieden sind, macht deutlich, wie nötig die Befähigung der Schüler/innen zum Lernen in heterogenen Gruppen ist.

Heterogenität ist eine Chance! Das wird hierzulande häufig übersehen. Die meisten Schüler/innen, Eltern und Lehrpersonen meinen, Heterogenität sei eher von Übel und sehnen sich nach einer möglichst homogenen Lernerpopulation mit ähnlichen Stärken, Interessen, Motivationen und sozialfamiliären Wurzeln. Wenn jemand aus dem Rahmen fällt, dann heißt es sehr schnell: „Der gehört nicht hierher". So wird ausgegrenzt statt integriert, diskriminiert statt ermutigt. Dabei verfügen auch die abgeschriebenen und/oder abgeschobenen Schüler/innen häufig über ganz beachtliche Talente, die nur zu wenig wahrgenommen, geschätzt und genutzt werden. Dieses Wahrnehmungsdefizit abzubauen und die positiven Seiten und Möglichkeiten der unterschiedlichen Schüler/innen stärker in den Blick zu nehmen, ist Aufgabe und Herausforderung für Lehrer/innen wie für Schüler/innen. Lehrkräfte müssen lernen, der Unterschiedlichkeit in den Klassen durch verstärkte Differenzierungs-, Förder- und/oder Integrationsmaßnahmen zu begegnen. Und die Schüler/innen ihrerseits müssen lernen, den abweichenden Verhaltensweisen, Einstellungen und Begabungen ihrer Mitschüler/innen mehr Toleranz und Einfühlungsvermögen entgegenzubringen.

Wenn die Schüler/innen ernsthaft lebens- und berufsfähig werden sollen, dann ist es unabdingbar notwendig, dass sie einen möglichst konstruktiven Umgang mit Heterogenität in Schule und Unterricht erlernen. Reinhard Kahl bringt diesen Anspruch mit den Worten auf den Punkt: „Die entscheidende Lektion für die deutschen Schulen und ihre Lehrer lautet: Wir müssen eine Kultur gegenseitiger Anerkennung und Aufmerksamkeit entwickeln; die Unkultur von Missachtung und Beschämung muss beendet werden." (Kahl 2003, S. 61). Recht hat er! Nur, die Realisierung dieses Anspruchs ist aufgrund der bestehenden Ab- und Ausgrenzungstendenzen in unserer Gesellschaft nach wie vor eher schwierig. Trotzdem gibt es gute und wegweisende Ansätze, wie z.B. die Beiträge im Themenheft „Heterogenität und Differenzierung" der Zeitschrift „Pädagogik" zeigen (vgl. Eikenbusch 20003, S. 10 ff; Paradies 2003, S. 20 ff; Mebus 2003, S. 28 ff).

Im Zentrum der pädagogischen Debatte stehen Individualisierungs- und Differenzierungsbestrebungen. Durch Freies Arbeiten, Wochenplanarbeit, Stationenlernen, Lerntheken, Kontraktlernen, Neigungskurse und Wahlpflichtfächer auf der einen sowie gezielte Maßnahmen zur Aufgaben- und Niveaudifferenzierung auf der anderen Seite wird versucht, die Schüler/innen möglichst interessen- und begabungsgerecht anzusprechen. Die Crux bei diesem Ansatz ist nur, dass auf diese Weise die Integrationsverpflichtungen von Lehrer/innen und Schüler/innen eher in den Hintergrund geraten. Das heißt: Schüler/innen können sich aus dem Weg gehen, indem sie sich jene Aufgaben und/oder Partner suchen, die relativ wenig Mühe, Flexibilität und Umstellung erfordern. Diese „Vermeidungsstrategie" steht dem Integrationsgedanken deutlich entgegen. Integration verlangt eher das Gegenteil, nämlich die bewusste Zusammenführung unterschiedlicher Begabungen, Mentalitäten und Interessen mittels Zufallsverfahren. Dieser Ansatz wird in Kapitel II.2 näher konkretisiert.

Individualisierung und Differenzierung sind auch deshalb kein Patentrezept, weil sie der Lehrerseite relativ viel Arbeit bereiten. Das gilt sowohl für die individualisierte Beobachtungs-, Diagnose- und Beratungsarbeit während der Unterrichtsstunden als auch und besonders für die differenzierte Unterrichtsvorbereitung selbst. Wenn eine Lehrperson für ein- und dieselbe Unterrichtsstunde mehrere unterschiedliche Aufgabenstellungen und/oder Materialien entwickeln muss, dann ist die Gefahr groß, dass Überforderung droht. Selbst wenn konstruktive Arbeitsteilung und Lehrerkooperation gewährleistet wären (was in den meisten Schulen nicht der Fall ist), dann ist es immer noch nicht ausgemacht, dass das Ganze häufiger zu schaffen ist. Denn anders als in skandinavischen Ländern fehlen hierzulande Doppelbesetzungen und/oder pädagogische Hilfskräfte zur Entlastung der Kernlehrer. Deshalb: Mit Heterogenität umgehen heißt in unseren Schulen in erster Linie, dass unterschiedliche Schülerinnen und Schüler mittels Zufallsverfahren zusammengebracht und zusammengehalten werden müssen. Diesem Integrationsansatz folgt das vorliegende Buch.

4.6 Lernkompetenz als Voraussetzung

Dreh- und Angelpunkt der skizzierten Kompetenzförderung ist der Aufbau tragfähiger Lern-, Arbeits-, Kommunikations- und Kooperationsstrategien. Andernfalls wird die skizzierte Könnensentwicklung nicht allzu weit vorankommen. Schüler/innen, die nur eingeschränkt bereit und in der Lage sind, engagiert, diszipliniert und methodisch versiert an komplexere Lernaufgaben und Lerntätigkeiten heranzugehen, werden sich nun einmal schwer damit tun, selbstbewusst und erfolgreich zu lernen und die von Pädagogen und Bildungsplanern geforderten Schlüsselkompetenzen aufzubauen. Egal, ob Einzelarbeit, Partnerarbeit, Gruppenarbeit oder Klassengespräche anstehen, egal auch, ob zu recherchieren, zu konstruieren oder zu präsentieren ist – stets brauchen die Schüler/innen einschlägige „Skills“, die ihnen helfen, mit den gestellten Anforderungen konstruktiv und effektiv zurecht zu kommen. Sind diese Werkzeuge nicht oder nur unausgegoren verfügbar, werden natürlich Friktionen, Schwierigkeiten und Motivationsverluste auftreten, die den angestrebten Lernerfolg unnötig beeinträchtigen. Deshalb: Nachhaltiges Lernen braucht abgeklärte methodische Werkzeuge der Schülerinnen und Schüler. Oder anders ausgedrückt: Der Erwerb lernwirksamer Mikrokompetenzen ist Voraussetzung und Gewähr dafür, dass die Schüler/innen ihr potenzielles Können überzeugend entwickeln können – eine Erkenntnis, die eigentlich so alt ist wie die Reformpädagogik.

Abb. 15

Dimensionen von Lernkompetenz

Sach- und Methodenkompetenz	Soziale Kompetenz	Personale Kompetenz
■ Informationen beschaffen, erfassen, bearbeiten und beurteilen (nachschlagen, markieren etc.) ■ Arbeits- und Sachstrukturen erkennen, entwickeln und gestalten (ordnen, gliedern etc.) ■ Wissen einprägen, vernetzen und behalten (memorieren, strukturieren, visualisieren etc.) ■ Arbeits- und Zeitpläne erstellen und nutzen ■ Problemlösungsstrategien erkennen und anwenden	■ Konstruktiv und regelgebunden im Team arbeiten (helfen, organisieren, moderieren etc.) ■ Konstruktiv und regelgebunden kommunizieren (zuhören, argumentieren, Blickkontakt halten etc.) ■ Vorträge in kleineren oder größeren Gruppen halten (laut und deutlich reden, Mimik und Gestik einsetzen, Zuhörer fesseln etc.) ■ Konflikte ansprechen und überzeugend beheben (Kritik üben, Kritik annehmen etc.)	■ Sich fürs eigene Lernen motivieren (Neugierde entfalten, Eigeninitiative entwickeln etc.) ■ Eigene Stärken und Schwächen erkennen (Lerntagebuch führen, Reflexionen anstellen etc.) ■ Frustrationstoleranz entwickeln (mit Misserfolgen umgehen lernen, Kritik annehmen lernen, flexibel sein etc.) ■ Eigene Lern- und Verhaltensziele setzen (Selbstdiagnosen anstellen, Ziele vereinbaren etc.)

Quelle: Czerwanski u.a. 2002, S. 33 f

Näheres zu dieser methodenzentrierten Förder- und Trainingsarbeit wird in Abschnitt II.3 dieses Buches ausgeführt. Dabei ist wichtig, dass der Methoden- und Kompetenzbegriff weit gefasst wird (vgl. Abb. 15). Erfolgreiches Lernen braucht danach nicht nur einige spezielle Techniken, sondern sehr viel mehr. Nämlich: Erstens die besagte Methodenkenntnis und Methodenbeherrschung, zweitens Motivation und Selbstvertrauen, drittens Selbstständigkeit und Selbststeuerungsfähigkeit sowie viertens Reflektiertheit im Blick auf Methoden, Motive, Lernanforderungen und Lernziele. Diese vier Teilqualifikationen bilden zusammen das, was hier *Lernkompetenz* genannt wird. Lernkompetenz umfasst also auch und zugleich methodische, soziale, motivationale und mentale Dispositionen und/oder Fähigkeiten, die Schüler/innen brauchen, um erfolgreich und zielstrebig arbeiten zu können (vgl. Weinert 2001, S. 27f). Das schließt Selbstwertgefühl und Leistungsbereitschaft genauso mit ein wie Eigeninitiative, Durchhaltevermögen, Verantwortungsbewusstsein und andere Momente von „Selbstkompetenz“ (vgl. Czerwanski u.a. 2002, S. 29ff).

Gelernt wird dies alles natürlich nicht theoretisch, sondern am besten dadurch, dass die Schüler/innen anstößige und wegweisende Erfahrungen sammeln können. „Learning by doing” heißt also die Devise. Wenn die Schüler/innen ihre fachlichen, methodischen, sozialen und emotionalen Potenziale verstärkt mobilisieren sollen, dann müssen sie möglichst oft und konsequent in sehr praktische Klärungsprozesse verstrickt werden. Das hat sich in der Vergangenheit immer wieder gezeigt und bewährt. Ein motivierender Mix aus Probieren, Reflektieren, Diskutieren und Anwenden ist das, was auf Schülerseite am ehesten strategische Klarheit, Sicherheit und Anwendungsbereitschaft bewirkt. Deshalb: Wer Lernkompetenz aufbauen will, muss den Schüler/innen dieses „trial and error“ zugestehen und ermöglichen, damit sich das intendierte Können im besten Sinne des Wortes einstellen kann.

II Kompetenzförderung konkret: Das PASS-Programm

In diesem Kapitel wird die skizzierte Förderprogrammatik weitergehend konkretisiert. Im Zentrum steht dabei das von mir entwickelte PASS-Programm, das seit Jahren in Hunderten von Schulen in sieben deutschen und vier österreichischen Bundesländern recht erfolgreich umgesetzt wird. PASS heißt hierbei: „**P**rogramm zur **A**usbildung von **S**chlüsselkompetenzen und **S**chülerselbsttätigkeit". Wird dieses Programm konsequent implementiert, so wird den Schüler/innen die Chance eröffnet, gleichsam einen *Pass* zu erwerben, der ihnen hilft, die anstehenden Herausforderungen in Schule, Studium und Beruf erfolgreich zu *passieren*. Dieses PASS-Programm wird in Abschnitt 1 überblickshaft skizziert. In den Abschnitten 2 bis 4 wird näher konkretisiert, wie die praktische Förderarbeit in Schule und Unterricht abläuft. Und in Abschnitt 5 schließlich werden einige zentrale Förderprinzipien zusammengefasst.

1 Die strategischen Eckpunkte des PASS-Ansatzes

Die wichtigsten Eckpunkte des PASS-Programms lassen sich aus Abbildung 16 ersehen. Die Grundannahme dabei: Effektive Lernförderung muss vornehmlich darauf abstellen, dass die Schüler/innen erstens zu mehr Lernaktivität, zweitens zu mehr Lerndisziplin und drittens zu mehr Lernfähigkeit und Lernbereitschaft gelangen. Andernfalls wird die anvisierte Kompetenzentwicklung ein leerer Vorsatz bleiben. Dementsprechend gilt: Der Unterricht muss den Schüler/innen verstärkt Raum und Gelegenheit geben, sich diesbezüglich zu üben und zu verbessern. Das entsprechende Kardinalanliegen: Mehr Lernkompetenz und Lernerfolg für die Schülerinnen und Schüler (vgl. den Dachgiebel in Abb. 16). Eltern, Bildungspolitiker und Lehrkräfte fordern bzw. wünschen dieses bereits seit langem. Auch auf Schülerseite dürfte diese Zielsetzung ungeteilte Zustimmung erfahren. Die Frage ist nur, wie man diese Intention verlässlich in die Tat umsetzen kann.

Episoden des „Neuen Lernens" gibt es seit Jahrzehnten immer wieder. Doch sie helfen bis dato nicht wirklich weiter, sondern bringen bestenfalls vorübergehende „Glühwürmcheneffekte", die sich schnell

Abb. 16

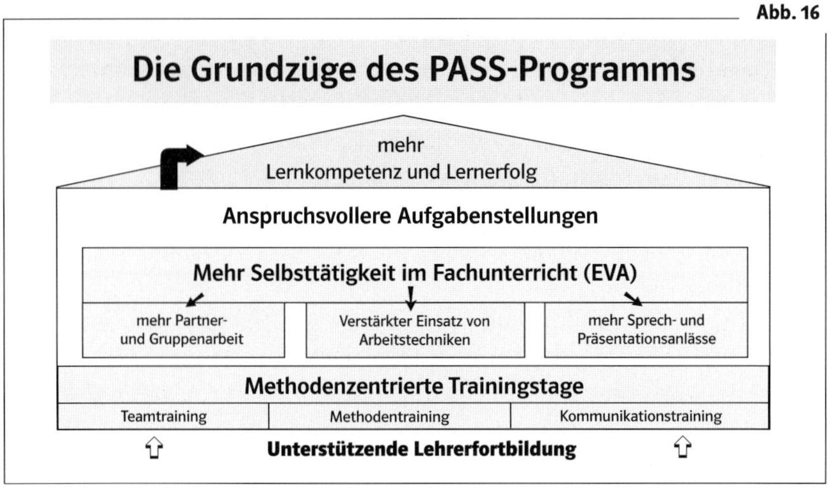

wieder verlieren. Das gilt für gelegentliche methodische Auflockerungen im Fachunterricht genauso wie für sporadische Wochenplan-, Stationen- oder Projektarbeiten einzelner Lehrkräfte. Die Crux ist, dass solche „Highlights" in der Regel viel zu selten angeboten werden, als dass sie auf Schülerseite nachhaltige Vertrautheit und operative Kompetenzen und Routinen gewährleisten könnten. Zudem sind sie für die große Gruppe der eher unsicheren und abwartenden „Durchschnittsschüler/innen" in den Klassen häufig recht frustrierend, da es ihnen an grundlegenden methodischen, sozialen und motivationalen Voraussetzungen mangelt.

Deshalb setzt das PASS-Programm anders an. Es setzt zum einen auf *kleinschrittige* Kompetenzentwicklung mit den Schwerpunkten Schülerselbsttätigkeit, Methodenschulung, Kommunikationsschulung und Teamschulung (vgl. Abb. 16), zum anderen auf das *regelmäßige* Einbringen bestimmter inhaltlicher und methodischer Aufgaben und Anforderungen in den alltäglichen Fachunterricht. Regelmäßigkeit und Kleinschrittigkeit sind unverzichtbar, wenn nachhaltige Kompetenzförderung stattfinden soll. Es nützt nun einmal reichlich wenig, wenn auf Rezipieren eingestellte Schüler/innen plötzlich aufgefordert werden, komplexe Knobel- bzw. Problemlöseaufgaben zu bewältigen oder aber anspruchsvolle Projekte bzw. Wochenpläne abzuarbeiten. Die Überforderungswahrscheinlichkeit ist hoch. Gleiches gilt für den Ad-hoc-Einsatz diffiziler methodischer Verfahren wie Recherchieren, Modellieren, Visualisieren oder Präsentieren. Auch solche Anforderungen sind vom Gros der

Schüler/innen aus dem Stand heraus schwerlich zu bewältigen. Selbst Gruppenarbeit kann nicht gleich als Hochform eingefordert werden, sondern muss mittels vieler kleiner Etappen, Reflexionen und Regelklärungen kultiviert werden, wenn sie nach und nach besser gelingen soll. Von daher sind Grundpinzipien wie Kleinschrittigkeit, Regelmäßigkeit, Redundanz und sukzessive Anspruchssteigerung bei Aufgabenstellungen wie Lernmethodik konstitutiv für das hier in Rede stehende PASS-Programm.

Wer mehr Lernkompetenz und Lernerfolg auf Schülerseite erreichen möchte (vgl. Abb. 16), der muss gleich mehrere Voraussetzungen sichern. Die erste Voraussetzung: *Anspruchsvollere Aufgabenstellungen*, die verstärkt auf Konstruktionsarbeiten der Schüler/innen abstellen. Das beginnt beim Schreiben eigener Texte, Kommentare, Gedichte und Protokolle und reicht bis hin zum Konstruieren von Tabellen, Werkstücken, Grafiken, Zeichnungen, Vorträgen, Strukturmustern, Mathematikaufgaben und anderen Lernprodukten mehr. Die Lernforschungsbefunde in Abschnitt I.3 unterstreichen die Relevanz solcher Konstruktionsarbeiten. Entsprechende Beispiele und Anregungen finden sich u. a. in den Aufgabenpaketen der neueren nationalen und internationalen Vergleichsstudien (vgl. u. a. PISA und TIMMS) sowie in den diversen KMK-Veröffentlichungen zu den neuen Bildungsstandards für die Fächer Deutsch, Mathematik, Fremdsprachen etc. Auch die seit Jahren recht erfolgreich arbeitenden SINUS-Gruppen hierzulande haben eine Fülle anregender Aufgabenstellungen und Materialien für den mathematisch-naturwissenschaftlichen Bereich entwickelt.

Die zweite Voraussetzung für die Effektivierung des Fachunterrichts ist der Ausbau der *Schülerselbsttätigkeit* (vgl. Abb. 16). Damit gemeint ist die ebenso konsequente wie kleinschrittige Ausweitung des eigenverantwortlichen Arbeitens und Lernens der Schüler/innen – kurz „EVA“ genannt. Kleinschrittig deshalb, weil es dem Gros der Schülerinnen und Schüler nur so gelingt, tragfähige Lernkompetenzen und -motivationen aufzubauen. Wer kleinere Lernanforderungen erfolgreich zu meistern vermag, der wird erwiesenermaßen mutiger und traut sich nach und nach auch an größere Herausforderungen heran. Die Lernpsychologie spricht in diesem Zusammenhang von „Kompetenzmotivation“ (vgl. Bruner 1981, S. 22). Dieser Progressionsgedanke wird von manchen Pädagogikprofessoren bis heute sträflich vernachlässigt, die für autonomes Lernen plädieren, ohne hinreichend zu bedenken, dass dieser Anspruch auf hehren Prämissen basiert. Dabei sind die lernpsychologischen Befunde recht eindeutig: Die beste Quelle des Lernerfolgs ist nun einmal der Erfolg. Von daher muss vom Einfachen zum Komplizierten vorangeschritten werden, vom Kleinen zum Großen. Näheres zu dieser EVA-Systematik wird in Abschnitt II.2.1 ausgeführt werden.

Die dritte Voraussetzung für die Steigerung von Lernkompetenz und Lernerfolg betrifft die *Methodenklärung*. Wenn Schülerinnen und Schüler anspruchsvollere Aufgabenstellungen erfolgreich bewältigen sollen, dann benötigen sie zwingend abgeklärte Lern-, Arbeits-, Kommunikations-, Präsentations- und Kooperationsmethoden. Nur wenn sie methodisch einigermaßen fit sind, werden sie sich auch trauen, an knifflige Aufgaben mutig heranzugehen. Deshalb gehören konsequente Methodenschulung und Methodenanwendung zum Pflichtteil des hier skizzierten PASS-Programms. Wie sich dieser Anspruch im „Neuen Haus des Lernens“ niederschlägt, lässt sich aus Abbildung 16 ersehen. Unterhalb der EVA-Ebene ist angezeigt, was an *fachspezifischer Methodenpflege* vorgesehen ist, nämlich erstens mehr Partner- und Gruppenarbeit, zweitens verstärkter Einsatz grundlegender Arbeitstechniken sowie drittens konsequente Schaffung von wiederkehrenden Sprech- und Präsentationsanlässen im Unterricht. Diese Methodenpflege sollte in möglichst vielschichtiger und regelmäßiger Weise praktiziert werden.

Gestützt wird diese fachspezifische Arbeitsweise durch separate *Methodentrainings*. Diese Trainings dienen der dezidierten Methodenklärung und werden im Rahmen separater Trainingstage bzw. Trainingswochen angesiedelt. Während die fachspezifische Methodenanwendung vorrangig der Festigung verfügbarer methodischer Verfahren dient, zielen die besagten Trainingstage darauf, die betreffenden Methoden überhaupt erst mal verfügbar zu machen und entsprechend grundständig einzuüben und abzuklären. Im Mittelpunkt der Trainingstage steht demnach die Methodenklärung im engeren Sinne des Wortes. Das heißt: Die betreffenden Arbeits-, Kooperations- oder Kommunikationsmethoden werden phasenweise zum eigentlichen Lerngegenstand. Phasenweise heißt hierbei für maximal 1 bis 2 Wochen pro Schuljahr. Die Methodentrainings dienen demnach der Grundlegung; die eigentliche Konsolidierung der eingeführten Methoden läuft dagegen in den unzähligen EVA-Stunden in den Fächern ab.

Eine vierte Voraussetzung für die nachhaltige Implementierung der skizzierten Lern- und Methodenkultur ist ein überzeugendes *Innovationsmanagement* in den betreffenden Schulen. Die Lehrkräfte können ihre Lernspiralen und Trainingsmaterialien noch so gewissenhaft vorbereiten; ob daraus wirksame Umsetzungsmaßnahmen werden, ist etwas ganz anderes. Wirksam werden Innovationsprogramme in der Regel nur dann, wenn die Schulleitungen und Kollegien gutwillig mitspielen und konstruktive Beiträge leisten. Dieses Innovationsmanagement wird in Abschnitt II.4 eingehender beschrieben werden. Es umfasst die Konferenz- und Workshoparbeit genauso wie Elternarbeit, Öffentlichkeitsarbeit; Stundentafeln, Lehrereinsatzplanung und andere Mosaiksteine des praktischen Schulmanagements.

Dreh- und Angelpunkt dieses Innovationsmanagements ist die schulinterne Lehrerfortbildung. Wenn sich der gängige Schulunterricht tatsächlich so weiterentwickeln soll, dass EVA, Methodenschulung und anspruchsvollere Aufgabenstellungen eine überzeugende Symbiose eingehen, dann geht das erfahrungsgemäß nur mit flankierender Lehrerfortbildung. Flankierend meint hierbei, dass den Lehrkräften im besten Sinne des Wortes „Hilfe zur Selbsthilfe" geboten werden muss – praxisnah, problemorientiert und alltagstauglich. Mögliche Unterstützungsinstanzen können dabei sowohl staatliche wie private Fortbildungsinstitute als auch die etablierten Lehrmittelverlage sein. Die bisherigen Schulentwicklungserfahrungen zeigen: Wer diese Unterstützungsaufgabe ignoriert, muss sich nicht wundern, wenn die Lehr- und Lernkultur in Deutschlands Schulen weiterhin recht traditionell und statisch bleibt. Das PASS-Programm will dieser Gefahr mittels einschlägiger strategischer und unterrichtspraktischer Hilfen entgegenwirken (vgl. u. a. die Abschnitte II.2.9 sowie III.4).

2 Lernförderung durch veränderten Fachunterricht

Wirksame Lernförderung verlangt nach einem anderen Unterrichtsskript. Lernen statt belehrt werden, Produktion statt Reproduktion, Knobelaufgaben statt Schema-F-Aufgaben, Eigenverantwortung statt überzogener Fremdsteuerung, Prozessorientierung statt einseitiger Ergebnisfixierung – das ist der Weg, der zu gehen ist. Im Mittelpunkt dieses Reformweges steht die Arbeit an und mit den *Lernspiralen* im Rahmen des Fachunterrichts. Lernspiralen repräsentieren ein bewährtes Unterrichtsskript, das aufgrund seiner immanenten Fördersystematik maßgeblich dazu beiträgt, dass die Schülerinnen und Schüler in punkto Kompetenzentwicklung und eigenverantwortlichem Arbeiten und Lernen (EVA) vielseitig gefördert und gefordert werden. Sie werden zum einen variantenreich aktiviert und motiviert, zum anderen zu recht intensiver und disziplinierter Lernarbeit veranlasst. Das alles fließt im besagten PASS-Programm zusammen.

2.1 Dreh- und Angelpunkt ist „EVA“

Im Zentrum des PASS-Programms steht das eigenverantwortliche Arbeiten und Lernen der Schüler/innen – kurz EVA genannt. Der entsprechende Fachunterricht zielt auf selbsttätiges und selbstgesteuertes Arbeiten und Lernen, auf Handlungsorientierung und breit gefächerte Kompetenzvermittlung. Das schließt vielfältige Lernaktivitäten mit ein – angefangen beim Recherchieren und Erfassen von Informationen über das Verarbeiten und Anwenden dieser Informationen bis hin zum Präsentieren und Reflektieren einzelner Lernprodukte und/oder -prozesse. Grundsätzlich lassen sich drei zentrale Tätigkeitsfelder unterscheiden, nämlich „Produktives Tun“, „Kommunikatives Handeln“ und „Exploratives Handeln“ (vgl. Abb. 17).

Während das explorative Handeln eher schwieriger und seltener zu realisieren ist, da es in der Regel aus dem Klassenzimmer herausführt und deshalb spezielle Aufsichts-, Transport- und/oder Budgetfragen aufwirft, sind dem kommunikativen und produktiven Handeln kaum Grenzen gesetzt. Hier können die Lehrkräfte ihre Angebote kräftig ausweiten, ohne dass sie deshalb besondere Kapriolen schlagen müssten. Die Palette der möglichen Lerntätigkeiten ist groß und alltagstauglich – vor allem dann, wenn man das erwähnte Prinzip der kleinen Schritte gebührend berücksichtigt.

EVA setzt im alltäglichen Unterricht bei relativ einfachen Lerntätigkeiten ein und wird mit steigendem Alter und wachsender Routine der Schüler/innen zunehmend anspruchsvoller und komplexer. Zu den vergleichsweise einfachen Operationen zählt alles, was mit elementaren Verfahren der Informationsbeschaffung zu tun hat. Hierunter fällt z. B.

Abb. 17

EVA konkret
Mögliche Lernaktiviäten der Schüler/innen

Produktives Tun	Kommunikatives Handeln	Exploratives Handeln
■ Informationen nachschlagen/ exzerpieren	■ Gruppengespräch/ Partnergespräch	■ Erkundung/ Beobachtung
■ Arbeitsblätter bearbeiten/herstellen	■ Kreis- bzw. Doppelkreisgespräch	■ Experten-befragung
■ Struktogramme erstellen (Tabelle, Diagramm, Schaubild)	■ Stationengespräch	■ Interview (z.B. in der Fußgängerzone)
■ Rätsel lösen bzw. herstellen	■ Frage-Antwort-Spiel	■ Sozialstudie/ Fallstudie
■ Plakat/Wandzeitung/ Flugblatt gestalten	■ Freies/fiktives Erzählen bzw. Berichten	■ Recherche/ Reportage/ Film
■ Referat/Wochenbericht verfassen	■ Argumentationsspiel	■ Themenzentrierte Bibliotheksarbeit
■ Lernspiele durchführen bzw. herstellen (Puzzle, Würfelspiel etc.)	■ Plenardiskussion	■ Projektarbeit im kommunalen Umfeld der Schule
■ Kommentar/Bericht/ Brief schreiben	■ Talkshow	■ Betriebs-/ Sozialpraktikum
■ Assoziationsbilder zeichnen	■ Rollenspiel/ Planspiel	■ Exkursionen (z.B. in Geografie)
	■ Fishbowl-Gespräch	
	■ Pro-und Kontra-Debatte	
	■ Hearing/Tribunal	
	■ Vortrag/Rede halten	
etc.	etc.	etc.

das Suchen bestimmter Sachinformationen/Begriffe/Daten in einem Text, einem Schaubild, einer Tabelle oder im Schulbuch, Lexikon, Atlas, PC oder beispielsweise auch in der Bibliothek. Indem die Lehrpersonen entsprechende Fragen oder Suchaufgaben vorgeben, werden die Schüler/innen gleichsam auf „Entdeckungsreise“ durch die betreffenden Informationsträger geschickt und lernen auf diese Weise sowohl das selektive Erlesen und Verknüpfen der je gesuchten Informationen als auch das Anwenden der korrespondierenden Arbeitstechniken wie Markieren, Nachschlagen, Arbeitsanweisungen befolgen und Wesentliches erfassen.

Gleiches gilt, wenn den Schüler/innen zum jeweiligen Thema bzw. Material aufgetragen wird, erschließende Fragen zu formulieren, Lernkärtchen zu erstellen, ein Quiz durchzuspielen, im Doppelkreis zu erzählen, ein Interview zu führen oder einfache Gesprächsregeln zu beachten Auch das Nacherzählen eines bestimmten Textes, das Erläutern eines Schaubildes, das Interpretieren einer Zeichnung oder das Kommentieren einer These in Partner- oder Kleingruppenarbeit gehören zu diesen relativ einfachen Aufgaben und Anforderungen im Rahmen des EVA-Unterrichts. Ja selbst so elementare Lerntätigkeiten wie das Ausfüllen eines Arbeitsblattes, das Zeichnen eines Kurvendiagramms oder das Ausschneiden, Anmalen, Zusammensetzen und/oder Aufkleben eines Lernpuzzles haben – je nach Altersstufe – ihren berechtigten Stellenwert. Warum? Weil sie die Aufmerksamkeit der Schüler/innen auf den jeweiligen Lerngegenstand lenken und konzentriertes Arbeiten an und mit diesem Lerngegenstand auslösen. Die Schüler/innen müssen die besagten Puzzleteile bewusst lesen, kombinieren, ordnen und korrespondierende Gespräche mit den Mitschüler/innen führen. Von daher sind selbst simple Arbeitsaufgaben und Arbeitsblätter unter Umständen recht lernrelevant. Sie induzieren Nachdenken, Gespräche und damit auch Lernen!

Nur darf die schulische Bildungsarbeit nicht bei derartigen Lernaufgaben stehen bleiben, sondern muss die Anforderungen sukzessive steigern, und zwar so, dass die unterschiedlichen Begabungen der Schüler/innen angemessen zur Geltung kommen können. So gesehen haben natürlich auch anspruchsvollere Gruppenarbeiten, Versuche, Wochenpläne, PC-Recherchen, Präsentationen, Rollenspiele, Planspiele und Projekte ihren Platz. Nur muss klar sein, dass diese Hochformen des EVA-Unterrichts stets in der Gefahr stehen, das Gros der methodisch eher ungeübten und unselbstständigen Schüler/innen zu überfordern und/

oder zum „Ausbüchsen“ zu verleiten. Die verbreiteten Vorbehalte vieler Lehrkräfte z.B. gegenüber Gruppenarbeit oder Projektarbeit sind ein deutlicher Hinweis darauf, dass anspruchsvolle EVA-Arrangements noch längst keine Selbstläufer sind. Im Gegenteil: Diese Hochformen des eigenverantwortlichen Arbeitens setzen auf Schülerseite vielfältige „Skills“ voraus, die in praxi häufig nicht entwickelt sind – sei es, weil sie zu selten vorkommen oder sei es auch, weil sie nicht hinreichend geübt und reflektiert werden.

EVA muss dosiert entwickelt werden. Das schließt Lehrerlenkung und Lehrerinstruktion mit ein. „Soviel EVA wie möglich und so viel lehrerzentriertes Lehren und Lernen wie unbedingt nötig“ – das ist die hier vertretene Devise. Den Schüler/innen Freiheit und Verantwortung zu übertragen bedeutet noch lange nicht, dass etwas Gescheites passiert. Vor allem die Schwächeren, Phlegmatischen und/oder Demotivierten unter den Schüler/innen nutzen die Freiheit unter Umständen weidlich aus, um über Gebühr herumzutrödeln, sich vorschnell helfen zu lassen, gedankenlos abzuschreiben sowie insgesamt die eigenen Potenziale viel zu wenig zu nutzen (vgl. Meyer 1997, S. 169). Freiheit und Eigenverantwortung induzieren also noch längst keine überzeugende Lern- und Kompetenzförderung. Die verbreiteten Probleme mit dem freien Arbeiten in den Schulen belegen dieses Dilemma.

Lehrerlenkung und Lehrerinstruktion sind dosiert vonnöten, wenn EVA erfolgreich funktionieren soll. „Dosiert“ meint hierbei, dass sich die Lehrkräfte so weit wie möglich zurücknehmen und auf die Rahmenorganisationen und -moderation konzentrieren. Hilfestellung wird vorrangig dann gewährt, wenn die Schüler/innen selbst nicht mehr weiterkommen. Dieser zurückhaltende Support mag bei manchen Eltern zwar auf Befremden oder gar Widerspruch stoßen, nötig ist er dennoch. Es macht nun einmal einen Unterschied, ob eine Lehrperson gleich beim ersten Murren oder hilflosen Aufblicken einzelner Schüler/innen zu detaillierten Erklärungen bzw. Ratschlägen ansetzt oder ob sie die betreffenden Kinder zunächst einmal freundlich, aber bestimmt an ihre eigenen Möglichkeiten, Lernpartner, Tischgruppen oder Nachschlagewerke erinnert – getreu dem Grundsatz „Hilf mir, es selbst zu tun“ (Maria Montessori). Sind den Schüler/innen solche Reaktionsweisen vertraut, dann entdecken sie oftmals sehr schnell, dass sie eine ganze Menge auch ohne die Hilfe ihrer Lehrkräfte hinbekommen.

Allerdings hat diese Selbstverantwortung Grenzen. Und zwar immer dann, wenn den Schüler/innen die Mittel für eine erfolgreiche Selbststeuerung fehlen. Dieser Punkt ist in vielen deutschen Klassenzimmern unter Umständen recht schnell erreicht. Nicht weil die Schüler/innen bluffen, sondern weil es ihnen in der Tat an intellektuellen, mentalen und/oder methodischen Voraussetzungen für ein erfolgreiches Selbstmanagement mangelt. Von daher ist graduelle Lehrerlenkung eine unabdingbare Voraussetzung für gelingenden EVA-Unterricht. Grundsätzlich gilt: Soviel Freiheit und Eigenverantwortlichkeit wie möglich, soviel Lehrerlenkung und -hilfe wie unbedingt nötig. Gelenkt wird dabei allerdings nicht durch offensive Belehrung und Ergebnisdarbietung, sondern ganz vorrangig durch unterstützende Rahmenlenkung mittels gezielter Zeit-, Material-, Organisations- oder Produktvorgaben. Die eigentliche „Kärrnerarbeit“ ist und bleibt bei den Schülerinnen und Schülern. Dieser Mix aus Selbststeuerung und Rahmenlenkung ist charakteristisch für den EVA-Ansatz.

Je geübter die Schüler/innen in Sachen EVA sind, desto breiter werden die *Lernkorridore* abgesteckt, die sie eigenverantwortlich auszufüllen haben. Je versierter sie sind, desto mehr müssen die selbst organisieren, recherchieren, entscheiden, verantworten und klären. Welcher Grad an Offenheit und Selbstverantwortung ihnen dabei eingeräumt wird, hängt zum einen von ihrem Alter und Selbstvertrauen, zum anderen von ihren methodischen Vorerfahrungen ab. Beispiel: Lautet z.B. der Rahmenauftrag in einer ungeübten Klasse: „Erstellt anhand des vorliegenden Textes eine Tabelle zu den Gesundheitsgefahren des Rauchens“, so mag er in einer versierten Klasse unter Umständen heißen: „Erforscht anhand von Schulbuch, Broschüre und/oder Internet die gesundheitlichen Risiken des Rauchens, erstellt dazu eine aussagekräftige Visualisierung und bereitet euch auf eine kooperative Präsentation eurer Ergebnisse vor!“ Kein Zweifel, der zweite Auftrag ist imposanter und erstrebenswerter; gleichwohl ist auch die erste Variante als Zwischenschritt wichtig und lernrelevant – müssen doch die Schüler/innen einiges regeln, was ihrer Kompetenzentwicklung zuträglich ist, nämlich: Welche Textinformationen sind relevant? Wie viele Spalten soll die Tabelle haben? Wie sollen die Spalten überschrieben werden? Welche Formulierungen sind passend? etc.

Dieses Beispiel macht deutlich, was mit dem erwähnten Grundsatz des „dosierten Forderns und Förderns“ gemeint ist, nämlich das sukzessive Voranschreiten vom Einfachen zum Komplizierten, vom überschaubaren zum komplexen Lernkorridor der Schüler/innen. Darin eingeschlossen ist ein kompetenzabhängiger Mix aus Lehrerlenkung und Schülerselbsttätigkeit. Howard Gardner schreibt zu diesem Spagat: Ein zeit- und schülergemäßer Unterricht verlangt nach einem Ansatz, „... der feiner abgestimmte Arten von Hilfe bieten und auch Schüler unterstützen kann, die nicht unabhängig denken können, Schüler, denen es an Selbstdisziplin mangelt, und Schüler, die bestimmte Lernschwächen oder ungewöhnliche Talente aufweisen. Eine große und möglicherweise noch zunehmende Anzahl von Schülern braucht Hilfe, Unterstützung, Vorbilder und/oder Fördersysteme“ (Gardner 1996, S. 245 f). Dieser realistische Blick auf die Schulwirklichkeit macht deutlich, dass der hier in Rede stehende EVA-Unterricht nur dosiert realisiert und ausgebaut werden kann. Andernfalls drohen Überforderung, Disziplinprobleme und Lernversagen.

Diese Einschränkung ändert indes nichts daran, dass EVA ein höchst chancenreiches Unterfangen ist. Warum? Erstens werden die Schüler/innen vielschichtiger und intensiver als bisher gefordert und gefördert und können dadurch ihre unterschiedlichen Talente besser einbringen und entwickeln. Zweitens lernen sie nachhaltiger, da sie durch die breit gefächerte Lernarbeit relativ viele Sinne ins Spiel bringen und die eigene Synapsenbildung konsequent vorantreiben können. Drittens gelangen sie infolge der kleinschrittigen Arbeitsweisen des öfteren zu kleineren oder größeren Erfolgserlebnissen, was sich zugunsten ihrer Motivation und Lerndisziplin auswirkt. Viertens gehen sie insgesamt reflektierter und selbstkritischer mit sich und der eigenen Lernarbeit um, da sie gelegentlich zu Reflexions- und Feedbackphasen aufgefordert werden. Fünftens entwickeln viele von ihnen beachtliche Metakompetenzen im methodischen Bereich, da sie immer wieder Rechenschaft über die Wahl ihrer Methoden ablegen müssen. Und sechstens schließlich erwerben sie verstärkt solche Kompetenzen, auf die sie in Schule, Studium und Beruf höchst dringlich angewiesen sind. Aus diesen Gründen ist der EVA-Ansatz zentrales Moment des PASS-Programms.

2.2 Lernspiralen als Förderinstrument

Im Mittelpunkt der skizzierten EVA-Arbeit stehen die sogenannten Lernspiralen. Lernspiralen beschreiben mehrstufige Arbeitsprozesse der Schüler/innen zur intensiven Erschließung und Durchdringung des jeweiligen Lernstoffs. Sie implizieren kleinschrittiges Fordern und Fördern und verbinden vielseitiges eigenverantwortliches Arbeiten und Lernen mit konsequenter Methoden-, Kommunikations- und Kooperationsschulung im Unterricht (vgl. Abb. 18). Sie gewährleisten unterschiedliche Kontroll- und Anwendungssituationen, binden die Schüler/innen als Helfer und Miterzieher mit ein und sichern dadurch ein relativ hohes Maß an Lernanstrengung, Lernförderung und Lerndisziplin (vgl. dazu auch Klippert 2001 und 2006 sowie Klippert/Müller 2003). Das Entscheidende bei alledem: Die Lernspiralen repräsentieren eine klare Ablaufstruktur, die Schüler/innen und Schülern nicht nur Sicherheit gibt, sondern auch und zugleich signalisiert, dass immer wieder Helferleistungen bereitstehen und bei Bedarf auch in Anspruch genommen werden können.

Die abgebildete Lernspirale zum Thema „Märchen“ macht diese programmierte Förderarbeit deutlich. Kommt z.B. ein Schüler während der anfänglichen Lehrererzählung nicht immer mit, so kann er im zweiten Arbeitsschritt bei den per Los zugeordneten Lernpartnern nachfragen. Das ist nicht nur zulässig, sondern sogar erwünscht. Da diese Lernpartner durch Zufallsverfahren bestimmt werden, ist sichergestellt, dass auch ein gewisses Helferpotenzial vorhanden sein wird. Nachhilfe ist auch im dritten Arbeitsschritt noch möglich. Zwar muss in diesem Schritt jeder Schüler für sich einen Spickzettel zum gehörten Märchen erstellen, die einzelnen Gruppenmitglieder sitzen nach wie vor jedoch beisammen und können sich bei Bedarf abermals fragen bzw. beraten. Tun sie dies nicht, wird es erstmals im vierten Arbeitsschritt so richtig ernst, denn jetzt muss jeder Schüler im Doppelkreis gegenüber einem neuen Zufallspartner Farbe bekennen und das rekonstruierte Märchen nacherzählen können. Hat er sich in den vorangehenden Förderphasen keine hinreichende Klarheit verschafft, wird er spätestens jetzt ernsthafte Probleme bekommen. Warum? Weil Schüler/innen, die ihre Spickzettel gewissenhaft entwickelt haben, in der Regel kein Verständnis dafür haben, wenn ihr Gegenüber unvorbereitet erscheint oder womöglich gar keinen Spickzettel angefertigt hat. Von daher wird aus dem Fördern nun unverkennbar ein Fordern – zuerst durch wechselnde Zufallspartner im Doppelkreis und dann durch die gesamte Klasse sowie die im Plenum präsente Lehrkraft.

Dieses Fordern und Fördern wird in den weiteren Arbeitsschritten fortgesetzt. Und zwar zunächst in der Weise, dass die Schüler/innen in Partnerarbeit einschlägige Frage-Antwort-Kärtchen zum gehörten Märchen erarbeiten müssen. Dann folgt ein korrespondierendes Quiz, bei dem erneut Zufallspartnern gegenüber Rede und Antwort zu stehen ist. Und schließlich gilt es eine übergreifende Methodenreflexion zu bestehen sowie eine lehrerzentrierte Abschlussphase zu absolvieren, in die

Abb. 18

Lernspirale rund um ein Märchen

- Märchenerzählung **anhören** und dazu **malen**
- Vertiefende **Gespräche** in **Zufallsgruppen**
- Persönliche **„Spickzettel"** zum Inhalt erstellen
- **Nacherzählen** des Märchens im Doppelkreis
- Ausgeloste Schüler **präsentieren im Plenum**
- **Quizkärtchen** zur Lehrerdarbietung erstellen
- **Frage-Antwort-Spiel** im Plenum durchführen
- **Methodenreflexion** und inhaltliche Sicherung
- Vertiefende Tipps und Hinweise des Lehrers

Lernspirale zur Flächenberechnung

- Informationsblatt zur Flächenberechnung **lesen**
- **Klärung offener Fragen** in Zufallsgruppen
- **Beispielrechnung** im Doppelkreis **erläutern**
- **Berechnung** unterschiedlicher Flächen (EA)
- Vergleich und **Beratung in Zufallstandems**
- Gleiche Tandems: **3 Aufgaben konstruieren**
- Aufgaben austauschen + **Flächen berechnen**
- **Kritikgespräche** der Korrespondenz-Tandems
- **Methodenreflexion** und Methodenbeurteilung
- Vertiefende Hinweise und Tipps des Lehrers

nochmals Kontrollfragen und kleinere Rechenschaftsberichte einzelner Schüler/innen eingebaut sein können. So gesehen sind Fordern und Fördern hochgradig integriert – allerdings stets so, dass die Schüler/innen im Plenum erst dann Rechenschaft ablegen müssen, wenn sie sich zuvor in mehreren dezentralen Arbeits- und Kooperationsschritten haben vorbereiten können. Tun sie dies nicht, so müssen sie mit der eher unangenehmen Konsequenz leben, dass es Kritik gibt – nicht nur von Lehrerseite, sondern auch und besonders von Schülerseite. Diese Grundüberlegungen gelten in gleicher Weise für die zweite Lernspirale zum Thema Flächenberechnung (vgl. Abb. 18).

Aus den beiden abgebildeten Lernspiralen lässt sich die immanente Systematik des Unterrichtsskripts ersehen. Typisch für die darin zum Ausdruck kommenden Unterrichtsabläufe ist zum einen der konsequente Wechsel der Sozialformen und der Lerntätigkeiten der Schüler/innen, zum anderen die differenzierte Pflege unterschiedlicher fächerübergreifender Kompetenzen, wie sie in den fett gedruckten Passagen zum Ausdruck kommen. Da die Lernspiralen den Schüler/innen zu Stundenbeginn vorgestellt werden sollten, ist unschwer zu erahnen, wie disziplinierend das eingebaute Wechselspiel von Fördern und Fordern wirkt. Strengt sich z.B. ein Schüler nicht ausreichend an, so muss er im Zuge der unterschiedlichen Anwendungs- bzw. Kontrollphasen immer wieder damit rechnen, dass irgendwelche zugelosten Mitschüler/innen enttäuscht werden und/oder Kritik zu üben beginnen. Diesen potentiellen „Imageschaden" versuchen die meisten Schülerinnen und Schüler beflissen zu vermeiden. Wie die Erfahrung zeigt, gibt es kaum jemanden, dem nicht daran gelegen wäre, von Seiten der Mitschüler/innen anerkannt bzw. gelobt zu werden.

Der Begriff der Lernspirale ist deshalb gewählt worden, weil die Lernarbeit der Schüler/innen der Bewegung eines Spiralbohrers gleicht. Indem die Schüler/innen mehrstufig und in wechselnder sozialer Zusammensetzung am jeweiligen Lernstoff arbeiten, beschreiten sie einen Lernprozess, in dessen Verlauf sie sich in das jeweilige fachspezifische Thema/Material/Problem förmlich *hineinbohren* und dabei ganz unterschiedliche Lernaktivitäten starten. Sie müssen lesen, schreiben, zeichnen, ordnen, gliedern, recherchieren, markieren, exzerpieren, kommentieren, strukturieren, visualisieren, präsentieren, interviewen, diskutieren, kooperieren, experimentieren, Probleme lösen und andere Formen des eigenverantwortlichen Arbeitens und Lernens praktizieren. Das alles tun sie mit unterschiedlicher *Produktorientierung*. Sie erstellen Texte, Schaubilder, Plakate, Gedichte, Spickzettel, Tabellen, Diagramme, Karteikarten, Arbeitsblätter, Briefe, Werkstücke, Protokolle, Referate, Vorträge, Hörspiele, Rollenspiele, Reportagen und manches andere mehr.

Diese vielseitigen Lernarbeiten werden dadurch ermöglicht und erleichtert, dass zum einen verstärkt kooperiert und zum anderen in eher kleinen Schritten vorgegangen wird. Schüler/innen, die im Lernprozess Schwierigkeiten mit einzelnen Informationen, Begriffen oder Zusammenhängen haben, bekommen grundsätzlich die Chance, sich in Partner- oder Gruppenzirkeln die nötige Nachhilfe zu verschaffen – vorausgesetzt, sie haben sich hinreichend angestrengt, um möglichst präzise zu wissen, wo ihre Schwierigkeiten und Fragen liegen. Wer keine Fragen generiert hat, wird auch keine fruchtbare Nachhilfe erfahren können. Das gilt für die Konsultierung der Mitschüler/innen genauso wie für die der Lehrperson. Zu helfen ist letztlich nur dem, der sich in ehrlicher Weise bemüht hat, seinen Nachhilfebedarf sorgfältig abzuklären.

Lernspiralen implizieren *Lehrerlenkung*. Das beginnt bei der zeitlichen und inhaltlichen Taktung des vorgesehenen Arbeitsprozesses und reicht über die gezielte Bereitstellung von Materialien, Medien und sonstigen Arbeitshilfen bis hin zu unterschiedlichen Instruktions- und Kontrollaktivitäten der Lehrperson während des Lernprozesses. So gesehen kann die Lernspirale als wohl durchdachter *Lernkorridor* betrachtet werden, der den Schüler/innen zum einen Halt und Orientierung gibt, zum anderen diszipliniertes Arbeiten und Lernen mit unterschiedlichem Zuschnitt ermöglicht und abverlangt. Dabei gilt der Grundsatz: Je versierter und methodenbewusster die Schülerinnen und Schüler zu arbeiten verstehen, desto anspruchsvoller und komplexer können die einzelnen Lernaufgaben und Verantwortungsbereiche abgesteckt werden. Dieser Progressionsgedanke durchzieht das PASS-Programm sowie die darauf basierende Lehr- und Lernmittelreihe „Klippert bei Klett" (vgl. Abschnitt II.2.9).

2.3 Makrospiralen und Mikrospiralen

Die skizzierten Lernspiralen sind Mikrospiralen. *Mikrospiralen* deshalb, weil sie nur sehr begrenzte Lernsequenzen abdecken. Sie betreffen bestimmte Teilaspekte eines Lehrplanthemas und sind in der Regel auf

Einzel- oder Doppelstunden beschränkt. Sie präzisieren die vorgesehenen Arbeitsschritte der Schüler/innen, explizieren die geplanten Sozialformen und Zeittakte und stellen zudem heraus, welche fachlichen und überfachlichen Kompetenzen in der jeweiligen Unterrichtsstunde vermittelt werden sollen. So gesehen gleichen Mikrospiralen den gängigen Unterrichtsverlaufsplanungen, sind aber vom Unterrichtsskript her deutlich anders akzentuiert. Während bei der klassischen Verlaufsplanung die inhaltlichen Lernziele und Aspekte im Zentrum stehen, konzentrieren sich die Mikrospiralen ganz dezidiert auf die Präzisierung der Lernmoderation, der Schüleraktivierung und der Kompetenzvermittlung im Rahmen einzelner Unterrichtsstunden (vgl. Abb. 18).

Anders die *Makrospiralen*. Sie setzen eine Stufe höher an und beziehen sich auf komplexere Lehrplanthemen mit einer Bearbeitungsdauer von meist mehreren Wochen. Makrospiralen sind *Lerneinheiten* mit spezifischem Zuschnitt. Gliedert man ein Lehrplanthema in unterschiedliche Arbeitsinseln der Schüler/innen auf (A1 bis Ax), so erhält man einen Pool an kleineren oder größeren Arbeitsinseln, die zusammengenommen eine Lerneinheit ergeben (vgl. Abb. 19). Ordnet man die einzelnen Arbeitsinseln des Weiteren so, dass sich der aus Abbildung 19 ersichtliche vertikale Aufbau ergibt, so kann man von einer Makrospirale sprechen. Der Aufbau einer Makrospirale beginnt mit diversen Arbeitsinseln zur Mobilisierung von Vorwissen und Voreinstellungen der Schüler/innen – kurz Sensibilisierungsphase genannt – und reicht über die differenzierte Erarbeitung neuer Kenntnisse bzw. Verfahrensweisen zum je anstehenden Themenbereich bis hin zur Lösung relativ komplexer Anwendungs- und Transferaufgaben innerhalb wie außerhalb des Klassenraumes.

Makrospirale und Mikrospirale haben gemeinsam, dass sich die Schüler/innen in mehr oder weniger vielen Arbeitsetappen in den jeweiligen Lernstoff hineinbohren und dabei vielseitiges eigenverantwortliches Arbeiten und Lernen praktizieren müssen. Die verbindende Klammer ist also EVA. Handelt es sich bei diesen Arbeitsetappen im Falle der Mikrospirale um sehr konkrete Arbeitschritte im Verlauf einzelner Unterrichtsstunden, so betreffen diese Etappen bei der Makrospirale übergeordnete Arbeitsinseln, die als lernrelevante Facetten des jeweiligen Lehrplanthemas gelten können. Die Aufgliederung eines Lehrplanthemas in lernrelevante Arbeitsinseln führt demnach zur Makrospirale; die Auf-

Abb. 19

Mögliche Arbeitsfelder der Schüler zum Lehrplanthema „Die Welt der Ritter"

Vorwissen/Voreinstellungen aktivieren

A 1: **Assoziatives Zeichnen** *) zum Leben der Ritter (Skizzen entwerfen → Erzählen im Doppelkreis → Erzählen im Plenum nach Los)**)

A 2: **Begriffslandschaft** zur Ritterzeit **erstellen** (Begriffe notieren → Erklären und Auswählen in Gruppen → Präsentieren im Plenum)

A 3: **Phantasiegeschichte** zum Burgleben **schreiben** (Schreibphase → Vorlesen in Tandems/Gruppen → Vorlesen nach Los im Plenum)

Neue Kenntnisse/Verfahrensweisen erarbeiten

A 4: **Text** zu Burg X **erarbeiten** (Lesen + markieren → Begriffe in PA klären → Fragen in GA entwickeln → Quiz im Plenum)

A 5: **Film** zur Burg Y **erschließen** (Sichten → Klärende Gespräche in GA → Fragen notieren → Interview in PA → Fragerunde im Plenum)

A 6: **Nachschlagen** zur Ritterzeit **im Schulbuch** (Nachschlagen → Kontrolle + Klärung in Gruppen → Frage-Antwort-Kette im Plenum)

A 7: **Erzählung** zu Burg Rabenstein **wiedergeben** (Lehrererzählung → Fragerunde → Nacherzählen in Gruppen → Quiz im Plenum)

A 8: **Schaubild** zum Burgleben **vervollständigen** (Begriffe zuordnen → Partnerkontrolle → Schaubild im Doppekreis erklären → Plenum)

A 9: **Plakat** zum Leben der Ritter **erstellen** (Text/e lesen → Entwurf in PA anfertigen → in Gruppen Plakat gestalten → Museumsrundgang)

Komplexere Anwendungs-/Transferaufgaben

A 10: **Burg** nach Schneideplan **bauen** (Teile zuschneiden → Burg in Partnerarbeit aufbauen → Kurz-Info erstellen → Präsentation nach Los)

A 11: **Szenen** zum Burgleben **vorspielen** (Szenen lesen → in Gruppenarbeit klären → Szenen in GA einstudieren → Szenen im Plenum vorspielen)

A 12: **Erkundung** einer Burg **durchführen** (Informationsphase → Burgrallyes in Gruppenarbeit vorbereiten → Erkundungsphase → Auswertung)

*) *Die fett gedruckten Begriffe benennen das jeweilige Arbeitsfeld der Schüler/innen*
**) *Die Angaben in den Klammern umreißen mögliche Arbeitsschritte der Schüler/innen (die Klammer ist als Ideenspeicher während der Planungsphase gedacht).*

gliederung einer bestimmten Arbeitsinsel in konkrete Arbeitsschritte ergibt die Mikrospirale. Der Einfachheit halber werden in diesem Buch Makrospirale = Lerneinheit und Mikrospirale = Lernspirale gesetzt.

Gemeinsam ist beiden Spiralbegriffen, dass sie auf schüleraktivierendes, kompetenzorientiertes Lehren und Lernen zielen – nur auf verschiedenen Ebenen. Die in Abbildung 19 dokumentierte Makrospirale zum Leben der Ritter zeigt beispielhaft, wie eine konkrete Lerneinheit ausgestaltet werden kann. Wichtig dabei ist der didaktische Dreischritt: „Vorwissen und Voreinstellungen aktivieren“, „Neue Kenntnisse und Verfahrensweisen erarbeiten“ sowie „Komplexere Anwendungs- und Transferaufgaben lösen“. Zu jeder dieser Lernetappen werden mehrere Arbeitsinseln ausgewiesen, die vorsehen, dass die Schülerinnen und Schüler produktiv, kommunikativ und/oder kooperativ tätig werden müssen. Wie? Durch das Arbeiten an und mit unterschiedlichen Lehrerinputs. Mal müssen die Schüler/innen themenzentriert zeichnen, mal müssen sie einen Film erschließen, mal müssen sie eine spezifische Lehrererzählung rekonstruieren und nacherzählen, mal müssen sie Fragen mithilfe des Schulbuchs klären, mal ein Plakat gestalten oder eine konkrete Burg erkunden oder z.B. Szenen zum Burgleben der Ritter entwickeln und vorspielen.

Die angeführten Arbeitsinseln A1 bis A12 sind allerdings nicht so zu verstehen, als müssten sie im Unterricht ausnahmslos behandelt werden. Sie stellen zunächst einmal Bausteine dar, die von den verantwortlichen Lehrkräften durchaus ergänzt oder modifiziert werden können. Sie sind von ihren Anforderungen und Lernzielen her weder trennscharf, noch ergeben sie in Summe eine geschlossene Unterrichtseinheit zum besagten „Leben der Ritter“. Die ausgewiesenen Arbeitsinseln stellen mögliche Lernarrangements dar, die von den verantwortlichen Lehrkräften genutzt werden können – nicht mehr, aber auch nicht weniger. Gleichwohl sollte angestrebt werden, die wichtigsten Teilaspekte des jeweiligen Lehrplanthemas tatsächlich zu berücksichtigen – also auch Lernsituationen, in denen Lehrervorträge, Tafelbilder oder sonstige lehrerzentrierte Präsentationen im Zentrum stehen. Die Hauptsache ist, dass die Schüler/innen rund um diese Inputs vielseitig arbeiten, rekonstruieren, produzieren und präsentieren müssen – alleine, zu zweit oder auch in Gruppen.

2.4 Schüler als Helfer und Miterzieher

Das PASS-Programm baut auf Kooperation und erzieherische Mithilfe der Schülerinnen und Schüler. Das ist angesichts der verbreiteten Lernschwierigkeiten in den Klassen eine notwendige und wichtige Handlungsperspektive. Andernfalls droht die aktuelle Überforderung vieler Lehrkräfte dafür zu sorgen, dass anspruchsvolle Lernarrangements erst gar nicht in den Unterricht hineingenommen werden. Lehrkräfte brauchen Assistenten, und Schüler/innen brauchen greifbare Helfer und Ratgeber, die ihnen offen und flexibel zur Verfügung stehen, wenn diffizile Aufgaben anstehen sollten. Verstärkte Kooperation und erzieherische Mitwirkung der Schüler/innen sind eine unabdingbare Voraussetzungen dafür, dass die Aufgaben anspruchsvoller und die unterrichtlichen Fördermaßnahmen effektiver werden können. Zwar gehen die meisten Schüler/innen recht locker an die gängigen Partner- und Gruppenarbeiten heran. Allerdings arbeiten sie häufig eher isoliert als zusammen und tun de facto nicht selten alles andere als diszipliniert und zielstrebig zu kooperieren. So gesehen sind Partner- und Gruppenarbeit ein nicht zu unterschätzendes Lern- und Problemfeld, wenn es darum geht, den skizzierten EVA-Unterricht konsequent auf den Weg zu bringen.

Die in Abschnitt II.2.2 skizzierten Lernspiralen zeigen, wie sehr das hier vertretene Förderprogramm auf Schülerkooperation setzt. Die Schüler/innen müssen sich immer wieder wechselseitig befragen, helfen, besprechen, abstimmen und/oder an die vereinbarten Regeln erinnern. Das sieht der stete Wechsel der Sozialformen im Ablauf der Lernspiralen vor. Einzelarbeit, Tandemarbeit, Gruppenarbeit, Plenarpräsentationen und/oder -gespräche, das sind die gängigen Arbeitsschritte, die Schülerinnen und Schüler immer wieder durchlaufen müssen. Das setzt zum einen Kooperationsbereitschaft und Kooperationsfähigkeit voraus; das stellt zum anderen aber auch und zugleich sicher, dass die Schüler/innen nicht alleine gelassen werden, sondern in nachgerade ritualisierter Weise auf die Unterstützung anderer Mitschüler/innen rechnen können. Das ist Lern- und Kompetenzförderung im besten Sinne des Wortes – dezentral und verlässlich, unmittelbar und fehlertolerant, ohne die lähmende Angst im Nacken, die das Nachfragen und Lernen im Plenum häufig so sehr erschwert.

Wenn Lehrkräfte Freiräume schaffen und EVA erwarten, so kann dieses letztlich nur dann funktionieren, wenn die betreffenden Kinder motiviert und versiert mithelfen, die auftretenden Probleme, Fragen und sonstigen Unsicherheiten zu lösen. Die einzelne Lehrkraft ist nämlich schnell überfordert, wenn sie allen möglichen Schüler/innen zeitgleich mit Rat und Tat zur Verfügung stehen soll. Teamarbeit und Teamfähigkeit sind also zwingend vonnöten, wenn der skizzierte EVA-Unterricht Realität werden soll. Dies um so mehr, als zahllose Lehrkräfte seit Jahr und Tag darüber klagen, dass die Zusammenarbeit in den Klassen im Argen liegt. Recht haben sie. Nur, was folgt daraus? Bedauerlich ist, dass viele Lehrkräfte in praxi dazu neigen, Gruppenarbeit eher mit Zeitvergeudung, Unruhe, Disziplinlosigkeit, Unverbindlichkeit und Ineffektivität gleichzusetzen und deshalb entsprechend zurückhaltend davon Gebrauch zu machen (vgl. Hage u.a. 1985, S. 64). Dass unter diesen Vorzeichen wenig Besserung erreicht wird, ist nicht verwunderlich.

Teamarbeit meint deutlich mehr als das landläufige Zusammensitzen an Gruppentischen. Fundierte Teamarbeit bedeutet auch und vor allem, dass die Schüler/innen bereit und in der Lage sind, regelgebunden und konstruktiv zusammenzuarbeiten und die betreffenden Aufgaben gemeinsam zu lösen. Das aber verlangt Voraussetzungen. Dazu gehören erstens Regeln und Regelwächter, die für die nötige Steuerung der angesagten Gruppenarbeiten sorgen und dazu beitragen, dass unnötige Störungen und/oder Trödeleien gruppenintern unterbunden werden. Eine zweite Voraussetzung: Regelgebundene Gruppenarbeiten dürfen nicht nur in größeren Abständen angesetzt werden, sondern sollten möglichst häufig und verbindlich auf der Tagesordnung stehen. Eine dritte Voraussetzung: Die Gruppenaufgaben müssen so gestellt sein, dass die jeweiligen Gruppenmitglieder tatsächlich aufeinander angewiesen sind und zwingend zu kooperationsabhängigen Ergebnissen kommen müssen. Eine vierte Voraussetzung: Gute Schülerkooperation braucht auch und nicht zuletzt gelegentliche regelorientierte Reflexions- und Kritikphasen, die den Kindern Gelegenheit geben, sich über Gelungenes und Problematisches im Rahmen abgelaufener Partner- und Gruppenarbeitsphasen auszutauschen. Teamentwicklung ist also mehr als die gängige Reglementierung, Beratung und Kontrolle von Gruppenarbeitsprozessen durch die jeweilige Lehrperson.

Teamentwicklung ist Voraussetzung und Garantie dafür, dass in den Klassen funktionierende Helfer- und Erziehungssysteme entstehen. Ohne eine entsprechende Trainings- und Klärungsarbeit mit den Schüler/innen bleibt vieles unzulänglich und unbefriedigend. Unbefriedigend für die Lehrkräfte; unbefriedigend aber auch für die Schüler/innen selbst. Von daher müssen die Kinder und Jugendlichen verstärkt dazu angehalten werden, sich mit den elementaren Spielregeln und Strategien konstruktiver Gruppenarbeit vertraut zu machen. Dieser Anspruch gehört fundamental zum PASS-Programm. Über mangelnde Lerndisziplin und/oder Teamarbeit lediglich zu klagen ist nämlich wenig perspektivreich. Nötig ist vielmehr, dass mittels gezielter Qualifizierungs- und Erziehungsmaßnahmen tatkräftig dagegen angegangen wird. Das betrifft die Entwicklung von Regelplakaten in den Klassen genauso wie die Qualifizierung von Regelwächtern oder aber die Einführung konkreter Regularien zur Sicherstellung effektiver Gruppenarbeit. Zum Letzteren gehört z.B., dass ...

- die Gruppenbildung möglichst oft nach dem Los- bzw. Zufallsverfahren erfolgt. Das sichert eine gewisse Leistungs- und Verhaltensheterogenität und trägt auf diese Weise dazu bei, dass sich innerhalb der Gruppen funktionierende Helfer- und Erziehungssysteme etablieren können, die nicht zuletzt verhindern, dass einzelne Schüler/innen untergehen und/oder von anderen ausgegrenzt werden;
- die geltenden/vereinbarten Regeln konsequent überwacht und angemahnt werden. Dazu müssen die Schüler/innen lernen, neben der Sachaufgabe wechselnde Sonderfunktionen wie Regelwächter, Zeitwächter, Gesprächsleiter, Fahrplanüberwacher oder Präsentator wahrzunehmen; das verlangt einschlägige Übungen und Rollenklärungen;
- die Präsentation der Gruppenergebnisse immer wieder kooperativ erfolgen sollte – sei es durch Tandems oder unter Beteiligung aller Gruppenmitglieder. Das stärkt das Wir-Gefühl, unterstreicht die Mitverantwortung, fördert die mündliche Mitarbeit und stellt im Gruppenprozess selbst sicher, dass sich die einzelnen Gruppenmitglieder wechselseitig stärker in die Pflicht nehmen und einbringen;
- experimentelles Denken und Arbeiten der Gruppenmitglieder zugelassen wird – auch auf die Gefahr hin, dass nicht gleich das Richtige herauskommt. Fehler und Lernumwege müssen im Ansatz toleriert werden, wenn eine „Atmosphäre der Ermutigung“ entstehen soll, auf die effektive Gruppenarbeit ganz elementar angewiesen ist;
- sich die Lehrkräfte eher defensiv verhalten, damit sich die jeweiligen Gruppenmitglieder im besten pädagogischen Sinne genötigt sehen,

das eigene Potenzial stärker zu aktivieren. Das schließt vorschnelle Kontrollen, Zurechtweisungen und/oder Hilfsangebote der Lehrkräfte aus.

- die Schüler/innen hin und wieder Gelegenheit zur Reflexion ihrer Gruppenprozesse und -ergebnisse bekommen. Eine derartige „Feedbackkultur" trägt dazu bei, dass gruppeninterne Friktionen und Unzulänglichkeiten zeitnah angesprochen werden. Das verhindert, dass einzelne Schüler/innen über Gebühr an den Rand gedrängt oder in anderer Weise diskreditiert werden.

Schülerkooperation ist mithin ein recht anspruchsvoller Förderansatz. Wenn das wechselseitige Fördern und Fordern der Kinder funktionieren soll, dann müssen die besagten Verfahrensweisen möglichst intensiv eingeübt und auf längere Sicht sogar richtiggehend „automatisiert" werden. Dazu können zum einen spezielle Trainingstage und Trainingswochen beitragen (vgl. Abschnitt II.3.4); zum anderen aber auch und vor allem die regelmäßigen Anwendungs- und Reflexionsphasen im Rahmen der erwähnten fachspezifischen Lernspiralen. Dass dieses lohnt, liegt auf der Hand. Erfahrene Teamarbeiter regen sich wechselseitig an. Sie helfen und unterstützen, kontrollieren und disziplinieren, korrigieren und ermutigen sich gegenseitig – und zwar in einer Weise, dass die vorhandenen Potenziale deutlich stärker mobilisiert werden, als das bei der gängigen Einzel- oder Plenararbeit der Fall ist – vorausgesetzt, die Spielregeln guter Gruppenarbeit sind hinreichend geklärt und verinnerlicht.

2.5 Das Instrument der Differenzierung

Lernförderung bedarf gelegentlicher Differenzierungsmaßnahmen. Müssen nämlich alle Schüler/innen stets die gleichen Aufgaben, Inhalte und Anforderungsniveaus bearbeiten, so führt das beinahe zwangsläufig dazu, dass einige besser und andere schlechter angesprochen werden. Einige werden womöglich überfordert sein, andere werden sich eher langweilen und mit Unterforderung zu kämpfen haben. Die Stärken und Schwächen der Schüler/innen sind nun einmal ungleich verteilt. Da anderseits ihre Lernanstrengungen in erheblichem Maße davon abhängig sind, ob sie sich mit ihren persönlichen Interessen, Bedürfnisse und/oder Stärken ins Spiel bringen können, ist es wichtig, hin und wieder differenzierte Anforderungen und Aufgaben im Unterricht zu stellen. Andernfalls wird die Kompetenzentwicklung einzelner Schülerinnen und Schüler unter Umständen erheblich beeinträchtigt, da es ihnen an Ansporn und passenden Herausforderungen fehlt.

Andererseits wäre es verfehlt, die Differenzierung und Individualisierung von Lernen zum obersten Gebot zu erheben, wie das manche Apologeten von Freiarbeit und Offenem Unterricht tun. Zwar ist es richtig, dass alle Schüler/innen auf spezifische Weise verschieden sind und mehr oder weniger unterschiedliche Leistungspotenziale haben. Daraus jedoch den Schluss abzuleiten, dass jedem Schüler sein eigenes Lernpaket geschnürt werden muss, ist ebenso utopisch wie pädagogisch fatal. Utopisch deshalb, weil die schon jetzt hohe Vorbereitungsbelastung vieler Lehrkräfte nachgerade ins Unermessliche gesteigert werden müsste, wenn man diesen Ansatz hierzulande ernsthaft zu Ende denkt. Konsequente Individualisierung setzt nämlich Unmengen an unterschiedlichen Materialien und Aufgaben voraus, die bislang aber weder da sind, noch mit vertretbarem Zeit- und Arbeitsaufwand hergestellt werden können. Am ehesten lässt sich das freie bzw. stark individualisierte Arbeiten noch in den Grundschulen gewährleisten, da dort verhältnismäßig viele Angebotsmaterialien der Verlage zur Verfügung stehen, die Lehrkräften das Differenzieren erleichtern. In den Sekundarstufen I und II dagegen ist und bleibt ein solches Unterfangen ziemlich utopisch.

Pädagogisch fatal ist die skizzierte Individualisierung insofern, als damit der Anspruch auf Integration, Kooperation und gemeinsames Lernen über Gebühr aufgegeben wird. Bildung zielt nicht nur auf individuelle kognitive Potenzialförderung, sondern auch und zugleich auf das Erlernen von Sozialkompetenz, Solidarität, Empathie, Mitmenschlichkeit, Demokratiekompetenz und anderem mehr. Hinzu kommt, dass der besagten Individualisierung immer auch die Tendenz innewohnt, dass die „guten Schüler/innen" immer besser und die „schwachen Schüler/innen" tendenziell schwächer werden. Dieses Spreizen der Schere kann und darf nicht zur Leitmaxime des pädagogischen Handelns werden. Im Gegenteil: Die aktuelle Diskussion über die Gemeinschaftsschule in Schleswig-Holstein und Hamburg zeigt, dass sich hier offenbar ein wachsendes Problembewusstsein und Umdenken einstellen – ein Umdenken, das angesichts der Heterogenität in unseren Schulen und Klassen längst überfällig ist. Heterogenität bewältigt man am wenigsten dadurch, dass man ohne Ende differenziert und immer heterogenere Schülerpopulationen „erzeugt", sondern viel eher dadurch, dass man Schüler/innen möglichst häufig miteinander und voneinander lernen lässt. Das ist der „Integrationsansatz", der den in Abschnitt 2.2 skizzierten Lernspiralen innewohnt.

Wenn die Schere zwischen guten und schwachen, zwischen verhaltensstabilen und verhaltensschwierigen, zwischen ausländischen und inländischen, zwischen sozial privilegierten und sozial benachteiligten Kindern nicht immer noch größer werden soll, dann muss sich der Schulunterricht der besagten Integrationsaufgabe annehmen und Kinder unterschiedlicher Prägungen möglichst oft in wechselnden Zufallsgruppen an gleichen oder ähnlichen Aufgaben arbeiten lassen. Wenn die besagten Helfer- und Erziehungssysteme funktionieren, dann ist dieses Arbeiten und Lernen in heterogenen Gruppen nicht nur kein Problem, sondern häufig sogar eine überzeugende Bereicherung für alle Beteiligten. Beste Belege dafür liefert der herkömmliche Nachhilfeunterricht. Dort lässt sich Tag für Tag studieren, dass die Nachhilfearbeit ein Plus sowohl für die Nachhilfeschüler als auch und zugleich für diejenigen erbringt, die den Nachhilfeunterricht erteilen. Warum? Weil Letztere infolge ihrer verbindlichen Beratungs- und Problemlösetätigkeit über ihr Spezialwissen hinauswachsen und sowohl inhaltlich souveräner und reflektierter werden als auch und besonders eine Reihe überfachlicher Kompetenzen einüben und festigen können – angefangen beim Zuhören und Probleme erfassen über das Erklären und Veranschaulichen fachspezifischer Begriffe und Sachverhalte bis hin zum Entwickeln von Ausdauer, Eigeninitiative und Frustrationstoleranz. So gesehen kann ein partielles Leistungsgefälle eine durchaus wertvolle Quelle für fruchtbares gemeinsames Lernen und Arbeiten sein.

Gleichwohl wird der Differenzierungsgedanke damit nicht vom Tisch gewischt. Gelegentliche Differenzierungsmaßnahmen machen durchaus Sinn, sorgen sie doch für zusätzliche Anreize und Herausforderungen für die Schülerschaft. Das gilt sowohl für die leistungsschwächeren als auch für die leistungsstärkeren Schüler/innen. Während die leistungsschwächeren Schüler/innen im Differenzierungsfall mal gemächlicher und selbstbewusster zur Sache gehen können, können sich die leistungsstärkeren Schüler/innen in ihren Leistungsgruppen verstärkt ihren Spezialinteressen und -begabungen widmen. Das hat für beide Seiten durchaus seinen Reiz. Deshalb: Überall dort, wo Lehrkräfte über gute Materialien und Differenzierungsangebote verfügen, spricht nichts dagegen, derartige Differenzierungsmöglichkeiten hin und wieder zu nutzen – vorausgesetzt, der angesprochene Integrationsgedanke gerät dabei nicht allzu sehr ins Hintertreffen.

Differenzierungsmöglichkeiten gibt es viele. Das beginnt bei Pflicht- und Küraufgaben und reicht über gezielte Maßnahmen zur Aufgabendifferenzierung bis hin zur Differenzierung der Präsentationsprodukte, die am Ende eines Arbeitsprozesses vor der Klasse vorzustellen sind. Wichtig bei alledem: Den Schüler/innen werden Wahlmöglichkeiten eröffnet, die nach eigenem Gusto genutzt werden können. Das mindert die Überforderungsgefahr und fördert die Erfolgsaussichten der betreffenden Schülerinnen und Schüler. Als korrespondierende Differenzierungsarten kommen u.a. infrage:

- *Aufgabendifferenzierung:* Damit ist gemeint, dass die Schüler/innen aus einem Kontingent an Aufgabenstellung das auswählen können, was sie bearbeiten möchten. Die Auswahlmöglichkeiten können ein bestimmtes Thema betreffen oder auch auf unterschiedliche Themenbereiche eines Schulhalbjahres bezogenen sein. Die gängigen Wahlaufgaben bei Wochenplanarbeit gehören ebenso in diese Rubrik der „Aufgabendifferenzierung" wie die Aufgabenliste, die eine Lehrkraft zur arbeitsteiligen Bearbeitung eines bestimmten Lehrplanthemas zusammenstellt. Der Vorteil der Aufgabendifferenzierung: Die Schüler/innen können stärker ihren persönlichen Interessen und Neigungen folgen. Ein möglicher Nachteil: Sie weichen ungeliebten Aufgabenstellungen aus oder wählen z.B. solche Themen, für die sich bereits vorher bestimmte Freund/innen entschieden haben.
- *Niveaudifferenzierung:* Darunter fallen Aufgabenstellungen, die von den Anforderungsniveaus her unterschiedlich zugeschnitten sind. Schüler/innen, die besser abstrahieren und/oder anspruchsvollere Knobelaufgaben bewältigen können, erhalten größere Herausforderungen; solche, die eher einfachere Aufgabenstellungen brauchen, um die nötigen Erfolgserlebnisse einzufahren, können sich auf niedrigerem Level versuchen. Die neuen Bildungsstandards tragen diesem Gedanken der vertikalen Differenzierung Rechnung, indem sie verschiedene Kompetenzniveaus vorsehen. Der Vorteil der Niveaudifferenzierung: Die Schüler/innen müssen nicht immer auf einem fiktiven mittleren

Niveau arbeiten, sondern können auch mal anspruchsvollere oder einfachere Aufgaben angehen – je nachdem, was sie sich zutrauen und zumuten möchten.

- *Soziale Differenzierung:* Damit sind Differenzierungsmaßnahmen gemeint, die auf Neigungsgruppen abstellen. Fakt ist nämlich, dass die Mobilisierung des Lernvermögens der Schüler/innen nicht nur von den Aufgabenstellungen und Aufgabenniveaus abhängt, sondern auch davon, mit wem zusammengearbeitet werden muss bzw. kann. Können sich Schüler/innen ihre Lernpartner selbst auswählen, so ist die affektive Voraussetzung für erfolgreiches Lernen auf jeden Fall gegeben. Von daher spricht vieles dafür, gelegentlich Neigungsgruppen zu ermöglichen. Allerdings bedeutet das affektive Plus noch lange nicht, dass der Lernerfolg auch tatsächlich gemehrt wird. Übermäßige Vertrautheit kann auch lernverhindernd wirken, da sich Neigungspartner oft scheuen, sich wechselseitig zu kritisieren und in die Pflicht nehmen. Von daher sollten Neigungsgruppen eher die Ausnahme und wechselnde Zufallsgruppen eher die Regel sein.
- *Produktdifferenzierung:* Hierunter fallen all jene Differenzierungssituationen, in denen die Schüler/innen selbst festlegen können, in welches Lernprodukt ihr Arbeitsprozess einmünden soll. Soll am Ende ein Plakat, eine Pantomime, eine Collage, ein Gedicht, eine Folie oder irgendein anderes Lernprodukt stehen? Diese Produktpalette kann zum einen von Lehrerseite vorgegeben werden, so dass die Schüler/innen innerhalb des je definierten Spektrums auswählen müssen. Zum anderen kann die Produktwahl aber auch freigestellt und den Schüler/innen überlassen werden. Der Vorteil dieser Wahlmöglichkeiten: Die Schüler/innen können sich auf solche Produkte spezialisieren, die ihnen am besten liegen und die sie daher auch am meisten zu motivieren vermögen. Die Kehrseite dieses Vorteils: Die Schüler/innen können natürlich auch ausweichen und ernsthafte neue Herausforderungen und Versuche meiden, was letzten Endes eine Beeinträchtigung der eigenen Potenzialentwicklung bedeutet. Von daher sollten sich Lehrkräfte nicht scheuen, Lernprodukte immer wieder auch vorzugeben oder zumindest plausible Produktkontingente zu definieren.

Differenzierung und Individualisierung sind also alles andere als Patentrezepte in Sachen Lernförderung. Sie können Lernsituationen und Lernanstrengungen günstig beeinflussen – keine Frage. Aber sie müssen es eben nicht. Hinzu kommt, dass die eingangs erwähnte Mehrbelastung der Lehrkräfte durch das Vorbereiten differenzierter Arbeitsmaterialien der Implementierung unterrichtlicher Differenzierungsmaßnahmen deutliche Grenzen setzt. Und hinzu kommt ferner, dass differenziertes und individualisiertes Lernen hochgradig darauf angewiesen ist, dass die Schüler/innen fundierte methodische und soziale Basiskompetenzen besitzen. Das beginnt bei elementaren Lern- und Arbeitstechniken und reicht über grundlegende soziale und kommunikative Fertigkeiten bis hin zu solchen mentalen Dispositionen wie Selbstbewusstsein, Selbstständigkeit, Eigeninitiative und Selbststeuerungsbereitschaft. So gesehen ist differenzierender Unterricht ein höchst anspruchsvolles Unterfangen, das derzeit viele Schülerinnen und Schüler noch eher überfordert als inspiriert und zu gesteigerten persönlichen Leistungsanstrengungen anspornt. Deshalb ist und bleibt das pädagogische Leitmotiv: „Hilf mir, es selbst zu tun“ (Maria Montessori). Das gilt auch und nicht zuletzt im Zeitalter heterogener Lerngruppen. Ohne Lehrerlenkung, Zufallsgruppen, kleinschrittiges Vorgehen und konsequente Methodenschulung bleiben die bestgemeinten Differenzierungsmaßnahmen eine eher hohle Angelegenheit. Die Lernspiralen tragen dieser Grunderkenntnis Rechnung.

2.6 Regelwerke, Rituale und Routinen

Erfolgreiche Lernförderung setzt klare Regelwerke voraus. Andernfalls kommen sich viele Schüler/innen schnell verloren und hilflos vor. Regelwerke geben Sicherheit, schaffen Orientierung und tragen nicht zuletzt dazu bei, dass sich die Zielstrebigkeit und Anstrengungsbereitschaft auf Schülerseite verbessern. Andreas Helmke, renommierter Lernforscher und Politikberater, hat diese Erkenntnis in Verbindung mit seiner Forderung nach effizienter Klassenführung und Zeitnutzung nachdrücklich herausgestellt. Sein durch diverse Studien begründeter Befund ist eindeutig: Die Etablierung und Einhaltung verhaltenswirksamer Regeln im Klassenzimmer ist eine der entscheidenden Bedingungen für erfolgreiches Lehren und Lernen in der Schule (vgl. Helmke 2006, S. 45). Klare Regeln dienen Helmke zufolge sowohl der Prävention von Störungen als auch der Förderung von Aufmerksamkeit, Anstrengung und Motivation der Schüler/innen im Lernprozess. Das PASS-Programm folgt diesem Befund und unterstützt die Institutionalisierung lernwirksamer Regeln und Rituale im Unterricht.

Das wichtigste Regelwerk im Rahmen des PASS-Programms ist die *Lernspirale* (vgl. Abschnitt II.2.2). Lernspiralen sorgen aufgrund ihrer klaren Ablaufstruktur dafür, dass die Schüler/innen sehr schnell nachvollziehen können, wie Unterricht funktioniert, d.h. sie durchschauen die innere Logik des Unterrichtsablaufs und können mit einiger Übung recht gut einschätzen, wann, welche Arbeitschritte warum und wie aufeinander folgen. Dieses Prozessverständnis vermittelt Orientierung und Sicherheit, stärkt die Zielstrebigkeit und begünstigt das Entstehen tragfähiger Kompetenzmotivation – Motivation also, die sich aus der Erfahrung und Gewissheit speist, dass die Unterrichtsarbeit bestimmten Gesetzmäßigkeiten folgt und bestimmte Anforderungen in wiederkehrender Weise stellt. Das betrifft die Sozialformwechsel genauso wie die verlässlich vorkommenden Anwendungs-, Besprechungs- und Nachhilfephasen. Werden die betreffenden Lernspiralen zu Beginn der Unterrichtsstunden jeweils eingeblendet und von Lehrerseite kurz erläutert, dann wird aus dem Einblick der Schüler/innen zunehmend Durchblick und Routine im besten Sinne des Wortes. Diese Klarheit und Berechenbarkeit des Unterrichtsgeschehens trägt maßgeblich dazu bei, dass die Schüler/innen zu mehr Lernbereitschaft und Lernerfolg gelangen.

Neben dem übergeordneten *Regelwerk* der Lernspirale gibt es klassenintern natürlich noch weitere Regelwerke, die gemeinsam vereinbart werden. Das können sowohl Ablaufregeln als auch Verhaltensregeln sein. Die abgebildete Vereinbarung zum Thema Gruppenarbeit zeigt, wie ein solches Regelwerk aussehen kann (vgl. Abb. 20). Wichtig dabei ist, dass die Schüler/innen an der Formulierung der einzelnen Verhaltensregeln direkt beteiligt sind und nicht etwa einen fertigen Verhaltenskatalog von Lehrerseite vorgesetzt bekommen. Entwickelt werden derartige Regelplakate in aller Regel im Rahmen entsprechenden Trainingswochen zum Team-, Kommunikations-, Präsentations- oder Methodentraining. Dort ist nicht nur Zeit, sondern auch der Ort, um gemeinsam mit den Schüler/innen zu tragfähigen Klärungen und Vereinbarungen zu gelangen. In diesem Sinne gibt es z.B. spezifische Regelwerke zum Vorbereiten von Klassenarbeiten, zum Markieren von Texten, zum Erstellen einer Mindmap, zum Visualisieren und Präsentieren von Lernergebnissen etc. Je präziser die Schüler/innen eingeweiht sind und je häufiger sie die betreffenden Regelwerke anwenden, desto mehr nähern sie sich mit der Zeit dem an, was im besten Sinne des Wortes als Routine bezeichnet werden kann. Schüler/innen brauchen Routinen, wenn sie erfolgreich lernen sollen. Das gilt in organisatorischer Hinsicht (Stichwort: Ablaufalgorithmen) genauso wie im Hinblick auf das Interaktions- und Kommunikationsverhalten in den Klassen. Die angesprochenen Regelwerke tragen dazu bei, dass die Schüler/innen tragfähige Routinen bilden können.

Ähnliches gilt für die Einführung bestimmter *Rituale* im Klassenverband. Auch Rituale begünstigen Routinebildung und Lernförderung. Rituale unterscheiden sich von Regelwerken dadurch, dass sie zumeist von Lehrerseite eingeführt werden, ohne dass es großer Vorgespräche und Abstimmungen bedarf. Ein solches Ritual kann z.B. so aussehen, dass Lehrkräfte bei Schüleranfragen im Frühstadium eines Arbeitsprozesses grundsätzlich darauf verweisen, dass erst der Einzelne intensiv nachdenken muss, dann bei Bedarf der jeweilige Lernpartner konsultiert wird, danach etwaige Nachschlagewerke herangezogen werden müssen, schließlich die größere Tischgruppe anzufragen ist und erst am Ende – wenn alles andere nicht hilft – bei der Lehrperson um Rat und Hilfe nachgesucht werden kann. Solche Rituale haben den großen Vorteil, dass sie sehr präzise benannt und durchgesetzt werden können. Sie begünstigen sowohl die Selbstständigkeit und Selbstverantwortung auf Schülerseite als auch und nicht zuletzt die Entlastung der Lehrkräfte im Unterricht. Ähnliche Rituale können z.B. auch bezüglich der Sitzordnung (alle 6–8 Wochen werden die Schüler/innen per Los- und Setzverfahren zu neuen Tischgruppen formiert), der Gruppensprecherwahl (wird ausgelost), der Steuerung von Gruppenprozessen (Regelwächter, Zeitwächter, Fahrplanüberwacher und Gesprächsleiter wechseln sich regelmäßig ab) oder aber der Implementierung bestimmter Methoden eingeführt werden (Blitzlichtmethode, Feedbackmethode etc.).

Regeln und Rituale sind wie das Salz in der Suppe. Wenn sie fehlen, schmecken die Lernaufgaben häufig nicht so recht. Gerade die lernschwächeren Schüler/innen sind ganz elementar darauf angewiesen, solche Automatismen zu kultivieren, wenn sie ihr Leistungspotenzial verstärkt abrufen sollen. Regeln und Rituale sorgen für Orientierung, Klarheit und Verlässlichkeit. Das gilt im Hinblick auf das soziale Miteinander in der Klasse genauso wie bezüglich der unterrichtlichen

Abb. 20

Von Schülern erstelltes Regelwerk zur Teamarbeit

Gute Gruppenarbeit verlangt, dass ...

1. man sich wechselseitig unterstützt;
2. andere Meinungen toleriert werden;
3. bei Geprächen gut zugehört wird;
4. Beleidigungen vermieden werden;
5. keiner links liegen gelassen wird;
6. die Aufgabe zügig erledigt wird;
7. Zeitvorgaben eingehalten werden;
8. Probleme offen benannt werden;
9. alle die Gruppenregeln beachten;
10. jeder am Ende präsentieren kann;

Erläuterungen

Diese Regeln wurden zusammen mit Schülerinnen und Schülern einer neunten Klasse erstellt. Ausgangspunkt war eine Brainstormingphase, in deren Verlauf die Schüler/innen Gelegenheit erhielten, alltägliche Gruppenarbeiten kritisch unter die Lupe zu nehmen und gängige Defizite zu benennen. Danach wurde ein gestörte Gruppenarbeit mittels Rollenkarten konkret durchgespielt und gezielt ausgewertet. Auf dieser Basis entstanden die skizzierten Regeln.

Arbeitsweisen und Abläufe. Je präziser bestimmte Dinge geregelt und/oder ritualisiert sind, desto zuverlässiger vermögen Schüler/innen danach zu verfahren, und desto besser sind sie in der Lage, zielstrebig und nachhaltig zu lernen. Viele reformpädagogisch ausgerichtete Privatschulen leisten in dieser Hinsicht Vorbildliches (z. B. Montessori- oder Waldorfschulen) und gewinnen gerade dadurch ein Profil, das für viele Eltern,

Kinder und Lehrkräfte höchst attraktiv ist. Die Kinder gewinnen an Zielstrebigkeit und Disziplin, die Eltern nehmen dieses wohlwollend zur Kenntnis, und die Lehrkräfte selbst erfahren ein Mehr an Entlastung und Berufszufriedenheit. Das PASS-Programm hilft dabei.

2.7 Defensives Lehrer(innen)verhalten

Die skizzierte Förderarbeit verlangt nach einer veränderten Lehrerrolle (vgl. Abb. 21). Bislang sehen die meisten Lehrkräfte ihre vorrangige Aufgabe eher darin, die Schüler/innen offensiv zu unterrichten und entsprechend vielseitig zu belehren, zu kontrollieren, zu korrigieren und zu reglementieren. Das muss sich ändern. Soll der Ausbau des eigenverantwortlichen Arbeitens und Lernens tatsächlich gelingen, müssen sich die Lehrkräfte stärker zurücknehmen. Wer aktive, kreative und produktive Schüler/innen in seiner Klasse haben möchte, der darf nicht vorschnell helfen, sondern muss den Lernern mehr zutrauen und zumuten. Er muss die Schüler/innen stärker selbst probieren, Verantwortung übernehmen und Probleme lösen lassen, anstatt gleich selbst in die Bresche zu springen. Die Devise muss deshalb lauten: Den Schüler/innen sollte sukzessive mehr abverlangt werden, damit sie nach und nach ihre latenten Leistungs- und Problemlösungspotenziale entdecken und entwickeln können. Das ist zugleich die Voraussetzung für erfolgreiche Förderarbeit in der Schule.

Damit verbietet sich eine allzu offensive „Betreuung" der Kinder. Wenn Lehrkräfte tatsächlich erreichen möchten, dass ihre Schüler/innen ihr eigenes Können realisieren, dann dürfen sie sich nicht ständig und überall als Helfer und Ratgeber anbieten. Genau das aber ist eines der auffälligen Phänomene im Unterrichtsalltag. Viele Lehrkräfte neigen zur „Hyperaktivität" sowie dazu, ihr mehr oder weniger ausgeprägtes „Helfersyndrom" im Unterricht auszuleben. Hinzu kommen Tendenzen zur Besserwisserei sowie zur manischen Fehlervermeidung. Dies alles führt im Unterricht immer wieder dazu, dass die Schülerinnen und Schüler deutlich zu wenig zum Zug kommen. „Trial und Error" erscheint vielen Lehrkräften zu riskant; Kontrollen und Zurechtweisungen kommen zu früh, Fehler der Kinder werden bereits im Keim erstickt, indem die Lehrkräfte vieles selbst machen und im mündlichen Bereich den Ton angeben. Letzteres zeigt sich z. B. im Englischunterricht laut „DESI-

Studie“ darin, dass die Schüler/innen pro Schulstunde zusammengenommen gerade mal 11 Minuten zu Wort kommen, während die jeweilige Lehrperson sage und schreibe doppelt so lange redet (vgl. Helmke in: Die Zeit vom 9.3.2006, S. 75). Die Ironie dabei: Auf diese Weise lassen sich zwar fremdsprachliche Fehler der Schüler/innen minimieren, andererseits werden dadurch aber auch wirksame Sprachentwicklungsprozesse auf Schülerseite verhindert.

Wie sehr Helfersyndrom und aufdringliche Belehrung den alltäglichen Unterricht durchziehen, verdeutlicht die folgende Begebenheit aus dem Geschichtsunterricht einer 9. Klasse. Thematisch geht es in der betreffenden Doppelstunde um die Ursachen der Französischen Revolution. Die Schüler/innen sitzen in leistungsheterogenen Zufallsgruppen beisammen und sind mit den Spielregeln und Methoden des eigenverantwortlichen Arbeitens und Lernens eigentlich recht gut vertraut. Von daher fällt der Arbeitsauftag des Lehrers ziemlich anspruchsvoll aus. Die einzelnen Gruppen sollen unter Verwendung des Schulbuchs und einer einschlägigen Informationsbroschüre folgendes leisten: Sie sollen erstens die wichtigsten Ursachen der Französischen Revolution recherchieren und gruppenintern klären, sowie zweitens eine korrespondierende Visualisierung vorbereiten, deren Präsentation drei bis fünf Minuten dauern und unter Beteiligung aller Gruppenmitglieder erfolgen soll. Was passiert nach Erteilung dieses Arbeitsauftrags? Der Lehrer schlendert nach einigen Sekunden des Abwartens zielstrebig zur nächstsitzenden Gruppe, um dieser auf den Puls zu fühlen. Seine Frage „Na, kommt ihr zurecht?“ führt umgehend dazu, dass die Gruppenmitglieder ihrerseits Gegenfragen stellen und alles daran setzen, den Lehrer als Helfer und Problemlöser zu beschäftigen.

„Was sollen wir denn genau machen?“ ist die erste Fangfrage. Die zweite Fangfrage: „Ursachen, was meinen Sie denn damit? Können Sie uns mal ein Beispiel geben?“ Diese Fragen bewirken, dass der Lehrer zunächst eher unwillig, dann aber zunehmend offensiv zu erzählen und zu helfen beginnt, so dass die zu recherchierenden Informationen am Ende zum erheblichen Teil bereits angesprochen sind. Was der Lehrer aufgrund seiner intensiven Arbeit nicht mitbekommt: Die übrigen Schülergruppen realisieren sehr schnell, dass der ersten Gruppe geholfen wird, und beanspruchen daher Gleiches natürlich auch für sich. Dementsprechend warten sie, bis der Lehrer schließlich auch zu ihnen kommen

Abb. 21

Veränderte Lehrer- und Schülerrolle

Der Lehrer …	**Die Schüler…**
■ traut den Schülern etwas zu	■ übernehmen Verantwortung
■ organisiert und moderiert	■ arbeiten selbstständig
■ berät die Schüler defensiv	■ lernen in Gruppen
■ führt durch Zielvorgaben	■ planen und gestalten
■ lässt Fehler/Umwege zu	■ lösen Probleme
etc.	etc.

wird, um offensiv Rede und Antwort zu stehen. Das Ergebnis ist eine bemerkenswerte „Stationenarbeit" – des Lehrers! Die Schüler/innen schaffen es, den Lehrer gut zwanzig Minuten lang mit höchst vordergründigen Fragen so zu beschäftigen, dass sie sich einen erheblichen Teil des eigenverantwortlichen Arbeitens und Lernens ersparen können. Das Fatale dabei: Die Schüler/innen hätten sich die vorgeschobenen Fragen durchweg selbst beantworten können.

Eine auf eigenverantwortliches Arbeiten der Schüler ausgerichtete Lehrerrolle muss anders aussehen. Wie, das lässt sich aus Abbildung 21 ablesen. Den Schüler/innen muss mehr zugetraut und zugemutet werden – das ist eine der Kernforderungen des PASS-Programms. Eine solche Forderung ist freilich leichter formuliert als realisiert, wie das skizzierte Beispiel zeigt. Hätte sich der angesprochene Lehrer zu Stundenbeginn nur einige Minuten zurückgenommen, um vielleicht Klassenbucheinträge oder sonstige Vorbereitungsarbeiten zu erledigen, die Gruppenmitglieder wären mit hoher Wahrscheinlichkeit zu ersten Versuchen, Gesprächen und Könnenserlebnissen gelangt und dadurch von der Lehrerhilfe weggekommen. Einen solchen „Abnabelungseffekt" können Maßnahmen unterstützen wie: (a) das Aufstellen einer Ampel mit Rot- und Grünphase (Rot heißt, dass der Lehrer keine Sprechstunde hat),

(b) das Postieren des Lehrerpults im Rückraum der Schüler/innen oder (c) das bereits erwähnte Einführen einer schülerzentrierten Problemlösungskette (Erst der Einzelne, dann der Lernpartner, dann die Tischgruppe, dann die Nachschlagewerke und erst dann der Lehrer). Wichtig ist nur, dass die Schüler/innen durch ein betont defensives Lehrerverhalten immer wieder dazu veranlasst werden, sich auf die eigenen Möglichkeiten und Fähigkeiten zu besinnen. Dann wird „EVA" über kurz oder lang zu einem wohltuenden Selbstläufer werden – für die Schüler/innen wie für die Lehrer/innen!

2.8 Der Spiralansatz hat viele Vorzüge

Im Zentrum der skizzierten Lernkultur steht die spiralförmige Arbeitsweise der Schülerinnen und Schüler, wie sie in den Abschnitten II.2.2 und II.2.3 näher vorgestellt wurde. Defensives Lehrerverhalten, gelegentliche Differenzierung sowie vielfältige Regeln und Rituale sind flankierende und/oder unterstützende Momente dieses spiralförmigen Arbeitens und Lernens im Fachunterricht. Die Schüler/innen bohren sich im Wechselspiel von Einzelarbeit, Partnerarbeit, Gruppenarbeit und Plenararbeit in die jeweiligen Lerngegenstände hinein und praktizieren im Rahmen der vom Lehrer abgesteckten Lernkorridore eigenverantwortliches Arbeiten und Lernen – mal einfacher, mal anspruchsvoller; mal alleine, mal in Gruppen; mal arbeitsgleich, mal aufgabendifferenziert. Sie wenden unterschiedlichste Methoden an, arbeiten mit vielen Sinnen und entwickeln jene Lern- und Handlungskompetenzen, wie sie mit den neuen Bildungsstandards gefordert werden. Sie praktizieren lebendiges „learning by doing", dürfen Fehler und Lernumwege machen, um daraus zu lernen und Schritt für Schritt immer besser zu werden. „Besser lernen" eben – so wie es der Titel des Buches besagt.

Die Vorteile dieses spiralförmigen Arbeitens können sich sehen lassen. Die Schüler/innen müssen nicht gleich alles ad hoc kapieren und sich gegenüber ihrem Lehrer im Plenum beweisen, sondern sie dürfen sich sukzessive vortasten, Besinnungs- und Gesprächsphasen nutzen, bei Mitschüler/innen Rat einholen, gegebenenfalls nachschlagen, in Kleingruppen üben etc. Diese *kleinschrittige Verfahrensweise* gehört zu den Pluspunkten des Spiralansatzes. Gekoppelt ist sie mit konsequenter Kooperation und Kommunikation der Schüler/innen – ein zweiter Pluspunkt. Die in die Lernspiralen eingebauten *Helfersysteme*, Besprechungsphasen und Partnerkontrollen sorgen zum einen dafür, dass kein Schüler untergeht, zum anderen gewährleisten sie, dass Qualitätssicherung im besten Sinne des Wortes betrieben wird. Wie? Indem die Schüler/innen mehrere Gelegenheiten haben, abweichende Vorstellungen, Befunde, Meinungen, Erklärungen etc. in wechselnden Tandem- und Gruppenkonstellationen gezielt abzugleichen und im Notfall eben auch den Lehrer oder die Lehrerin zu fragen. Das begünstigt ein hohes Maß an Fehlerkorrektur und Ergebnisoptimierung.

Ein weiterer Pluspunkt des Spiralansatzes: Die Schüler/innen müssen im Rahmen ihrer Arbeitsprozesse vielseitige *Methodenpflege* betreiben – angefangen beim Anwenden unterschiedlichen Lern- und Arbeitsmethoden über das Hantieren mit grundlegenden Kommunikations- und Kooperationsmethoden bis hin zum Arbeiten mit gängigen Präsentations- und Feedbackmethoden (vgl. dazu auch Abschnitt II.3.2). Durch die regelmäßige Anwendung derartiger Methoden im Fachunterricht gewinnen die Schüler/innen methodisch an Sicherheit und Souveränität; zugleich erschließen sie sich ein Handwerkszeug, das ihnen hilft, ihre unterschiedlichen Begabungen und Affinitäten verstärkt ins Spiel zu bringen. So gesehen ist der Spiralansatz praktische *Begabungs- und Kompetenzförderung* in einem. Das gilt nicht zuletzt im Hinblick auf die Förderung von Lesekompetenz. Durch das regelmäßige Erlesen, Auswerten und Transformieren kürzerer oder längerer Texte im Rahmen der Lernspiralen werden Leseanstrengung, Leseintensität und *Lesefähigkeit* sukzessive verbessert. Lesen lernt man nun einmal am besten, indem man es möglichst oft in produktiver und anwendungsbezogener Weise praktiziert (vgl. Abschnitt I.2.4). Und genau das sehen die Lernspiralen vor.

Die starke Betonung des *Handelns* beim spiralförmigen Lernen im Fachunterricht ist ein weiterer Pluspunkt. Ein Pluspunkt, der mit dem genannten Aspekt der Begabungsförderung korrespondiert. Da die meisten Schüler/innen vorrangig praktisch-anschaulich begabt sind, bedarf ein effektives und begabungsgerechtes Lernen zwingend einer möglichst breiten Palette an *Lerntätigkeiten*. Indem die Schüler/innen immer wieder schreiben, zeichnen, markieren, recherchieren, strukturieren, experimentieren, visualisieren, debattieren, präsentieren und in sonstiger Weise agieren und interagieren müssen, wird sowohl ihrem „naturwüchsigen“ Tätigkeitsdrang Raum gegeben, als auch und vor allem dafür gesorgt, dass der jeweilige Lernstoff relativ nachhaltig „be-griffen“ und im Gedächtnis verankert wird.

Das alles ist Lernförderung im besten Sinne des Wortes. Die Schüler/innen werden im Rahmen der fachbezogenen Lernspiralen begabungsgerecht angesprochen. Sie werden vielseitig aktiviert und inspiriert. Sie werden ermutigt und gestützt, wenn sie Schwierigkeiten beim Lernen von Sachverhalten, Begriffen und/oder Zusammenhängen haben sollten. Sie lernen vielfältige Methoden des unterrichtlichen und wissenschaftlichen Arbeitens kennen und anzuwenden und verbessern damit ihren Fundus an Lern- und Handlungskompetenzen, wie die neuen Bildungsstandards sie festschreiben und einfordern. Sie entwickeln aufgrund der in die Spiralen eingewobenen Redundanzen und Wiederholungen *alltagstaugliche Routinen*, auf die besonders lernschwächere Schüler/innen dringlich angewiesen sind, wenn sie wirksam und motiviert lernen sollen. Außerdem bringen Routinen ein Plus in punkto Zeit- und Arbeitsökonomie, auf das wohl alle Schüler/innen erpicht sein dürften. Und zuguter Letzt: Das spiralförmige Arbeiten ist Grundlage und Gewähr dafür, dass die Kinder und Jugendlichen ein besseres Verständnis davon entwickeln, wie Unterricht abläuft und wie er von Lehrerseite aufgebaut wird. Um diese *Metakompetenz* ist es bei Deutschlands Schüler/innen bisher eher schlecht bestellt. Die Lernspiralen sollen und können diesem Defizit entgegenwirken.

2. 9 Unterstützende Lehr- und Lernhilfen

Die skizzierte Veränderung und Weiterentwicklung des Fachunterrichts steht und fällt mit praxisnahen Unterstützungsangeboten für die Lehrerschaft. Das betrifft die Lehrerfortbildung und Ressourcenfrage genauso wie die Bereitstellung praxistauglicher Lehr- und Lernmittel zur Umsetzung des beschriebenen Spiralansatzes. Zu aufwändig erscheint vielen Lehrkräften die Material- und Aufgabenentwicklung, die diesbezüglich notwendig ist. Zwar kann man durch mehr Arbeitsteilung und verstärkte Workshoparbeit in den Schulen einiges tun, um die verfügbaren Lehr- und Lernmittel kräftig anzureichern. Gleichwohl bleibt das Problem der Zeitknappheit und der schon jetzt erdrückend hohen Arbeitsbelastung vieler Lehrkräfte. Neue Bildungsstandards, neue Prüfungen, neue Schulinspektionen und zahlreiche weitere Reforminitiativen der Bildungspolitik sorgen seit Jahren dafür, dass das Gros der Lehrkräfte nur noch zum Nötigsten kommt. Von daher sind dringlich Entlastung und Service von außen und oben angesagt. Das betrifft die Bildungspolitik genauso wie die Schulleitungen (vgl. Abschnitt II.4). Das betrifft aber auch die Anbieter von Lehr- und Lernmitteln.

Um die Implementierung des PASS-Programms zu erleichtern und praxisnah zu unterstützen bietet Klett seit September 2007 eine neue Lehrmittelreihe mit erprobten und bewährten Lernspiralen (Lehrerheften und Schülerheften) für ausgewählte Schulfächer an. Begünstigt sind (vorerst) die Fächer Mathematik, Deutsch und Englisch im Sekundarbereich sowie die Fächer Mathematik, Sachunterricht und Deutsch im Grundschulbereich. Die Strategie ist, dass zu allen *Jahrgangsstufen* und *Kernthemen* der betreffenden Fächer innerhalb von etwa 3 Jahren praxisbewährte Lernspiralen veröffentlicht werden. Entwickelt und erprobt werden diese Lernspiralen von erfahrenen Lehrkräften aus unterschiedlichen Bundesländern, die allesamt seit längerem mit dem PASS-Programm arbeiten.

Zu jedem Kernthema (z.B. „London", „Prozentrechnung", „Balladen") gibt es durchschnittlich 8 Lernspiralen, die jede für sich tabellarisch erfasst und in eigens entwickelten Lehrerheften detailliert beschrieben werden (vgl. Abb. 22). Jedes *Lehrerheft* umfasst zwei Kernthemen mit insgesamt ca. 16 Lernspiralen. Die dokumentierten Lernspiralen bilden die Basis für eine auf die Klasse zugeschnittene Unterrichtseinheit. Unter Umständen können einzelne Lernspiralen auch weggelassen oder modifiziert werden – je nachdem, wie viel Zeit zur Verfügung steht und welche Leistungsvoraussetzungen in der jeweiligen Klasse vorherrschen. Wichtig auch: Die dokumentierten Lernspiralen sind so ausgewählt und konzipiert, dass sich damit der gängige „Pflichtunterricht" zum jeweiligen Kernthema abdecken lässt. Wie die Dokumentation und Beschreibung der Lernspiralen aussieht, lässt sich aus Abbildung 22 ersehen.

Jede Lernspirale ist in tabellarischer Form aufbereitet und ermöglicht dem Leser einen raschen Überblick über den vorgesehenen Arbeits- und Unterrichtsverlauf. Die zuständige Lehrkraft kann zu jedem Arbeitsschritt umgehend erkennen, ob die Schüler/innen Einzel-, Partner- oder Gruppenarbeit machen oder aber im Plenum auftreten müssen. Darüber hinaus werden konkrete Hinweise zum Zeitbedarf, zu den geplanten Schülertätigkeiten, zum benötigten Material sowie zu den vorzubereiten-

Abb. 22

Beispiel einer Lernspirale

Kernthema: Balladen – Stundenthema: Den Begriff des „Helden" reflektieren

		Zeit	Lernaktivitäten	Material	Kompetenzen
1	EA	5′	S kreuzen vorgegebene Sätze und Definitionen an, die ihrer eigenen Vorstellung von Helden und Heldentum entsprechen.	S 01.1	– eine eigene Meinung begründet vertreten – andere Meinungen sachlich beurteilen – eine Stichwortsammlung anlegen – eine Tabelle erstellen – mithilfe von Stichwörtern Arbeitsergebnisse vortragen – aufmerksam zuhören – einen Brief schreiben und sich auf die Meinung eines anderen schriftlich beziehen
2	EA/ PL	5′	S legen sich in ihrer Einschätzung des Charakterprofils eines typischen Helden fest und dokumentieren dies durch einen Klebepunkt.	S 01.2	
3	PL	5′	S kommentieren und interpretieren das Punktebild.		
4	GA	15′	S sammeln in einem Brainstorming Beispiele für Heldentaten und werten diese nach vorgegebenen Kategorien tabellarisch aus.	S 01.3	
5	PL	10′	S stellen Ergebnisse ihrer GA vor.		
6	HA		S äußern sich zur Frage der Notwendigkeit von Helden in einem Brief.	S 01.4	

Unterrichts-Ablauf und -Inhalte in übersichtlicher Tabellenform

Unterschiedliche Sozialformen

Hinweise zum Zeitbedarf

Vielfältige Lernaktivitäten und Methodenanwendungen der Schüler

Verweis auf die Aufgaben im Schüler- und Lehrerheft

Kompetenzen, die die Schüler erwerben können

den Moderationsressourcen (Klebepunkte, Loskärtchen, Folienstifte, Scheren, Blanko-Folien etc.) gegeben. Hinzu kommen knappe Erläuterungen zu jeder Lernspirale sowie unter Umständen noch zusätzliche Lehrhilfen wie Tafelbildvorschläge, Kopiervorlagen oder Erzähltexte.

Neben den Lehrerheften bietet Klett korrespondierende *Schülerarbeitshefte* an. Diese sind von ihrer Struktur und vom Materialangebot her exakt auf das abgestimmt, was in den betreffenden Lernspiralen der Lehrerhefte vorgesehen ist (vgl. Abb. 22). So gesehen können sich Lehrkräfte ohne große Vorbereitungs- und Einarbeitungszeit der dokumentierten Lernspiralen für einzelne Fächer und Themen bedienen. Die Lernspiralen sind übersichtlich gestaltet und auf dem Hintergrund der skizzierten Grundinformationen (vgl. insbesondere Abschnitt II.2.2) auch schnell zu verstehen und zu nutzen. Von daher entfällt sowohl die Ausarbeitung der betreffenden Lernspiralen als auch die Entwicklung der zugehörigen Arbeitsmaterialien für die Hände der Schüler/innen. Mit diesem Service soll die Umsetzung des Spiralkonzepts erleichtert und die darauf fußende Kompetenzentwicklung effektiviert werden.

3 Lernförderung durch verstärktes Methodentraining

Der skizzierte EVA-Unterricht verlangt vielfältige Methodenanwendungen der Schülerinnen und Schüler. Das beginnt bei elementaren Lern- und Arbeitstechniken wie Markieren, Nachschlagen, Strukturieren und Heftgestaltung und reicht über grundlegende Kommunikations- und Präsentationstechniken wie frei sprechen, deutlich sprechen, Mimik und Gestik einsetzen, aktiv zuhören etc. bis hin zu wegweisenden Regeln und Strategien der guten Gruppenarbeit (was macht ein Regelwächter, ein Zeitwächter, ein Fahrplanüberwacher? etc.). Dies alles kann und muss im Rahmen des Fachunterrichts natürlich geübt und angewandt werden; methodische Souveränität garantiert das auf Schülerseite jedoch noch lange nicht. Wenn die Schüler/innen tatsächlich zu einer tiefergehenden Methodenklärung und Methodenbeherrschung gelangen sollen, dann empfehlen sich zusätzliche Trainingsmaßnahmen mit dezidiert methodenzentriertem und fächerübergreifendem Zuschnitt. Diese Trainingsarbeit steht im Mittelpunkt der nachfolgenden Abschnitte (vgl. dazu Klippert 1994, 1995, 1998, 2001 und 2003).

3.1 Warum Methodenlernen wichtig ist

Ein Blick in die Klassenzimmer macht es deutlich: Viele Schülerinnen und Schüler sind methodisch höchst unsicher und unstet. Sie lernen irgendwie, häufig aber eher planlos und gänzlich anders, als das die neuere Lern- und Gehirnforschung nahelegt (vgl. Abschnitt I.3). Von hinreichender Methodenbeherrschung kann bei vielen Schüler/innen beim besten Willen nicht die Rede sein. Im Gegenteil: Vieles wird intuitiv falsch angepackt und/oder so dilettantisch praktiziert, dass die laufenden Lernbemühungen darunter leiden. Das gilt für die Zeit- und Arbeitsplanung genauso wie für zahlreiche elementare Methoden des alltäglichen Arbeitens und Lernens im Unterricht. Zwei Beispiele mögen dieses Dilemma deutlich machen. Das erste Beispiel betrifft das Vorbereiten von Klassenarbeiten, das zweite die gängigen Vorgehensweisen der Schüler/innen beim Markieren von Texten.

Zunächst zum Vorbereiten von Klassenarbeiten: Wir haben Hunderte von Schülerinnen und Schülern in rheinland-pfälzischen Schulen beobachtet und befragt, wie sie ihre Klassenarbeiten vorbereiten. Die Ergebnisse waren ebenso irritierend wie ernüchternd. Die meisten Schüler/innen pauken kurzfristig, alleine und durch gelegentliches Angucken von Heft- und/oder Buchseiten. Kooperation, Wissensanwendung und portioniertes Lernen werden kaum genannt. Dies, obwohl den Schüler/innen aufgrund der gängigen Lehrertipps eigentlich bekannt sein müsste, dass nachhaltiges Begreifen des Lernstoffs genau dieses verlangt, nämlich: (a) längerfristiges Lernen in kleineren Portionen, (b) wechselseitiges Vortragen und Besprechen des Lernstoffs mit Partnern sowie (c) intensives Arbeiten an und mit dem Lernstoff unter Verwendung unterschiedlichster Lern- und Arbeitsmethoden. Warum wird dennoch anders gehandelt? Weil das Gros der Schüler/innen logische Fehler programmiert hat. Viele von ihnen meinen – das zeigten die anschließenden Interviews –, dass (a) kurzfristiges Pauken dem Vergessen entgegenwirkt, (b) Gemeinsames Lernen Konzentration und Lernerfolg stört sowie (c) intensive Lernarbeit viel zu viel Zeit kostet.

Ähnliche Missverständnisse zeigen sich beim Markieren. Wie zahlreiche Versuche in unterschiedlichen Klassen verdeutlichen, markieren die meisten Schülerinnen und Schüler nicht nur viel zu viel, sondern in der Regel auch höchst unsystematisch – mal mit Bleistift, mal mit Kugelschreiber, mal mit einem oder mehreren Textmarkern. Markiert wird fast alles. Hat jemand zufällig einen gelben Textmarker zur Hand, so sind die betreffenden Textseiten weithin gelb. Benutzt dagegen jemand einen Bleistift oder einen blassen Kugelschreiber, so sieht man meist kaum etwas und kann daher dem Gehirn auch nicht so recht auf die Sprünge helfen, da dieses hochgradig darauf angewiesen ist, dass einprägsame Blickfänge geschaffen werden, die vernetztes Wissen aufbauen helfen. Nur, viele Schüler/innen handeln genau entgegengesetzt. Wenn diese und andere fragwürdige Gewohnheiten und Einstellungen nicht aufgebrochen werden, dann muss man sich nicht wundern, wenn die Kompetenz- und Leistungsentwicklung vielerorts unbefriedigend verläuft.

Was tun? Fest steht, dass dem Methodenlernen in Schule und Unterricht sehr viel mehr Aufmerksamkeit geschenkt werden muss, als das bislang der Fall ist. Andernfalls stehen EVA-Unterricht und Lernspiralen deutlich in der Gefahr, einzelne Schüler/innen chronisch zu überfordern. Wer fachliches Lernen effektivieren will, muss zwingend dafür sorgen, dass die methodischen Basiskompetenzen erweitert werden. Letzteres ist auch deshalb wichtig, weil in vielen Betrieben, Behörden und Universitäten mittlerweile sehr viel Wert darauf gelegt wird, dass die jungen Leute methodisch souverän und überzeugend zu arbeiten verstehen. Die viel zitierten „Schlüsselqualifikationen“ in der Wirtschaft spiegeln die Bedeutsamkeit von Methodenbeherrschung und Methodenbewusstsein. Egal, ob Assessments zu absolvieren, Vorstellungsgespräche zu führen, Präsentationen darzubieten oder Projektprüfungen zu bestehen sind – stets werden abgeklärte Arbeits-, Kommunikations-, Kooperations- und/ oder Präsentationsmethoden vorausgesetzt und eingefordert. So gesehen kann den Schülerinnen und Schülern ein forciertes Methodentraining in Schule und Unterricht nur gut tun.

Dabei kommt es allerdings weniger darauf an, dass die Lehrkräfte methodische Unterweisung betreiben. Das führt bestenfalls dazu, dass die Schüler/innen die betreffenden Methoden kennen lernen und immer dann einzuhalten versuchen, wenn die zuständigen Lehrpersonen entsprechend Druck machen. Methodenbewusstsein und Methodenbeherrschung entstehen dadurch nicht. Nachhaltige Methodenschulung verlangt mehr und anderes, nämlich: Training und Reflexion statt methodischer Instruktion und Belehrung. Wenn Lehrkräfte die betreffenden Methoden lediglich erklären und/oder anmahnen, dann reicht das nicht. *Klären* statt

Erklären – das ist die Devise. Dementsprechend müssen im Unterricht vermehrt Lernsituationen arrangiert werden, die den Schülerinnen und Schülern Gelegenheit geben, grundlegende Lern- und Arbeitstechniken ganz praktisch zu sondieren und zu klären.

Dabei geht es u. a. um solche Leitfragen wie: Was ist bei der Vorbereitung von Klassenarbeiten zu beachten? Welche Spielregeln gelten für das Arbeiten mit einer Lernkartei? Wie lassen sich Mindmaps und Spickzettel wirksam gestalten? Worauf kommt es beim Erstellen von Plakaten und Folien an? Wie verfährt man beim freien Vortrag oder beim aktiven Zuhören? Worauf ist bei einer guten Präsentation zu achten? Wie lässt sich Gruppenarbeit erfolgreich gestalten und steuern? etc. Zu alledem gibt es spezielle Verfahrensregeln, die genauso trainiert werden müssen, wie die Prozentrechnung in Mathematik oder bestimmte grammatikalische Grundregeln in Deutsch. *Training* heißt hierbei in Analogie zum Sportunterricht, dass die jeweilige Methode kleinschrittig geübt, reflektiert und angewandt werden muss, bis sich ein möglichst stabiles methodisches Handlungsschema einstellt. Dieses redundante „learning by doing“ ist das A und O des Methodenlernens. Näheres dazu wird in den nachfolgenden Abschnitten ausgeführt.

3.2 Präzisierung der Methodenpalette

Die zu lernenden Methoden sind vielfältig. Abbildung 23 gibt einen groben Überblick über wichtige methodische Fähigkeiten und Fertigkeiten, auf die Schüler/innen im Fachunterricht immer wieder angewiesen sind. Egal, ob sie Tabellen, Diagramme, Mindmaps, Plakate oder Wandzeitungen erstellen sollen, ob sie einen Arbeitsprozess zu planen, die Zeit einzuteilen, Visualisierungskarten zu beschriften oder in einer Informationsdatei zu recherchieren haben, oder ob sie einen kleinen Vortrag halten, ein Interview führen, nach Stichworten argumentieren, ein Gespräch leiten oder regelgebunden in Gruppen zusammenarbeiten müssen – stets müssen ihnen die betreffenden Methoden einigermaßen geläufig sein. Ohne Methodenbeherrschung kein hinreichender EVA-Unterricht. Es genügt nun einmal nicht, wenn den Schüler/innen umfängliche Inhalte geboten werden, ohne dass sie das nötige methodische Rüstzeug zur Bearbeitung und Verarbeitung dieser Inhalte haben. Dieses Rüstzeug beginnt bei sehr simplen Lernmethoden wie Heftseiten gestalten, im

Abb. 23

Wichtige Lern- und Interaktionsmethoden

Elementare Lern- und Arbeitstechniken	Elementare Gesprächs- und Kooperationsmethoden
■ Ausschneiden, Kleben, Abheften	■ Im Stuhlkreis frei erzählen
■ Mit Lineal arbeiten/unterstreichen	■ Das Gehörte wiedergeben
■ Heftseiten übersichtlich gestalten	■ Laut und deutlich sprechen
■ Arbeitsplatz in Ordnung halten	■ Nach Stichworten berichten
■ Arbeitsmaterial sorgsam nutzen	■ Blickkontakt zum Partner halten
■ In Büchern gezielt nachschlagen	■ Über Sprechangst offen reden
■ Texte zügig lesen und verstehen	■ Gängige Melderegeln beachten
■ Texte differenziert markieren	■ Gesprächsregeln einhalten
■ Fragen zum Lernstoff entwickeln	■ Vortrag vor der Klasse halten
■ Mnemotechniken anwenden	■ Überzeugend argumentieren
■ Mit Lernkartei arbeiten und üben	■ Eigene Meinungen begründen
■ Hilfreiche „Spickzettel“ erstellen	■ Ein Interview durchführen
■ Tabellen/Schaubilder zeichnen	■ Referat mittels OH halten
■ Mindmap-Methode anwenden	■ Gesprächsleitung übernehmen
■ Plakate und Folien gestalten	■ Regelgebunden diskutieren
■ An und mit Pinnwand arbeiten	■ Doppelreis-Methode anwenden
■ Nach Stichworten Text schreiben	■ In einer Gruppe gut mitarbeiten
■ Inhaltsverzeichnis erstellen	■ Andere Ideen gelten lassen
■ Arbeitsprozess konkret planen	■ Eine Gruppenarbeit organisieren
■ Arbeitszeit geschickt einteilen	■ Den Gruppenmitgliedern helfen
■ Verlaufsprotokoll schreiben	■ Als „Regelbeobachter“ fungieren
■ Einen Lehrervortrag mitschreiben	■ Konflikte geschickt schlichten
■ Zu Wahlthema Referat anfertigen	■ (Selbst)kritisch Feedback geben
■ Die Bibliothek der Schule nutzen	■ Kooperativ präsentieren
■ Literaturverzeichnis anlegen	■ Teamfähigkeit bewerten
etc.	etc.

Stuhlkreis frei reden oder anderen Gruppenmitgliedern helfen und reicht über anspruchsvollere Konstruktions- und Interaktionsmethoden bis hin zu solchen Hochformen wie Lehrervortrag mitschreiben, Referat anfertigen, Vortrag vor der Klasse halten oder Gruppenkonflikte geschickt managen (vgl. Abb. 23). Dies alles setzt gezielte methodenzentrierte Übungen, Reflexionen und Klärungsaktivitäten voraus – kurzum: Methodentraining. Warum? Weil es einfach illusorisch ist anzunehmen, dass sich die nötige Methodenbeherrschung der Schüler/innen schon von selbst einstellen wird, wenn man sie nur gewähren und experimentieren lässt. Bei den „Autodidaktikern" unter den Schüler/innen mag diese Selbstlernkompetenz durchaus vorhanden sein, für viele andere gilt diese Prämisse indes nicht. Vor allem die unsicheren, unselbständigen, phlegmatischen und/oder leistungsschwächeren Schülerinnen und Schüler sind erfahrungsgemäß sehr stark darauf angewiesen, dass sie von Lehrerseite kräftig dabei unterstützt werden, ihre eigene methodische Linie zu finden. Aber auch die leistungsstärkeren Schüler/innen profitieren durchaus davon, wenn sie methodisch verstärkt gefordert und gefördert werden.

Dass diese forcierte Methodenschulung keinesfalls zu Lasten der Stoffvermittlung und des fachlichen Durchblicks der Schüler/innen geht, steht nach den bisherigen Erfahrungen außer Frage. Zwar kann in den methodenzentrierten Übungsphasen in aller Regel weniger Lernstoff durchgenommen werden. Je besser die Schüler/innen den Lernstoff jedoch zu verarbeiten und zu vernetzen verstehen, desto nachhaltiger vermögen sie ihn auch zu speichern und zu behalten. Oder anders ausgedrückt: Je intensiver sie lernen, den je anstehenden Stoff sinnfällig zu strukturieren und zu visualisieren, Informationen rasch nachzuschlagen und selektiv zu lesen, Fragen zu formulieren und präzise zu argumentieren, Lernkärtchen anzulegen und stringent zu schreiben, Exzerpte zu erstellen und Mitschriften anzufertigen, Ordnung zu halten und die eigene Arbeit zu organisieren, Klassenarbeiten geschickt vorzubereiten und den häuslichen Arbeitsplatz sinnvoll zu gestalten, in Gruppen zu arbeiten und Ergebnisse wirksam zu präsentieren, aktiv zuzuhören und Konflikte zu regeln ..., in dem Maße werden sie auch das eigene Lernen effektiver und erfolgreicher gestalten können.

3.3 Das Einmaleins der Trainingsarbeit

Im Zentrum der Trainingsarbeit stehen die sogenannten „Trainingsspiralen“. Trainingsspiralen und Lernspiralen unterscheiden sich dadurch, dass sich die Schüler/innen bei der Trainingsspirale in die je zu klärende Lern- oder Interaktionsmethode hineinbohren, während sie sich bei der Lernspirale in das jeweilige fachliche Thema/Material/Problem vertiefen müssen. Beiden Spiralarten gemeinsam ist also der mehrstufige Arbeits- und Klärungsprozess der Schülerinnen und Schüler (vgl. Abbildung 24). Die Schüler/innen gehen in einem mehrstufigen „Trial-and-Error-Verfahren“ daran, die jeweilige Methode möglichst griffig zu erschließen und ansatzweise einzuüben. Sie probieren und reflektieren, diskutieren und argumentieren, entwickeln Regeln und wenden diese mehrfach an. Auf diese Weise bildet sich nach und nach das angestrebte Methodenbewusstsein heraus.

Die Methode wird also zum eigentlichen Lerngegenstand; die Lerninhalte rücken während der Trainingsphasen stärker in den Hintergrund. Sie floaten. Zwar sind die Inhalte nicht unwichtig, aber sie stehen im Interesse der nachdrücklichen Methodenklärung nicht so im Vordergrund, wie das ansonsten im Fachunterricht der Fall ist. Diese Schwerpunktverschiebung hat sich in praxi als sinnvoll und notwendig erwiesen, da es den befragten und beobachteten Fachlehrer/innen in den gängigen 45-Minuten-Einheiten einfach nicht gelingen wollte, inhaltliche und methodische Klärungsarbeit zeitgleich so sicherzustellen, dass sich die Schüler/innen hinreichende methodische Klarheit verschaffen konnten. Im Gegenteil: Die Schüler/innen waren am Ende der betreffenden Stunden bestenfalls in der Lage, die behandelten Inhalte zu erinnern, nicht aber die anvisierten methodischen Regeln und Strategien. Das lag offenbar daran, dass die Lehrkräfte einfach keine Zeit fanden, um die methodischen Aspekte und Strategien hinreichend in den Blick zu rücken und abzusichern.

Deshalb die Trainingsspiralen mit ihrer dezidierten Methodenfixierung. Sie stellen sicher, dass sich die Schüler- wie Lehrerinnen ausgeprägt auf das konzentrieren können, was methodisch geklärt und eingeübt werden soll. Geht es z.B. um die *Mindmap-Methode*, dann werden einige Unterrichtsstunden ausschließlich darauf verwandt. Eine Trainingsspirale erstreckt sich also über mehrere Stunden und zeichnet sich durch ein recht buntes „learning by doing“ aus. Was das konkret heißt, lässt sich beispielhaft aus Abbildung 24 ersehen. Im Zentrum dieser Trainingsspirale steht das Methodenfeld „Markieren“. Wie markiert man Texte? Welche Regeln, Kriterien und Verfahrensweisen sollten dabei beachtet werden?“ Diese und andere Fragestellungen werden in mehreren Trainingschritten thematisiert und mittels verschiedener Übungen so konkretisiert, dass die Schüler/innen am Ende einige schlüssige Eckpunkte für ihre zukünftigen Markierungsaktivitäten in den Fächern haben. Die entsprechenden Trainingsschritte sehen wie folgt aus.

Abb. 24

Trainingsspirale zum Markieren

- ▼ Vorbefragung und erste Gepräche der Schüler
- ▼ Einen geeigneten Text probeweise markieren
- ▼ Ergebnisse vergleichen und 5 Regeln fixieren
- ▼ Vertiefender Lehrervortrag mit Beispielen
- ▼ Eine schlecht markierte Textseite kritisieren
- ▼ Die Kritik einem Partner gegenüber erläutern
- ▼ Weiteren Sachtext markieren und strukturieren
- ▼ Problematisierung der Resultate im Plenum

- Im *1. Trainingsschritt* müssen die Schüler/innen mittels Klebepunkten kenntlich machen, ob ihnen das geschickte Markieren eines gängigen Sachtextes eher leicht oder eher schwer fällt. Dazu wird ein Plakat mit zwei Spalten vorbereitet, in die die Schüler/innen ihre jeweiligen Punkte setzen. Anschließend müssen sie sich in Zufallsgruppen wechselseitig erläutern und befragen, wie die persönlichen Einschätzungen zustande gekommen sind und welche Erfahrungen dahinter stehen.
- Der *2. Trainingschritt* sieht ein erstes praktisches Experiment vor. Das heißt: Die Schüler/innen erhalten einen konkreten Sachtext, den sie versuchsweise markieren müssen. Der Text sollte relativ übersichtlich aufgebaut sein, damit der Schwierigkeitsgrad nicht gleich zu hoch ist. Vorgaben gibt es keine. Jeder markiert auf seine Weise und offenbart dabei natürlich so manchen Schwachpunkt. Dieses „trial and error“ ist typisch für die Trainingsarbeit. Fehler und Unzulänglichkeiten werden ganz bewusst zugelassen, damit die Schüler/innen

daraus lernen können. Ansonsten besteht die Gefahr, dass sie sich selbst etwas vormachen und die eigenen Defizite überspielen.

- Im *3. Trainingsschritt* werden die gewählten Markierungsweisen problematisiert. Die Schüler/innen vergleichen und besprechen ihre Ergebnisse in neu zu bildenden Zufallsgruppen und nehmen diese Reflexion schließlich zum Anlass, um einige wichtige Markierungstipps herauszuarbeiten. Diese Tipps werden in Kurzfassung auf rechteckige Kärtchen geschrieben und von ausgelosten Gruppensprechern an der Tafel ausgehängt, geclustert und gezielt begründet und erläutert. Auf diese Weise entsteht ein Katalog mit vielleicht 3 bis 5 unterschiedlichen Markierungsregeln.
- Dieses Regelwerk wird im *4. Trainingsschritt* weiter untermauert, indem die zuständige Lehrperson einige mangelhaft markierte Texte aus früheren Klassen an der Tafel aushängt und im Lehrervortrag kritisch kommentiert. Dieser Kurzvortrag rückt bestimmte Mängel ins Blickfeld und zeigt auf, warum bestimmte Regeln wichtig und hilfreich sind. Auf diese Weise wird das Problembewusstsein der Schüler/innen weitergehend geschärft.
- Der *5. Trainingsschritt* sieht eine erste Regelanwendung vor. Dazu erhalten die Schüler/innen einen unzulänglich markierten Text, der mittels PC entsprechend abgefasst ist. Die darin zu findenden Markierungsweisen müssen problematisiert werden. Was ist gelungen und welche Markierungen sind aus welchen Gründen eher ungünstig und zu vermeiden? Dazu werden Notizen gemacht. Durch diesen Reflexionsschritt üben sich die Schüler/innen nicht nur in Sachen Methodenkritik, sondern sie schärfen zugleich ihr Gespür dafür, worauf es beim Markieren vorrangig ankommt (wenig markieren, pointiert markieren, mit bestimmten Stiften markieren etc.).
- Im *6. Trainingsschritt* müssen die Schüler/innen ihre Erkenntnisse versprachlichen, indem sie die gefundenen Schwachpunkte gegenüber Zufallspartnern kommentieren. Dazu wird ein Doppelkreis mit wechselnden Partnerkonstellationen gebildet. Diese Redundanz bietet sich deshalb an, weil das Formulieren von Notizen noch lange nicht bedeutet, dass die Schüler/innen ihre Kritik tatsächlich durchdacht und verstanden haben. Indem sie im Doppelkreis kleine Vorträge halten, sind sie gezwungen, ihre gefundenen Einschätzungen vertiefend zu präzisieren und zu begründen.

- Das so gefestigte Regelwerk wird im *7. Trainingsschritt* erneut angewandt. Dazu erhalten die Schüler/innen einen neuen Text (z.B. zur Funktionsweise eines Wärmekraftwerks oder einer Kläranlage). Dieser Text ist nicht nur länger als der in Schritt 2 eingesetzte Text; er sollte auch etwas komplizierter und unübersichtlicher geschrieben sein. Diesen Text müssen die Schüler/innen einerseits markieren, andererseits in einem korrespondierenden Strukturmuster zusammenfassen. Markieren sie z.B. zuviel und/oder zu unsystematisch, so bekommen sie selbstverständlich Schwierigkeiten mit der geforderten Strukturbildung.
- Die erstellten Strukturmuster werden im *8. Trainingsschritt* zum Prüfstein erhoben, d.h. ausgeloste Gruppen stellen ihre Strukturierungsergebnisse vor der Klasse vor und beschreiben die dahinter stehenden Markierungsweisen. Diese abermalige Überprüfung der Markierungspraxis ist insofern sinnvoll, als sie die Schüler/innen zwingt, sich ein weiteres Mal (selbst-) kritisch mit dem eigenen Markierungsrepertoire auseinander zu setzen. Vertiefende Gespräche und Tipps des Lehrers runden das Bild ab.

Diese Ablaufbeschreibung zeigt, wie die Grundstruktur einer Trainingsspirale aussieht. Zunächst werden zur jeweiligen Methode Vorkenntnisse und Voreinstellungen der Schüler/innen abgerufen (*Sensibilisieren*). Dann folgt in der Regel eine erste praktische Versuchsphase, in der die Schüler/innen ihr intuitives Methodenverständnis zum Ausdruck bringen und dabei selbstverständlich auch „Fehler“ machen dürfen (*Ausprobieren*). Die dabei herauskommenden Ergebnisse werden reflektiert und zur Grundlage einer ersten Regelfestlegung gemacht (*Regeln klären*). Die so gewonnen Regeln werden sodann im Rahmen eines neuen Arbeitsauftrags angewandt (*Regelanwendung*). Daran schließt sich eine weitere Reflexionsphase in Zufallsgruppen an, die der Überarbeitung/Ergänzung des entwickelten Regelwerks dient. Dieses optimierte Regelwerk wird schließlich – je nach verfügbarer Zeit – noch das eine oder andere Mal angewandt (*Regelfestigung*).

Wie sich diese Systematik beim Training der *Doppelkreis-Methode* niederschlägt, zeigt Abbildung 25. Die Besonderheit dieser Doppelkreismethode ist, dass sich die Schüler/innen einer Klasse auf einen Innen- und einen Außenkreis so verteilen, dass sich immer zwei Schüler/innen Face-to-Face gegenüberstehen. Dadurch wird erreicht, dass die Hälfte aller Schüler/innen zeitgleich kleine Vorträge halten, Interviews führen oder sonstige Gesprächsaktivitäten starten kann. Rücken die im Innenkreis stehenden Schüler/innen im Uhrzeigersinn einige Positionen weiter, so entstehen neue Gesprächspaare, die abermals interagieren können. Wie die Schüler/innen mit den Eigenheiten der Doppelkreismethode vertraut gemacht werden können, lässt sich aus der Trainingsspirale in Abbildung 25 ersehen.

Abb. 25

Trainingsspirale zum Doppelkreis

- ▼ Punktabfrage zum Kompetenzfeld „freie Rede"
- ▼ Berichte und Gespräche in Zufallsgruppen
- ▼ Einführung des Doppelkreises durch den Lehrer
- ▼ Themenzentrierte DK-Übung zur Einstimmung
- ▼ Auswertungsgespräche in Zufallsgruppen
- ▼ Erstellen von Info-Plakaten zur DK-Methode
- ▼ Präsentation ausgeloster Plakate im Plenum
- ▼ Weitere Doppelkreis-Übung zur Vertiefung

- Im *1. Trainingsschritt* müssen die Schüler/innen mittels Klebepunkten deutlich machen, wie schwer oder leicht es ihnen fällt, vor der Klasse frei zu reden. Diese Phase der Besinnung geht einher mit dem Festhalten einiger Notizen zur Erläuterung der markierten Einschätzungen.
- Im *2. Trainingsschritt* besprechen sich die Schüler/innen in mehreren Zufallsgruppen, die per Losverfahren gebildet werden. Sie erläutern ihre Einschätzungen und tauschen ihre Erfahrungen aus. Ziel dieser Sequenz ist, die Schüler/innen erkennen zu lassen, dass die Qualität und Lockerheit, mit der jemand einen freien Vortrag zu halten versteht, in hohem Maße von der persönlichen Übung abhängt.
- Diese Grunderkenntnis wird im *3. Trainingsschritt* genutzt, um die Chancen und Besonderheiten des Doppelkreises ins Blickfeld zu rücken. Arrangiert wird diese Phase durch den Lehrer. Er gibt den Schüler/innen präzise Instruktionen, wie ein Doppelkreis im Klassenraum zu stellen ist und welche Lernchancen sich damit verbinden. Dann werden die Schüler/innen konkret angeleitet, sich zunächst in

einem Kreis aufzustellen und anschließend im Reißverschlussverfahren nach innen zu rücken (jeder Zweite geht nach innen), so dass sich diverse Gesprächspaare ergeben. Alsdann rücken alle im Innenkreis stehenden Schüler/innen im Uhrzeigersinn weiter, damit „echte" Zufallspaare entstehen. Diese Arrangements werden von Lehrerseite erläutert und so begründet, dass die Schüler/innen die dahinter stehenden pädagogischen Überlegungen durchschauen.

- Die so gebildeten Gesprächspaare erhalten im *4. Trainingsschritt* die konkrete Aufgabe, unter Verwendung eines vorab entwickelten Spickzettels einen kleinen Vortrag zu halten (z.B. zum Thema „Niederschläge"). Beginnen dürfen die Schüler/innen im Innenkreis. Alle Außenkreisvertreter sind in dieser Phase Zuhörer und Kontrolleure. Sie können korrigieren und ergänzen, sobald der Vortrag abgeschlossen ist. Dann wandert der Innenkreis im beschriebenen Sinne weiter, so dass sich neue Gesprächspaare bilden. Nun sind die Außenkreisvertreter mit ihren Vorträgen an der Reihe etc.
- Die dabei gesammelten Erfahrungen werden im *5. Trainingsschritt* ausgewertet. Was ist gut gelaufen? Was hat Probleme bereitet? Was wurde bei alledem wohl gelernt? Was sollte beim nächsten Doppelkreis anders und besser gemacht werden? An diesen vier Leitfragen kann sich das gruppeninterne Auswertungsgespräch orientieren.
- Im *6. Trainingsschritt* werden die gefundenen Regeln und Vorzüge des Doppelkreises auf Plakaten oder Folien zusammengefasst und möglichst anschaulich visualisiert. Diese Konstruktionsarbeit wird von den gleichen Gruppen geleistet, die auch in Schritt 5 beisammen waren. Darüber hinaus müssen sich die Gruppenmitglieder auf eine etwaige Präsentation ihrer Plakate vor der Klasse vorbereiten.
- Im *7. Trainingsschritt* werden zwei Gruppen ausgelost, die ihre Plakate zu präsentieren haben. Präsentiert wird jeweils im Tandem, wobei die Tandemmitglieder ebenfalls ausgelost werden. Nach Abschluss der Präsentation erfolgt ein Feedback – zum einen zur Gestaltung und Präsentation der vorgestellten Plakate, zum zweiten zu den konkreten Vorzügen und Anforderungen der Doppelkreis-Methode.
- Der *8. Trainingschritt* schließlich dient der Vertiefung der gewonnenen Erkenntnisse, indem die Doppelkreis-Methode nochmals konkret anzuwenden ist. Vorgegeben wird ein neues Thema/Material oder

es wird zwecks Wiederholung auf das eine oder andere abgesicherte Fachwissen zurückgegriffen. Diese nochmalige Anwendung kann entfallen, wenn die Schüler/innen den Doppelreis hinreichend beherrschen.

Selbstverständlich müssen die Trainingsspiralen nicht immer so viele Trainingsschritte aufweisen, wie das die beiden skizzierten Beispiele tun. Weniger als fünf Trainingsschritte sind in der Regel jedoch nicht anzuraten, da dann der methodenzentrierte Gärungs- und Klärungsprozess der Schüler/innen zu flach verlaufen müsste. Wer seine eigene Methodenpraxis sondieren, Problembewusstsein aufbauen, methodische Spielregeln entwickeln, diese konkret anwenden und sukzessive optimieren will, der muss schon einige Trainingsschritte durchlaufen, um zu hinreichender methodischer Klarheit zu gelangen. Von daher sind drei- bis sechsstündige Trainingsspiralen der Regelfall. Dass sich das nicht eben mal so nebenbei im Fachunterricht erledigen lässt, ist evident.

3.4 Trainingstage und Trainingswochen

Nachhaltige Methodenklärung setzt separate Trainingstage voraus. Das hat die praktische Erprobung gezeigt. Andernfalls kommen viele Schüler/innen erst gar nicht dahin, die betreffenden Arbeits-, Kommunikations- oder Kooperationsmethoden intensiver wahrzunehmen und zu begreifen. Pro Trainingstag werden durchschnittlich 1–2 methodenzentrierte Trainingsspiralen durchgeführt (z.B. zum Markieren oder zur Heftgestaltung). Die jeweilige Methode steht also für mehrere Stunden im Vordergrund der Arbeit und der Gespräche. Dennoch braucht es erfahrungsgemäß rund zwei Tage, bis das Gros der Schüler/innen so richtig realisiert, dass der laufende Lernprozess weniger der Inhaltsvermittlung, sondern vornehmlich der Methodenklärung dient. Unterricht wird von Schülerseite offenbar sehr stark inhalts- bzw. stofforientiert gedeutet und weniger mit Methodenlernen in Verbindung gebracht. Die Lernmethodik erscheint vielen Kindern und Jugendlichen als eher nebensächliches Beiwerk, das jeder Einzelne nach persönlichem Belieben ausgestalten kann. Dieser „methodische Fatalismus“ durchzieht das Denken vieler Schüler/innen. Das beginnt sich erst zu ändern, wenn ihnen während der ersten Trainingstage wiederholt signalisiert wird, dass das Erlernen bestimmter methodischer Verfahren und Regeln ähnlich wichtig ist wie das Studieren grundlegender Spielregeln der Grammatik oder der Dreisatzrechnung.

Dieses Umdenken kann letztlich nur geschafft werden, wenn die Methodenklärung über mehrere Tage hinweg fortgeführt wird. Und zwar exklusiv und mit voller Konzentration der Lernenden wie der Lehrerenden. Bricht man die methodenzentrierte Arbeitsweise nach wenigen Stunden bereits wieder ab, so ist die Wahrscheinlichkeit groß, dass die meisten Schüler/innen gerade mal das Stadium der „produktiven Verunsicherung“ erreichen, nicht aber das der nachhaltigen Methodenklärung und Methodenvariation. Das ist zu wenig. Sollen die Schüler/innen in methodischer Hinsicht richtig wach und kreativ werden, dann müssen sie zwingend dazu veranlasst werden, weitere Lernmethoden in den Blick zu nehmen und gemeinsam abzuklären. Dieses konzentrierte Arbeiten an und mit verschiedenen „Schlüsselmethoden“ spielt in praxi bis dato eine viel zu geringe Rolle. Meist werden einzelne Methoden mal kurz angesprochen und/oder anweisungsgebunden angewandt, nicht aber im Rahmen mehrtätiger „Methodenrallyes“ intensiv abgeklärt. Gerade das aber ist erforderlich, wenn die Schüler/innen zum nötigen Methodenbewusstsein gelangen sollen. Denn erst nach ca. zwei Tagen setzt erfahrungsgemäß die sogenannte „Flow-Phase“ ein. Das heißt, die Schüler/innen gelangen an den Punkt, wo ihnen das methodenzentrierte Denken, Argumentieren, Variieren und Reflektieren zunehmend geläufig wird. Sie entdecken Unterschiede und Parallelen, Chancen und Gesetzmäßigkeiten der Methodenanwendung. Und sie beginnen, durchdachte methodische Denk- und Handlungsschemata aufzubauen. Die Methodenklärung erreicht den nötigen Tiefgang.

Dieses Stadium ist unbedingt erstrebenswert. Erreicht wird es am besten dadurch, dass richtiggehende *Trainingswochen* zum einen oder anderen Methodenbereich angesetzt werden, und zwar in der Regel eine Woche pro Schuljahr. Wie sich diese Trainingswochen auf die unterschiedlichen Jahrgangsstufen verteilen können, ist in zahlreichen Schulen getestet worden. Herausgekommen ist für den Sekundarbereich das Folgende: Empfehlenswert ist es, in Jahrgangsstufe 5 eine Trainingswoche zum Methodenbereich „Elementare Lern- und Arbeitstechniken einüben“ anzusetzen sowie in den Jahrgangsstufen 6 und 7 zwei weitere Trainingswochen zu den Methodenbereichen „Kooperieren lernen“ und „Kommunizieren und Präsentieren lernen“ anzuschließen. Bewährt haben sich ferner vertiefende und/oder weiterführende Trainingswochen zu den Schwerpunkten „berufswahlspezifische Kompetenzen trainieren“ in Jahrgangsstufe 9 sowie „wissenschaftspropädeutisches Arbeiten“ in Jahrgangsstufe 11. Außerdem hat es sich in praxi als sinnvoll erwiesen, in den Stundentafeln der einzelnen Schuljahre je 1 bis 2 separate Methodentage vorzusehen und zeitversetzt so zu platzieren, dass bei Bedarf bestimmte noch defizitäre Methodenfelder vertiefend thematisiert und trainiert werden können. Für den Fall, dass kein Bedarf besteht, werden die betreffenden Methodentage als fachbezogene Projekttage genutzt.

Abb. 26

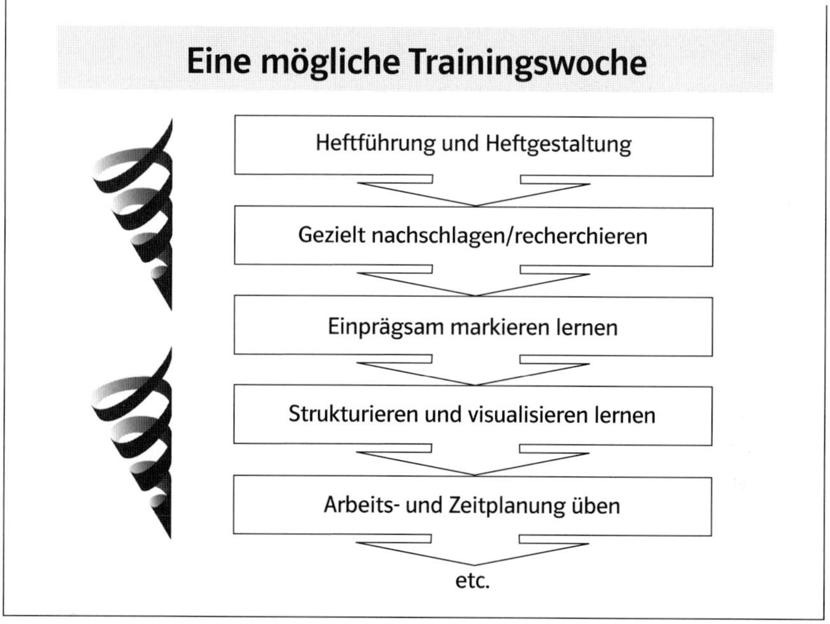

Wie eine konkrete Trainingswoche mit dem Schwerpunkt „Elementare Lern- und Arbeitstechniken einüben“ ablaufen kann, zeigt die Übersicht in Abbildung 26. Beginnen kann die Woche z.B. mit einer mehrstufigen Trainingsspirale zum Methodenfeld „Heftführung und Heftgestaltung“. Dazu durchlaufen die Schüler/innen mehrere Versuchs-, Reflexions-, Regelentwicklungs- und Regelanwendungsphasen (vgl. den letzten Abschnitt). Daran können sich weitere Trainingsspiralen zu den Methodenfeldern „Nachschlagen“, „Markieren“, „Strukturieren“ und „Arbeitsplanung“ anschließen, mit denen die nachfolgenden Wochentage ausgefüllt werden. Wohlgemerkt: Die Auswahl und Anordnung der zu trainierenden Lernmethoden kann natürlich auch verändert werden – je nachdem, welche Bedarfslage in den betreffenden Klassen vorherrscht. Die tägliche Trainingsarbeit erstreckt sich in der Regel über 5 bis 6 Unterrichtsstunden. Daran schließt sich zumeist eine Tagesreflexion der zuständigen Lehrkräfte an, in deren Verlauf u.a. abgestimmt wird, welche Trainingsmaterialien von wem mit welcher Zielrichtung bis wann zu überarbeiten sind.

Die besagte Trainingswoche muss natürlich nicht unbedingt am Montag beginnen und am Freitag abschließen. Unter bestimmten Umständen kann es sogar sehr sinnvoll sein, die Trainingsarbeit über ein Wochenende laufen zu lassen, d. h. am Mittwoch oder Donnerstag zu beginnen, das Wochenende als „Regenerationszeitraum“ zu nutzen, und die angefangene Trainingsarbeit bis Dienstag oder Mittwoch der nächsten Woche fortzuführen. Gerade in den fünften Klassen gibt es gute Gründe dafür, den Schüler/innen diese Erholungsphase zuzugestehen, da das Trainingsprogramm in der Regel doch recht intensiv und anstrengend ist (ähnliches gilt selbstverständlich auch für die Grundschulen). Zudem ist es möglich, während der Trainingstage die eine oder andere Meditations-, Spiel- und/oder Bewegungsphase einzubauen, damit sich die Schüler/innen ein wenig entspannen können. Eine weitere Variante: Manche Schulen teilen die Trainingswoche in zwei zeitlich auseinander liegende Trainingsblöcke von je zwei bis drei Tagen auf, um den Fachunterricht nicht zu lange aussetzen zu müssen. Gegen diese Variante spricht jedoch, dass die Trainingsarbeit erfahrungsgemäß erst nach 1 bis 2 Tagen Anlaufzeit so richtig fruchtbar wird (siehe oben).

Der Zeitbedarf für die Trainingsarbeit ist unter dem Strich recht gering. Pro Schuljahr werden bestenfalls 1 bis 2 Wochen darauf verwand, die Schüler/innen grundlegende Lernmethoden erschießen und entsprechende Arbeits-, Kommunikations-, Präsentations- oder Kooperationstechniken abklären zu lassen. Demgegenüber stehen in 38 bis 39 Schulwochen fachlich-inhaltliche Klärungsprozesse im Vordergrund. Diese Relation wird oft übersehen. Hinzu kommt, dass die Methodenklärung letztlich dem fachlichen Lernen nur zugute kommt und auf längere Sicht erheblich Zeit einsparen hilft. Von daher relativiert sich der Zeitaufwand fürs Methodentrainings ganz deutlich.

3.5 Methodenpflege in den Fächern

Die skizzierten Trainingstage und Trainingsspiralen sind hilfreiche, aber keinesfalls hinreichende Voraussetzungen für das Entstehen nachhaltiger Methodenkompetenz. Die Trainings bringen zentrale methodische Fragen und Strategien in den Blick. Aber sie sichern deshalb noch lange kein nachhaltiges Methodenbewusstsein der Schülerinnen und Schüler. Hinzukommen muss zwingend die ebenso pointierte wie konsequente Methodenanwendung und -reflexion in den Fächern. Andernfalls verlernen die Schüler/innen vieles schnell wieder, was sie während der Trainingstage aufgebaut haben. Die eigentliche Festigung der eingeführten Methoden erfolgt letztlich erst dadurch, dass die Schüler/innen die eingeübten methodischen Regelwerke und Strategien im Rahmen des Fachunterrichts wiederholt aufgreifen und anwenden müssen. Dieser ausgeprägte Stellenwert der fachspezifischen *Methodenpflege* ist konstitutiv für das PASS-Programm! Von daher ist das Methodentraining weder Selbstzweck, noch wird es verabsolutiert. Methodentraining und fachspezifische Methodenpflege gehören zwingend zusammen, auch wenn sie aus unterrichtspraktischen Gründen gelegentlich getrennt und separat angegangen werden müssen. Stoffdruck und knappe Zeittakte in der Schule verhindern nun einmal, dass das gleichzeitige Abklären und Festigen von Methoden und Inhalten ausreichend gelingen kann.

Wie die alltägliche Methodenpflege in den Fächern organisiert wird, lässt sich aus den Ausführungen zum Lernspiralaufbau in Abschnitt II.2.2 ersehen. Die Lernspiralen dienen sowohl der intensiven Klärung be-

Abb. 27

Methodenpflege im Sachunterricht

- **Lesen und markieren** der Texte **‚Blitz' und ‚Donner'**
- **„Nachhilfephase"** in textgleichen 3er-Gruppen
- Erstellen textspezifischer **„Spickzettel"** in Einzelarbeit
- **Partnervorträge** anhand der erstellten ‚Spicker'
- Mischgruppen: **Folie** zu Blitz und Donner
- **Präsentation** einzelner Folien durch Tandems
- Ergänzende Hinweise und Tipps von Lehrerseite

stimmter Fachinhalte als auch und nicht zuletzt der flexiblen Anwendung unterschiedlicher Arbeits-, Kommunikations-, Präsentations- und/oder Kopperationsmethoden. Die abgebildete Lernspirale zum Thema „Gewitter" macht diesen engen Konnex von inhaltlicher Durchdringung und variantenreicher Methodenanwendung deutlich (vgl. Abb. 27). Im Vordergrund steht eindeutig die Erarbeitung der Phänomene „Blitz" und „Donner". Im ersten Arbeitsschritt müssen die Schüler/innen zwei entsprechende Informationstexte arbeitsteilig lesen und so markieren, dass das Wichtigste ins Auge springt. Das *Markieren* ist mithin die erste Arbeitstechnik, die gepflegt und unter Umständen auch reflektiert werden muss. Für den zweiten und alle weiteren Arbeitsschritte gilt ähnliches. Die inhaltliche Arbeit wird stets begleitet von der regelgebundenen Anwendung wechselnder Methoden. Das lässt sich aus den fett gedruckten Passagen in Abb. 27 ersehen.

Danach sind die Schüler/innen im zweiten Arbeitsschritt aufgefordert, konstruktiv zu kooperieren. Das schließt die Klärung inhaltlicher Verständnisfragen ebenso mit ein wie die wechselseitige Beratung hinsichtlich der zu erstellenden Spickzettel. Die Schüler/innen pflegen also spezifische Kooperations- und Kommunikationsregeln. In den Arbeitsschritten drei bis sechs wird diese Verzahnung von inhaltlicher und methodischer Arbeit fortgeführt, indem die Schüler/innen zunächst Spickzettel zu den Teilthemen „Blitz" oder „Donner" erstellen und dann auf dieser Basis Kurzvorträge (a) gegenüber Zufallspartnern, (b) in Mischgruppen sowie (c) im Plenum halten müssen. Gepflegt werden somit Regelwerke und Strategien wie: Spickzettel erstellen, frei Vortragen, Folien gestalten, gruppenintern argumentieren, konstruktiv zusammenarbeiten etc. So gesehen laufen inhaltliches Arbeiten und differenzierte Methodenpflege hochgradig parallel.

Diese Arbeitsweise kostet zu Beginn natürlich mehr Unterrichtszeit als das gängige Durchnehmen des Lernstoffs mittels lehrerzentrierter Verfahren. Dieser anfängliche Mehraufwand „amortisiert" sich in den weiteren Schuljahren jedoch in hohem Maße – vorausgesetzt, Methodentraining und Methodenpflege werden einigermaßen konsequent verzahnt und betrieben. Erfahrungsgemäß dauert es etwa 1 bis 2 Jahre, bis die Schüler/innen methodisch so souverän sind, dass sie diszipliniert, zielstrebig und arbeitsteilig mit den gestellten Aufgaben fertig werden. Spätestens dann beginnt der stoffbezogene „Aufholprozess". Muss das

Stoffpensum anfangs in aller Regel deutlich zurückgefahren werden, da die redundanten, methodenzentrierten Arbeitsweisen relativ viel Zeit benötigen, so beschleunigt und intensiviert sich die Lernarbeit der Schüler/innen im weiteren Verlauf zunehmend. Zeitverluste aufgrund überbordender Unterrichtsstörungen und/oder fehlender Methodenbeherrschung werden weniger; gleichzeitig erweitern sich die Möglichkeiten zum arbeitsteiligen Vorgehen, da die Schüler/innen u.a. trainiert werden, ihre Spezialergebnisse gegenüber Mitschüler/innen verständlich zu präsentieren und zu dokumentieren. Das Entwickeln korrespondierender Arbeits- und Kontrollblätter bzw. -aufgaben ergänzte diese Vermittlungsarbeit der Schülerinnen und Schüler. So gesehen sind die skizzierten Redundanzen und Methodenanwendungen im Rahmen der fachbezogenen Lernspiralen auf mittlere und längere Sicht allemal lohnend. Das gilt sowohl hinsichtlich des inhaltlichen Wissens und Könnens der Kinder als auch und besonders bezüglich ihres Erwerbs methodischer Schlüsselkompetenzen im weitsten Sinne des Wortes.

3.6 Veränderte Leistungsdiagnose

Mit der Ausweitung des Methodenlernens muss selbstverständlich auch die Leistungsdiagnose eine andere werden. Werden die Schüler/innen weiterhin vorrangig auf ihre Rezeptionsfähigkeit und -bereitschaft hin überprüft, dann tut man all denen Unrecht, die sich um die Einhaltung der eingeführten methodischen Prozeduren und Regeln bemühen. Und das wäre gewiss das falsche Signal. Systematische Kompetenzförderung muss zwingend einhergehen mit einer erweiterte Kompetenzerfassung und -beurteilung in Schule und Unterricht. Andernfalls kann man weder den Schüler/innen noch ihren Eltern die neuen Bildungsstandards und Unterrichtsverfahren plausibel machen. Das landläufige Memorieren und Reproduzieren des Lernstoffs passt einfach nicht länger zu dem, was den jetzigen und zukünftigen Schulabgängern abverlangt wird. Zwar haben viele Schulen damit begonnen, ihre Leistungsmessung und -bewertung zu überdenken. Von einer ernsthaften Umstellung kann bis dato allerdings nur selten die Rede sein. Hier besteht unverändert Handlungsbedarf.

Die traditionelle Engführung der Leistungsdiagnose ist gleich aus mehreren Gründen fatal: Erstens verleitet sie die Schüler/innen dazu, ihr vordergründiges Pauken des jeweiligen Lernstoffs unbekümmert fortzusetzen; zweitens signalisiert sie ihnen, dass das Erlernen elementarer Arbeits-, Kommunikations- und Kooperationsmethoden wohl doch nicht so wichtig ist; drittens benachteiligt sie all diejenigen, die das rezeptive Lernen zugunsten eines stärker selbstständigen, methodenzentrierten Arbeitens zurückstufen, und viertens schließlich trägt sie dazu bei, dass die lernmethodischen Potenziale vieler Kinder völlig unzureichend entwickelt werden. Wenn bei PISA feststellt wird, dass unsere Schüler/innen offenbar zu wenig darin geübt sind, selbst zu denken und erworbenes Wissen anwendungsbezogen auszuwerten und problemlösend zu nutzen, dann ist das nicht zuletzt ein Ausfluss dieses verengten Lern- und Leistungsbegriffs im alltäglichen Schulbetrieb.

Was ist die Alternative? Die Grundregel muss lauten, dass das, was im Unterricht eingefordert und eingeübt wird, in den Klassenarbeiten und sonstigen Prüfungsverfahren auch seinen Niederschlag finden muss. Wer also Kommunikationsschulung betreibt, muss dafür Sorge tragen, dass die Kommunikationsfähigkeit der Schüler/innen angemessen erfasst und beurteilt wird. Wer Teamentwicklung als Auftrag versteht, muss Kriterien und Prozeduren zur Diagnose der Teamkompetenz entwickeln und anwenden. Wer sich das Einüben elementarer Lern- und Arbeitstechniken auf die Fahnen schreibt, muss auch entsprechende Unterrichts-

Abb. 28

Methodenzentrierte Aufgabenstellungen

Fragen zu vorliegendem Material beantworten (s. PISA)
Vorgegebene Behauptungen überprüfen und beurteilen
Fünf Schlüsselfragen zu einem Text/Material entwickeln
Text auf der Basis eines persönlichen Spickzettels schreiben
Problemfragen durch Nachschlagen lösen (z.B. im BVG)
In Text/Aufgabe eingebaute Fahler finden und korrigieren
Im Lexikon oder Schulbuch bestimmte Daten/Fakten finden
Längeren Text in einem Zeitungsartikel zusammenfassen
Tabelle oder Diagramm zu vorgegebenen Daten erstellen

und Beurteilungsverfahren kultivieren. Von daher ist es notwendig, die gängigen Prüfungs- und Beurteilungsmodalitäten im Schulalltag kräftig zu erweitern. Das beginnt mit methodenzentrierten Klassenarbeiten (vgl. Abb. 28) und reicht bis hin zur gezielten Beobachtung und Beurteilung fächerübergreifender sozialer und sonstiger Kompetenzen der Schülerinnen und Schüler anhand einschlägiger Kriterienraster (vgl. Abb. 20 auf S. 110).

Was die *Klassenarbeiten* betrifft, so gibt es sehr wohl Spielräume für eine veränderte Leistungsmessung und -beurteilung. Keine Vorschrift verlangt die in der Praxis übliche Verabsolutierung des Memorierens und Reproduzierens. Warum also die Schüler/innen nicht z.B. während der Klassenarbeit mit allen möglichen Hilfsmitteln konstruktiv und produktiv arbeiten und Probleme lösen lassen – mit dem Schulbuch genauso wie mit Wörterbüchern, Lexika, Hausheften, Atlanten, Formelsammlungen, selbst erstellten Lernkarteien, persönlichen Mindmaps und anderen „Nachschlagewerken" mehr?! Nur müssen dann entsprechend knifflige Aufgaben gestellt werden, die mit einfachem Abschreiben nicht zu lösen sind, sondern methodisch durchdachtes Arbeiten verlangen, welches erkennbar werden lässt, wie es um das methodische Know-how und Geschick der Schüler/innen bestellt ist. Einige Aufgabenbeispiele finden sich in Abbildung 28.

Die zweite Ebene der Leistungsmessung und -beurteilung betrifft die *Epochalbewertung*, d.h. die kriteriumsorientierte Beobachtung des alltäglichen Lern-, Arbeits-, Kommunikations- und Kooperationsverhaltens der Schülerinnen und Schüler über einen Zeitraum von z.B. 6 bis 8 Wochen hinweg (zu den Kriterien vgl. z.B. Abb. 20 auf Seite 110). Die dabei herauskommenden Epochalbewertungen können sowohl in individuellen Lernberichten als auch in unterschiedlichen Epochalnoten ihren Niederschlag finden. Mehrere methodendifferenzierte Epochalnoten zu bilden, ist in unseren Schulen bislang zwar eher unüblich, schulrechtlich spricht allerdings nichts mehr dagegen, seit die neuen Bildungsstandards einem erweiterten Kompetenzbegriff das Wort reden. Von daher bietet es sich an, unterschiedliche zeitraumbezogene Leistungsdiagnosen zu erstellen, die erstens das Lern- und Arbeitsverhalten der Schüler/innen betreffen, zweitens ihre Kommunikations- und Präsentationsfähigkeit sowie drittens ihre Teamkompetenz (vgl. z.B. Klippert 1998, S. 65ff.). Alle diese Leistungsbereiche sind Bestandteile eines erweiterten Fachleistungsbegriffs, wie er in diesem Buch vertreten wird.

Wichtig bei dieser Art der Epochalbewertung ist, dass das Ganze praktikabel und fair ist. Zur Fairness gehört z.B., dass die Schüler/innen die zu beurteilenden Kompetenzen hinreichend kennen und eingeübt haben müssen. Das schließt konsequente Trainings, Anwendungssituationen, Reflexionen und gelegentliche Feedbackphasen mit ein. Mit der Forderung nach Praktikabilität ist gemeint, dass die besagte Epochalbewertung vom Prozedere wie vom Zeitaufwand her machbar und alltagstauglich sein muss. Das gilt für die Schüler- wie für die Lehrerseite. Zum Prozedere der Epochalbewertung: Die Schüler/innen erhalten nach Abschluss der jeweiligen 6- bis 8-wöchigen Epoche Gelegenheit, ihr methoden-, kommunikations- und/oder teamspezifisches Leistungsverhalten anhand einfacher Diagnoseraster zunächst selbst einzuschätzen. Dann schätzen sie ihre Tischgruppenmitglieder versuchsweise ein, legen die getroffenen Selbst- und Fremdeinschätzungen offen und versuchen gemeinsam zu einer möglichst einvernehmlichen kriteriumsbezogenen Vorbewertung zu kommen. Dabei wird mit einer Punkteskala von 0 (Kriterium nicht erfüllt) bis 4 (Kriterium voll erfüllt) gearbeitet. Darüber hinaus können die Schüler/innen Fragezeichen setzen oder Punktespannen angeben, wenn keine hinreichende Klarheit zu erzielen ist.

Für diesen Bilanz-, Feedback- und Klärungsprozess wird üblicherweise eine separate Klassenleiterstunde zur Verfügung gestellt. Gegen Ende dieser Stunde werden die von den Schüler/innen herausdestillierten Vorbewertungen an die Lehrperson gegeben, die ihrerseits nun daran geht, die eigenen Eindrücke mit den vorgelegten Schülervoten zu vergleichen. Liegen gravierende Abweichungen vor, so wird in den nächsten Wochen entweder das Gespräch mit den betreffenden Schüler/innen gesucht oder aber bei den fraglichen Kandidaten einfach nur genauer hingeschaut. Auf diese Weise lassen sich etwaige Beobachtungsfehler bzw. -differenzen recht gut und zuverlässig beheben. Darüber hinaus bleibt es den Lehrkräften natürlich unbenommen, die Diagnose der Schülerkompetenzen auch noch anders abzusichern, nämlich durch zusätzliche Lern- und Leistungsnachweise im Rahmen fachspezifischer *Portfolios*. Diese Nachweise reichen von selbst erstellten Grafiken, Texten, Zeichnungen, Tabellen und Arbeitsplänen bis hin zu individuellen Lernbilanzen und Selbsteinschätzungen der Schülerinnen und Schüler.

Im Grundschulbereich sieht das geschilderte Prozedere natürlich etwas anders aus. Hier wird von Lehrerseite aus mehr vorgegeben und eingebracht, da es vielen Schüler/innen noch erheblich an Abstraktions-, Kritik- und Urteilsvermögen mangelt. Die besagten Lehrervorgaben betreffen die Leistungs- und Beobachtungskriterien genauso wie die Vornoten am Ende des Beobachtungszeitraums. Dennoch sollten auch im Primarbereich bereits erste Schritte zur Selbst- und Fremdbewertung der Schüler/innen eingeleitet werden, damit sie frühzeitig anfangen können, bewusst und durchdacht mit den einzelnen Anforderungskriterien zu „spielen". Das begünstigt nicht nur die Wachheit, sondern auch die Entschiedenheit, mit der die Schüler/innen das methodenzentrierte Arbeiten und Lernen im Unterricht angehen. Das gilt insbesondere für die Jahrgangsstufen 3 und 4.

Trotzdem tun sich viele Lehrkräfte mit der skizzierten Epochalbewertung nach wie vor eher schwer. Auslöser dieser Zurückhaltung ist vor allem die Furcht, dass die so gewonnenen Noten im Ernstfall nicht justiziabel sind. Diese Angst ist mittlerweile ziemlich unbegründet. In den einzelnen Bundesländern existiert im Schulrecht durchweg die Vorschrift, dass die Leistungsbeurteilung nicht nur auf schriftlichen, sondern auch und zugleich auf mündlichen und sonstigen Leistungsnachweisen beruhen sollte. Unter diese sonstigen Leistungsnachweise fallen verstärkt methodische und soziale Fähigkeiten und Fertigkeiten, wie sie durch die neuen Bildungsstandards herausgestellt werden. Diesbezüglich Epochalnoten zu erteilen, ist hierzulande also ohne weiteres möglich und legitim. Voraussetzung dafür ist nur, dass die Lehrkräfte für klare Kriterien, einschlägige Übungsphasen sowie ein überzeugendes Beobachtungs- und Beurteilungsprozedere sorgen. Ob dann am Ende eine Verbalbeurteilung, ein Zusatz im Zeugnis, zusätzliche Kopfnoten oder methodisch „angereicherte" Fachnoten herauskommen, das ist eher zweitrangig. Die Hauptsache ist, dass die Schülerleistungen anders und breiter diagnostiziert werden, als das bislang der Fall ist.

3.7 Unterstützende Trainingshilfen

Wer die skizzierten Methodentrainings konsequent angehen möchte, findet hilfreiche Materialien und Trainingsbausteine beim Beltz-Verlag (vgl. Klippert 1994, 1995, 1998 sowie Klippert/Müller 2003). Die betreffenden Handreichungen sollen Lehrkräften helfen, ihre schulinternen Trainingsprogramme schneller und zeitökonomischer auf die Reihe zu bringen, als das bei autodidaktischer Arbeit möglich ist. Angeboten werden zum einen vielfältige Trainingshilfen und -tipps für die konkrete Methodenschulung in den Klassen, zum anderen umfängliche praxisbewährte Hinweise und Erfahrungswerte zum korrespondierenden Innovationsmanagement im Schulalltag. Erprobt wurden die betreffenden Materialien, Trainingsspiralen und Umsetzungsverfahren über viele Jahre hinweg in Hunderten von Schulen in Rheinland-Pfalz, Hessen, Nordrhein-Westfalen, Berlin, Niedersachsen, Baden-Württemberg, Bayern, Wien, Niederösterreich, Steiermark und Tirol. Zehntausende von Lehrkräften haben daran mitgewirkt, herauszufinden, wie alltagstaugliche Trainingsprogramme in Sachen Methodenlernen, Kommunikationsschulung und Teamentwicklung im Klassenraum aussehen können und welche korrespondierenden Unterstützungsmaßnahmen Lehrerinnen und Lehrer brauchen.

Die dabei gewonnenen Erfahrungen und Befunde sind in mehreren Trainingshandbüchern dokumentiert und kommentiert. Alle Bücher bieten eine breite Palette an erprobten und bewährten Bausteinen für die anstehenden Trainingstage und Trainingswochen. Sie richten sich primär an Lehrkräfte und erst in zweiter Linie an die Schüler/innen und Schüler selbst. Sie bieten zahllose Materialien und Anregungen für die Entwicklung und Umsetzung griffiger Trainingsspiralen zu den methodischen Kernbereichen „Lerntraining", „Kommunikationstraining" und „Teamtraining". Sie zeigen Chancen und Perspektiven auf, die sich mit der besagten Trainingsarbeit verbinden. Darüber hinaus machen sie transparent, welche flankierenden Maßnahmen in den Bereichen Schulorganisation, Lehrerfortbildung, Ressourcenbeschaffung, Leistungsbewertung, Konferenzarbeit, Elternarbeit etc. vonnöten sind, damit die anvisierte Methodenschulung breit und nachhaltig in Gang kommen kann.

Das Standardwerk unter den genannten Trainingshandbüchern ist das Buch „Methodentraining". Im Mittelpunkt dieses Buches steht die Vermittlung elementarer Lern- und Arbeitstechniken – angefangen bei vielfältigen Methoden der Informationsbeschaffung und -erfassung über zahlreiche Techniken der Informationsbearbeitung und -aufbereitung bis hin zu grundlegenden Methoden der Arbeits-, Zeit- und Lernplanung mit Schülerinnen und Schülern. Das Buch dokumentiert insgesamt 120 erprobte und bewährte Übungsbausteine für den Trainingsalltag sowie einen übergreifenden Vorschlag für eine konkrete Trainingswoche mit dem Schwerpunkt „Lern- und Arbeitstechniken einüben". Wohlgemerkt: Die Trainingsarbeit ist auf Dauer nur dann wirksam, wenn sie mit der konsequenten Methodenpflege in den Fächern verzahnt wird. Gleichwohl bilden die Trainings einen unverzichtbaren Grundstock für mehr Nachhaltigkeit und Kompetenzvermittlung im Fachunterricht.

Ähnliches gilt für die übrigen Trainingshandbücher im Beltz-Verlag. Sie betreffen zum ersten das fächerübergreifende „Kommunikations- und Präsentationstraining", zum zweiten das entsprechende „Teamtraining" sowie drittens das große Feld des Methodenlernens in den Grundschulen. Auch diese Bücher enthalten zwischen 50 und 110 Bausteinen zur Förderung grundlegender methodischer Fähigkeiten und Fertigkeiten der Schüler/innen. Sie erleichtern das Konzipieren und Ausgestalten einschlägiger Trainingswochen und bieten zudem konkrete Beispiele dafür, wie einzelne bewährte Trainingswochen abgelaufen sind – einschließlich der seinerzeit eingesetzten Schülerarbeitsmaterialien. Hilfe zur Selbsthilfe also. Gleichwohl bleiben die Spielräume für die Lehrkräfte groß, die Trainingswochen unterschiedlich zu akzentuieren und zu operationalisieren. Die in den Büchern dokumentierten Trainingsbausteine sind mögliche Module und keine fest zementierten Trainingsprogramme. Diese Offenheit und Gestaltbarkeit ist konstitutiv für die innerschulische Trainingsarbeit.

Ergänzt werden die angesprochenen Trainingshandbücher durch einige weitere „Mutmacher-Bücher" in Sachen Lehrerentlastung, Lehrerausbildung, Schulentwicklung und EVA im Fachunterricht (vgl. Klippert 2000, 2001, 2004 und 2006). Die Zielsetzung dabei: Wenn die praktischen Methodentrainings in Schule und Unterricht gelingen sollen, dann bedarf es zwingend unterstützender Rahmenbedingungen und Steuerungsmaßnahmen. Das betrifft Schulmanagement wie Lehrerausbildung, Lehrerentlastung wie Schülerqualifizierung. Die hehren Reformziele der Gegenwart drohen gerade daran zu scheitern, dass es in praxi an ermutigenden Rahmenbedingungen und Steuerungsaktivitäten der pädagogischen Führungsinstanzen mangelt. Diesem Dilemma wollen und sollen die besagten „Mutmacher-Bücher" entgegenwirken. Sie benennen die aktuellen Probleme des Lehreralltags, aber sie bleiben eben nicht dabei stehen. Sie zeigen Perspektiven auf und bieten reichhaltig Anregungen und Hilfen, wie sich der Schulunterricht mit alltagstauglichen Mitteln verbessern lässt.

4 Lernförderung durch gezieltes Schulmanagement

Die Umsetzung der skizzierten Lehr- und Lernkultur bedarf der Unterstützung durch eine entsprechendes Schulmanagement. Das beginnt bei der schulinternen Fortbildungs- und Jahresarbeitsplanung und reicht über die Sicherstellung lernfördernder Rahmenbedingungen, Teamstrukturen und Lehrmittel bis hin zur unterstützenden Eltern- und Öffentlichkeitsarbeit, die Lehrkräften Mut macht, ihre Lern- und Trainingsarbeit konsequent umzustellen bzw. weiterzuentwickeln. Fehlt dieses unterstützende Rahmenmanagement, so kann es für die engagierten Lehrkräfte unter Umständen recht schwierig werden, die skizzierte Förder- und Innovationsarbeit mit dem nötigen Nachdruck voranzutreiben. So gesehen sind ermutigende Weichenstellung der pädagogischen Führungskräfte wichtige Voraussetzungen für eine gelingende Unterrichtsentwicklung im Sinne des PASS-Programms.

4.1 Auf die Systematik kommt es an

Erfolgreiche Unterrichtsentwicklung braucht einen roten Faden, an dem sich Lehrkräfte, Schulleitungen und Schüler/innen zuverlässig entlang hangeln können. Dieser rote Faden fehlt bislang zumeist, wenn Schul- und Unterrichtsentwicklungsvorhaben gestartet werden. Die Folge: Vieles bleibt zufällig, punktuell, unverbindlich und deshalb auch relativ wirkungslos. Weder auf Schulleitungs- noch auf Lehrerseite bekommen die Verantwortlichen die Dinge so in den Griff, dass daraus ein Innovationsprozess aus einem Guss wird. Genau das aber ist erforderlich, wenn Nachhaltigkeit und Irreversibilität erreicht werden sollen. Wie bei einem Getriebe, so müssen die unterschiedlichen schulinternen Maßnahmen und Organisationsentscheidungen zahnradgleich ineinander greifen. Andernfalls entstehen Leerlauf, Unsicherheit, Halbherzigkeit und Wirkungslosigkeit bei den zuständigen Akteuren. Diese stringenten Handlungsvollzüge sind in Deutschlands Schulen bislang eher die Ausnahme und keinesfalls die Regel. Dementsprechend gelangen die wenigsten Lehrkräfte zu hinreichend tragfähigen Routinen im Bereich innovativer Unterrichtsgestaltung.

Das PASS-Programm bietet einen roten Faden. Das gilt sowohl für die innere Systematik der Lern- und Trainingsspiralen als auch für das schulinterne Innovationsmanagement. Diese Systematik begünstigt das Entstehen von Handlungsroutinen im besten Sinne des Wortes – auf Schülerseite wie auf Lehrerseite. Auch wenn bis dato vielleicht nicht alles ausgereift ist, so haben sich über die Jahre hinweg doch recht klare Handlungsfolgen herausgestellt, die bei der schulinternen Innovationsarbeit beachtet werden sollten (vgl. Abb. 29).

Abb. 29

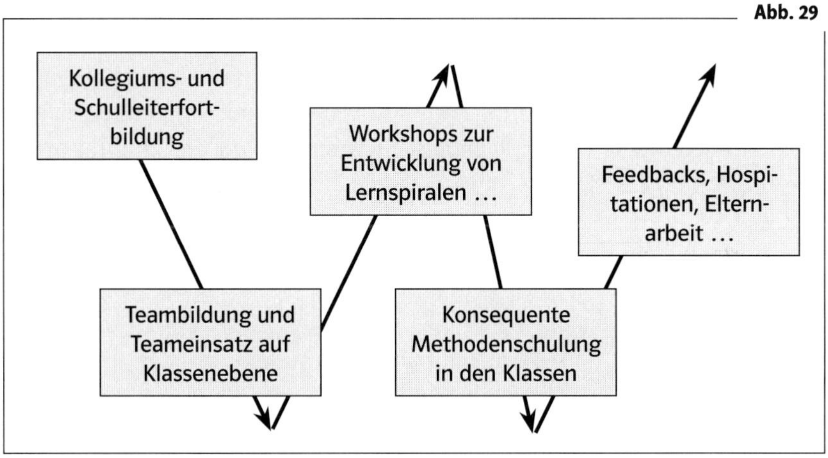

Wie sich aus Abbildung 29 ersehen lässt, schließt diese Handlungslogik ein, dass ausgehend von der differenzierten Lehrer- und Schulleiterfortbildung über die teamgestützte Erarbeitung und Archivierung einschlägiger Lernspiralen und Unterrichtsmaterialien erst im vierten Schritt die systematischen EVA- und Trainingsarbeit in Angriff genommen wird. Wer also einfach mal mit der einen oder anderen Lernspirale im Unterricht beginnt, der läuft Gefahr, dass das Ganze sehr schnell verpufft. Punktuelle Auflockerungen dieser Art richten zwar sicherlich keinen Schaden an; sie sind aber auch nur begrenzt geeignet, nachhaltige Lernförderung und Kompetenzerweiterung auf Schülerseite sicherzustellen. Vieles spricht vielmehr dafür, dass der an anderer Stelle bereits zitierte „Glühwürmcheneffekt" über kurz oder lang droht, da weder die Schüler/innen noch ihre Lehrkräfte zu hinreichend tragfähigen Routinen im Umgang mit der skizzierten EVA- und Methodenkultur gelangen.

Wer daher mehr als eine gelegentliche Auflockerung des alltäglichen Unterrichtsgeschehens erreichen möchte, der muss systematischer ansetzen und die grundständige Lehrerfortbildung an den Anfang stellen.

Darunter wird all das gefasst, was die pädagogischen Akteure mit den Besonderheiten der EVA- und Trainingsarbeit vertraut macht. Dazu gehört die Arbeit mit den Lern- und Trainingsspiralen genauso wie die Klärung der praktischen Umsetzungsarbeit in Schule und Unterricht. Die betreffende Lehrerfortbildung kann schulintern erfolgen und z.B. von Fortgeschrittenen geleitet werden. Sie kann aber auch mit einschlägigen externen Tagungen verbunden werden. Inwieweit sich das eine oder das andere anbietet, das hängt von den Gegebenheiten im jeweiligen Bundesland ab. In praxi sieht es häufig so aus, dass einzelne interessierte Lehrkräfte/Lehrerteams die Initiative ergreifen und das eine oder andere methodenzentrierte Seminarangebot auf die Beine stellen. Wichtig dabei: Die betreffenden Seminare sollten keine „Theorieseminare" sein, sondern in möglichst praxisnaher und handlungsbetonter Weise in das einführen, was den EVA- und Trainingsansatz auszeichnet.

Dieser Anspruch gilt nicht minder für die Schulleiterfortbildungen. Sie werden in der Regel regional organisiert, können bei größeren Systemen aber durchaus auch schulintern angesetzt werden. Im Mittelpunkt dieser Seminare steht die Entwicklung konkreter Innovationsfahrpläne bzw. strategischer Netzpläne für die jeweilige Schule (siehe unten). Entsprechende Leitfragen sind: Welche Maßnahmen sind wann vonnöten, damit die anvisierte Lern- und Kompetenzförderung überzeugend vorangetrieben werden kann? Wie werden die vorgesehenen Trainingstage im Jahresarbeitsplan der Schule platziert und wann bereiten welche Lehrkräfte diese Trainingstage vor? Und noch wichtiger: In welcher Weise werden die für den Fachunterricht benötigten Lernspiralen erarbeitet, archiviert, umgesetzt und nicht zuletzt für interessierte Eltern zugänglich gemacht? Diese und andere Fragen stehen im Mittelpunkt der schulorganisatorischen Überlegungen und Planungen der Führungskräfte.

Wer solche Fragen dem Zufall überlässt, hat oft schon verloren, bevor der Innovationsprozess ernsthaft in Gang kommt. Deshalb die frühzeitige Schulleiterfortbildung. Im Zentrum dieser Fortbildung steht die Entwicklung sogenannter *Netzpläne* für die Steuerung der schulinternen Innovationsarbeit (vgl. Abb. 30). Netzpläne haben die Besonderheit, dass die im Laufe eines Schuljahres anstehenden Maßnahmen übersichtlich fixiert und geordnet werden können. Gleichzeitig nötigen sie die zuständigen Führungskräfte dazu, die in Frage kommenden Aktivitäten sorgfältig zu sondieren und im Jahresverlauf so zu verzahnen, dass sich einigermaßen stimmige und praktikable Fahrpläne für die schulinterne Qualifizierungs- und Innovationsarbeit ergeben. Die Planungsprozeduren und -ergebnisse müssen gar nicht so professionell und differenziert ausfallen, wie das manche Netzplanexperten nahe legen. Die Hauptsache, es wird überhaupt mal vorausschauend und vernetzt geplant und disponiert.

Wie Abbildung 30 zeigt, lassen sich bei der Netzplanerstellung fünf verschiedene Handlungsebenen und Betroffenengruppen unterscheiden.

Abb. 30

Netzplan einer Schule (Auszug)

	September	Oktober	November	Dezember	Januar
Steuerungs-team	Teamsitzung Gespräch mit Personalrat	Teamsitzung	Teamsitzung	Teamsitzung Vorbereitung Elternabend	Teamsitzung Konferenz-vorbereitung
Lehrerteams	Fachwork-shops Trainingstage vorbereiten	Sitzungen der Klassenteams Gezielte Hospittionen	Trainingstage durchführen Tag der offenen Tür vorbereiten	Auswertung der Trainings-tage Fachwork-shops	Sitzungen der Klassen-teams
Schüler/innen	Unterrichts-versuche in verschiede-nen Fächern und Klassen (mit Hospita-tionen)	Programm-beratung der Gesamt-schülerver-tretung	Trainings-tage in allen 5. Klassen Trainingstage in Stufe 11	Vergleichs-arbeit in Jahrgang 5	Unterrichts-versuche in verschiede-nen Fächern und Klassen (mit Hospi-tationen)
Gesamt-kollegium	„Schnupper-tag“ zur lau-fenden Inno-vationsarbeit		Partiell Ver-tretungs-unterricht während der Trainingstage		Gesamtkon-ferenz zum bisherigen Innovations-prozess
Eltern u.a.	Elternabende zum „Neuen Lernen“ (2,5 Std.)	Info-Veranstal-tung für Vertreter regionaler Betriebe	Eltern können am 3. Trai-ningstag hospitieren	Vortragsveran-staltung zur neueren Hirnforschung	Schulaus-schusssitzung zum „Neuen Lernen“

Das sind erstens die Führungskräfte der betreffenden Schulen (Steuerungsteams), zweitens die aktiven Lehrerteams auf Klassen- wie auf Fachebene, drittens das Gesamtkollegium als Großverband, viertens die von der Innovationsarbeit direkt tangierten Schülergruppen sowie fünftens die Elternschaft der jeweiligen Schule. Die Aufgabe der Netzplanentwickler ist es nun, detailliert abzuklären und festzulegen, wer, wann von welcher Maßnahme in welcher Weise tangiert wird. Dazu gibt es entsprechende *Netzplankarten* im DIN-A5-Format, die üblicherweise vier getrennte Notizfelder aufweisen. In diese vier Felder wird eingetragen, was, wann und wo ansteht und wer für die Realisierung der betreffenden Maßnahme offiziell verantwortlich zeichnet. Auf diese Weise werden nicht nur klare Regelungen geschaffen, sondern es werden auch und vor allem eindeutige Zuständigkeiten und Verbindlichkeiten festgelegt – ein Schritt, der in vielen deutschen Schulen versäumt wird. Fehlen solche Festlegungen, dann besteht unweigerlich die Gefahr, dass sich einzelne Kollegiumsmitglieder schnell herausreden können, wenn verabredet Maßnahmen nicht oder nur mangelhaft ausgeführt werden. Alle sind zwar irgendwie mitverantwortlich, aber keiner trägt so richtig die Kernverantwortung. Diese Verwaschenheit ist der Grund dafür, warum in vielen deutschen Schulen zwar eine Menge Vorsätze und Pläne entwickelt werden, deren verbindliche Umsetzungsarbeit aber häufig im Argen liegt.

Von daher sind Netzpläne und Netzplankarten wichtige und hilfreiche Steuerungsinstrumente, damit die anstehende Innovationsarbeit möglichst systematisch und verbindlich über die Bühne gehen kann. Netzpläne helfen, dass sich die Verantwortlichen rechtzeitig darüber klar werden müssen, wie eine konzertierte Vorgehensweise im Schulalltag aussehen soll und welche Interdependenzen dabei zu beachten sind. Ist z.B. eine Trainingswoche mit Schüler/innen für die vierte Woche des neuen Schuljahres geplant, dann hat das u. a. zur Folge, dass die Vorbereitung der betreffenden Lehrerteams in der Regel noch vor den Sommerferien laufen muss und außerdem ein einführender Elternabend zu planen ist, der ca. 14 Tage vor dem Schülertraining stattfinden sollte. So gesehen hängt eines vom anderen ab. Dementsprechend muss vernetzt geplant und terminiert werden. Diese mittelfristige Netzplanerstellung ist Sache des erwähnten Steuerungsteams bzw. der Schulleitung. Eine generelle inhaltliche und zeitliche Festlegung von außen ist nicht möglich.

Welche Handlungsebenen und -folgen dabei zu bedenken sind, lässt sich ansatzweise aus Abbildung 29 ersehen. Danach schließt sich an die besagte Fortbildung der Lehrkräfte und der Schulleitungsmitglieder der Ausbau der schulinternen Teambildung und Teamarbeit an. Warum? Weil konsequente Lehrerkooperation eine zentrale Stütze der konzertierten EVA- und Trainingsarbeit in den Klassen ist. Nachhaltige Lern- und Kompetenzförderung setzt unabdingbar voraus, dass möglichst viele Lehrkräfte an einem Strang ziehen. Je mehr sie das schaffen, desto größer ist die Chance, dass die anvisierten neuen Lehr- und Lernverfahren tatsächlich Platz greifen. Ihren konkreten Niederschlag findet die Teamarbeit auf Klassen- wie auf Fachebene. Die entsprechenden Klassen- und Fachteams haben differenzierte Aufgaben und Zuständigkeiten im Prozess der Unterrichtsentwicklung. Während die Klassenteams u. a. für Trainingswochen, Sitzordnung und Klassenraumgestaltung zuständig sind, kümmern sich die Fachteams z.B. ausgeprägt darum, die nötigen fachbezogenen Lernspiralen, Materialien, Leistungstests etc. zu entwickeln und einzusetzen.

Beide tragen sie darüber hinaus Verantwortung für die Workshops – das dritte Modul im Rahmen des aus Abbildung 29 ersichtlichen Innovationsfahrplans. Die Workshops dienen der Sondierung und/oder Entwicklung einschlägiger Lernspiralen bzw. Trainingsspiralen für die praktische Unterrichtsarbeit. Sie rekurrieren auf vorliegende Lehr- und Lernmittel der Verlage und geben zudem Raum für die arbeitsteilige Präzisierung und Operationalisierung der anstehenden Kompetenzförderung in den Klassen. Diese Kompetenzförderung ist laut Abbildung 29 das vierte und wichtigste Modul des vorgeschlagenen Innovationsmanagements. Sie umfasst die Umsetzung von Lernspiralen und Trainingsspiralen, von Methodentraining und Methodenpflege. Grundsätzlich gilt: Je konsequenter und regelmäßiger diese Lern- und Förderarbeit praktiziert wird, desto größer ist erfahrungsgemäß die Wahrscheinlichkeit, dass die Schüler/innen stabile Kompetenzen, Erfolge und Motivationen entwickeln, die eine positive längerfristige Lernentwicklung begründen.

Flankiert wird diese unterrichtliche Umsetzungsarbeit von gelegentlichen Hospitationen und Unterrichtsbesprechungen der Lehrkräfte. Das Ziel dabei: Die Lehrkräfte sollen sich wechselseitig informieren und vergewissern, was gut läuft und was noch zu verbessern ist. Das schließt

Elternabende, Elterngespräche und Elternhospitationen mit ein. Diese fünfte Station des vorgeschlagenen Innovationsprozesses (vgl. Abb. 29) macht indes erst dann Sinn, wenn gewisse Vorkehrungen in Sachen Lehrerfortbildung, Teambildung, Workshoparbeit, Materialentwicklung, Methodentraining und Methodenpflege in den Fächern getroffen worden sind. Diese Verzahnung und Systematisierung muss keinesfalls perfekt sein. Sie muss nur im Blick sein und immer wieder bedacht werden. Wer z.B. Unterrichtsbesprechungen, Unterrichtsevaluationen oder Elternhospitationen ansetzt, ohne dass zuvor konsequente Methodenschulung und Workshoparbeit betrieben wurden, der muss sich nicht wundern, wenn die ausgelösten Aktivitäten eher unbefriedigend und unwirksam bleiben. Der fünfte Schritt darf eben nicht vor dem dritten und der dritte nicht vor dem ersten gemacht werden. Das PASS-Programm unterstützt die Bemühungen um ein stimmiges Innovationsmanagement.

4.2 Die Schulleitung als Wegbereiter

Wie im letzten Abschnitt angedeutet, sitzt die Schulleitung an den Schalthebeln der Unterrichtsentwicklung. Sie kann planvoll steuern oder die Dinge auch nur laufen lassen. Sie kann glaubwürdige Unterstützung gewähren oder lediglich „Schaufensterpolitik“ betreiben, um der Schulöffentlichkeit mit vordergründigem Aktionismus zu imponieren. Sie kann innerschulische Teamarbeit unterstützen oder teaminteressierte Lehrkräfte eher blockieren. Kurzum: Schulleitungen haben es ganz maßgeblich in der Hand, den hier in Rede stehenden Innovationsprozess zu beschleunigen oder eben auch abzubremsen, den Lehrkräften Mut zu machen oder eben auch Frust dadurch zu bereiten, dass sie bei jeder sich bietenden Gelegenheit das Lied von den unbeeinflussbaren Sachzwängen und Restriktionen von außen und oben anstimmen. Und natürlich können die Schulleitungen auch schnell mal zum „Buhmann“ erklärt werden, wenn die Dinge nicht so laufen, wie das manche Lehrkräfte im Kollegium gerne hätten. So gesehen sind Schulleitungen nicht nur Auslöser, sondern oft genug auch Opfer schulinterner Innovationspannen und Schuldzuweisungen.

Soll sich an dieser schulinternen Blockadesituation etwas ändern, dann müssen die Schulleitungen anders ansetzen und mutiger Unterstützung gewähren. Die Lehrpersonen können noch so engagiert und kreativ sein – wenn sie die intendierte Lern- und Kompetenzförderung tatsächlich zum Erfolg führen sollen, dann brauchen sie zwingend mehr Rückenstärkung durch die Schulleitungen. Egal, ob es um Fragen der Fortbildungsteilnahme, der Teambildung oder der Workshoparbeit geht; egal auch, ob Trainingswochen, Doppelstunden, Teamfreistellungen, Teamteaching, Entlastungsstunden, Ressourcenumschichtungen oder andere strategische Maßnahmen mehr zur Disposition stehen – stets müssen die betreffenden Führungskräfte mitspielen und grünes Licht geben. Ja mehr noch: Sie müssen oft sogar schlitzohrige Lösungen suchen und einfädeln, damit Dinge zum Laufen gebracht werden können, die ansonsten eher unüblich waren und sind. Deshalb: Clevere und gutwillige Schulleitungen tragen entscheidend dazu bei, dass ein fruchtbares Innovationsklima entsteht.

Wie die Erfahrungen in Hunderten von Schulen verdeutlichen, verläuft die Umsetzung des PASS-Programms um so reibungsloser und erfolgreicher, je besser es der jeweiligen Schulleitung gelingt, …

- für innovationsfördernde Rahmenbedingungen zu sorgen (Freistellung, Teambildung etc.) sowie die Erarbeitung/Anschaffung hilfreicher Lehr-, Lern- und Arbeitsmittel tatkräftig zu unterstützen (Arbeitshefte, Nachschlagewerke, Verbrauchsmaterialien, Pinnwände etc.);
- eine frühzeitige und stringente Netzplanentwicklung sicherzustellen und so zu dokumentieren, dass das vorgesehene Innovationsprozedere für Eltern, Schüler und Lehrkräfte überzeugend transparent wird;
- die Bildung arbeitsfähiger Klassen- und Fachteams zu initiieren und deren Arbeit durch feste Zeitfenster und gezielte Entlastungsregelungen so zu unterstützen, dass die Mitarbeit für alle Beteiligten befriedigend verläuft;
- verbindliche Absprachen im Kollegium zu erreichen und die entsprechenden Verfahrensweisen so zu institutionalisieren, dass der Implementierung der abgesprochenen Innovationsmaßnahmen der nötige Nachdruck verliehen wird;
- die Umsetzung der vorgesehenen Innovationsmaßnahmen kritisch zu begleiten und im Bedarfsfall etwaige Versäumnisse einzelner Personen und/oder Gruppen anzusprechen, die den intendierten Reformprozess gefährden könnten;
- etwaige Widerstände gegenüber dem Reformprogramm frühzeitig

wahrzunehmen und durch ebenso behutsame wie zielgerichtete Interventionen so abzufangen, dass alle Beteiligten gut damit leben können (Win-Win-Prinzip);
- verbindliche Evaluationsmaßnahmen auf Klassen- und Schulebene in die Wege zu leiten und die dabei herauskommenden Ergebnisse so zu kommunizieren, dass sich alle Beteiligten angemessen informiert und/oder gewürdigt fühlen;
- die Archivierung und Weitergabe des entstehenden Innovations-Know-Hows sicherzustellen und tatkräftig dazu beizutragen, dass überzeugende Beispiele in Sachen Arbeitsökonomie und Lehrerentlastung gefunden und ins Blickfeld gerückt werden;
- in ehrlicher Weise Lob und Anerkennung zu signalisieren und insbesondere diejenigen zu ermutigen, die sich mit besonderem Engagement für die Implementierung der neuen Lehr-, Lern- und Trainingsverfahren einsetzen.

So gesehen ist die Rolle der Schulleitung im Innovationsprozess eine recht anspruchsvolle. Erfolgreiche Führungskräfte sind Ermutiger und Problemlöser, Unterstützer und Wegbereiter Gestalter und keine Verwalter. Sie halten sich an Recht und Gesetz, scheuen andererseits aber auch nicht davor zurück, die vorhandenen kreativen Spielräume couragiert zu suchen und zu nutzen. Sie neigen zum Anpacken und weniger zum Vorbringen immer neuer Bedenken. Die Crux ist nämlich: Wer zu oft Bedenken äußert und vorrangig danach sucht, warum etwas *nicht* geht, der muss sich nicht wundern, wenn sich die gleiche Mentalität in den Kollegien breit macht und am Ende tatsächlich kaum noch was geht. Nicht wenige Lehrkräfte warten nämlich nur darauf, dass ihnen das Alibi geliefert wird, alles beim Alten lassen zu können. Soll dieser Mentalität wirksam entgegengetreten werden, dann müssen Schulleiterinnen und Schulleiter mit gutem Beispiel vorangehen, d. h., sie müssen das jeweilige Innovationsfeld – hier PASS – nicht nur gut kennen, sondern von der anstehenden Innovationsaufgabe auch möglichst nachhaltig überzeugt sein und entsprechend überzeugend operieren. Denn nur dann können sie andere gewinnen und ermutigen. An dieser Innovationsmentalität muss in Deutschlands Schulen noch kräftig gearbeitet werden.

4.3 Workshops als Schlüsselelement

Das Schwungrad der Unterrichtsentwicklung sind die Workshops. Egal, ob auf vorliegende Lehr- und Lernmittel der gängigen Verlage zurückgegriffen wird oder ob die Eigenentwicklung von Materialien für die Unterrichts- bzw. Trainingsarbeit im Vordergrund steht, stets müssen sich die betreffenden Klassen- oder Fachteams in die jeweilige fachliche wie methodische Materie einarbeiten können. Das gilt vor allem seit Einführung der neuen Bildungsstandards, die zwingend verlangen, dass Lehrkräfte ihr traditionelles Unterrichtsskript überdenken und die in der Schublade liegenden Unterrichtsvorbereitungen methoden- und kompetenzorientiert umschreiben. Ein „Weiter so!“ ist unter diesen Vorzeichen weder anzuraten noch angezeigt, sondern führt bestenfalls dazu, dass man mit den Erwartungen von Eltern, Schüler/innen und/oder Schulinspektoren zunehmend in Kollision gerät. Von daher ist die Institutionalisierung regelmäßiger Workshops zur Erarbeitung geeigneter Lernspiralen, Trainingsspiralen und Schülerarbeitsmaterien ein Gebot der pädagogischen Vernunft. Das haben viele Lehrkräfte zwar noch nicht so richtig gemerkt, abwegig ist diese Einschätzung deshalb jedoch nicht.

Die Vorteile der Workshops für die beteiligten Lehrkräfte liegen auf der Hand. Die gemeinsame Workshoparbeit sorgt in wohltuender Weise dafür, dass die methodische Kreativität der Teilnehmer/innen wächst. Fällt einem persönlich im häuslichen Arbeitszimmer zumeist nur das ein, was man schon immer gemacht hat, so geben die Workshops Gelegenheit, dass verschiedene Ideen und Sichtweisen zusammenkommen. Das wirkt inspirierend und ermutigend. Hinzu kommt, dass unterschiedliche Materialien und Praxiserfahrungen auf den Tisch gelangen, die den pädagogischen Horizont der einzelnen Workshopsteilnehmer/innen weiten. Das begünstigt Arbeitsteilung und trägt dazu bei, dass ein deutlich vergrößerter Materialpool entsteht, auf den wahlweise zurückgegriffen werden kann. Der eine bringt diese Materialien und Lernspiralen ein, der andere hat vielleicht jene Funde und Angebote zu offerieren. In Summe können davon alle nur profitieren. Diese wechselseitige Bereicherung und Bestärkung ist gerade dann wichtig, wenn es gilt, Neuland zu betreten. Und das ist bei der Umsetzung der skizzierten Lern- und Trainingsverfahren in nicht unerheblichem Maße der Fall.

Die Workshoparbeit hat aber noch weitere Pluspunkte. Sie trägt u. a. wesentlich dazu bei, dass eine konzertierte Aktion auf Fach- und/oder Klassenebene auf die Beine gestellt werden kann. Damit ist die gemeinsame Einführung und Umsetzung bestimmter methodischer und inhaltlicher Standards gemeint, die jede Lehrperson für sich in der Regel nur schwer implementieren kann. Zu groß ist nämlich die Gefahr, dass die betreffenden Schüler/innen unsicher und/oder widerspenstig werden, wenn die vertrauten (rezeptiven) Verfahren verlassen und anspruchsvollere Lernspiralen und Arbeitsprozesse eingeführt werden. Diese Verunsicherung gilt um so mehr, als die Schüler/innen bei einer einzelnen Lehrkraft zwangsläufig zu selten auf die besagten Lehr- und Lernverfahren treffen und deshalb zu wenig in Fluss kommen können. Dafür sorgt allein schon der zerstückelte Unterricht mit seinen relativ geringen Wochenstundenanteilen für die einzelnen Lehrkräfte – Grund- und Förderschulen ausgenommen. Wenn also Lehrkräfte in ihren Klassen tatsächlich nachhaltige Wirkungen sicherstellen möchten, dann müssen sie sich – wo immer das geht – verbünden und konzertierte Vorgehensweisen verabreden. Die Workshops bieten dazu eine bewährte Plattform.

Die Workshoparbeit selbst sieht in der Regel so aus, dass interessierte Lehrerteams von Zeit zu Zeit zusammenkommen, um die benötigten Spiralen und Unterrichtsmaterialien zu erarbeiten bzw. abzustimmen,

Abb. 31

Raster zur Planung von Lernspiralen

Arbeitsschritte	Sozialformen	Zeitbedarf	Lernaktivitäten der Schüler (EVA)	Arbeitsmaterial	Merkposten zur Vorbereitung	Geförderte Kompetenzen
1						
2						
3						
4						
5						
6						
7						

sofern bereits welche vorliegen. Die Workshopdauer beträgt meist zwei Stunden und sollte so genutzt werden, dass am Ende wirklich klar ausgearbeitete Lernspiralen und Materialien für den konkreten Unterrichtseinsatz vorliegen und abgestimmt sind. Vage Planungsnotizen und Absprachen sollten tunlichst vermieden werden, da sie in aller Regel dazu führen, dass die verabredeten Ausarbeitungen in der Hektik des Tagesgeschäfts dann doch untergehen und versäumt werden. Das ist und bleibt unbefriedigend für alle, die sich die beiden Stunden aus ihrem Zeitbudget herausgeschnitten haben. Befriedigend ist die Workshoparbeit hingegen immer dann, wenn zügig, verbindlich, produktbezogen und standardorientiert gearbeitet und Unterrichtsvorbereitung betrieben wird.

Welche Standards dabei gelten können, zeigt Abbildung 31. Das abgebildete Planungsraster umreißt präzise, wie die Vorbereitung und Dokumentation der fachspezifischen Lernspiralen vonstatten geht. Das gleiche Raster liegt übrigens den bei Klett erscheinenden Lehrerheften zugrunde (vgl. Abschnitt II.2.9). Nachdem das jeweilige Lehrplan- bzw. Kernthema in unterschiedliche Arbeitsfelder der Schüler/innen aufgeteilt ist, gehen die Workshopteilnehmer/innen daran, das eine oder andere Arbeitsfeld detailliert als Lernspirale auszuarbeiten. Dabei empfiehlt sich Tandemarbeit, da dann mehrere Lernspiralen zeitgleich erarbeitet werden können, was dem Gesamtoutput des jeweiligen Fachteams zugute kommt. In praxi tendieren zwar viele Lehrkräfte dahin, als Großgruppe zusammenzubleiben und mehr oder weniger langwierige und konfliktreiche didaktische und pädagogische Debatten zu führen; diese Zeitvergeudung lässt sich allerdings vermeiden. Wie? Indem von vornherein klare Arbeitstakte und arbeitsteilige Tandemarbeiten verabredet und durch gruppeninterne „Regelwächter" mit entsprechendem Nachdruck eingefordert werden. Andernfalls ist die Kritik an der Effektivität der Workshoparbeit programmiert – und dies durchaus zu Recht.

Will man effektive Workshoparbeit sicherstellen, so ist zwingend auf verschiedene Prämissen zu achten. Einige davon sind bereits genannt worden, nämlich: Fester Zeitrahmen, Arbeitsteilung, klare Planungsraster und Datenerfassung (vgl. Abb. 31), Tandemlösung, verbindliche Produktorientierung sowie Minimierung der didaktischen Grundsatzdebatten. Hinzu kommt, dass jeder Workshop letztlich nur so erfolgreich sein kann, wie die Vorbereitung und die Vorabsprachen, die vorangehen. Workshops, die von den Teilnehmer/innen ad hoc ausgefüllt werden, bleiben meist unbefriedigend, da sich Improvisation und Outputsicherung selten sinnvoll verbinden lassen. Von daher ist es dringend notwendig, im Vorfeld der Workshops präzise abzusprechen, welches Lehrplanthema dran ist, welche Arbeitsfelder vorgesehen sind (vgl. die Makrospirale in Abschnitt II.2.3), wer verbindlich teilnimmt und welche Lern- und Arbeitsmittel mitgebracht werden müssen. Außerdem ist es ratsam, die Workshops mit einer gewissen Regelmäßigkeit durchzuführen und ein festes Zeitfenster vorzusehen – z.B. jeden ersten Mittwoch im Monat mit Ausnahme der Ferienzeiten.

Solche Festlegungen schaffen nicht nur Verbindlichkeit; sie begünstigen auch und zugleich das Entstehen hilfreicher Automatismen. Letzteres gilt nicht zuletzt im Hinblick auf das anzuratende schulinterne Methodencurriculum. Wenn die Methodenschulung tatsächlich Hand und Fuß bekommen soll, dann bedarf es klarer Festlegungen, welche Methoden in welchen Jahrgangsstufen schwerpunktmäßig trainiert und fachspezifisch gepflegt werden sollen. Ist diese Regelung ins Belieben einer jeden einzelnen Lehrperson gestellt, dann ist die Gefahr groß, dass weder pointiert noch systematisch genug verfahren wird. Ein schulintern vereinbartes Methodencurriculum kann dieser Beliebigkeit entgegenwirken. Die Workshops bieten den Rahmen, um solche Curricula vorzubereiten und abzustimmen. Darüber hinaus geben sie Raum für Evaluationsplanungen und -gespräche in Verbindung mit der Umsetzung der vorliegenden Lernspiralen. So gesehen haben die Workshops nicht nur viele Funktionen; sie bieten auch beträchtliche Chancen für eine nachhaltige Klärungsarbeit im Kollegium.

4.4 Materialarchivierung und -transfer

Die schulintern erarbeiteten Lernspiralen/Materialien müssen gezielt archiviert und transportiert werden. Andernfalls verbleiben sie im Privatbesitz einzelner Lehrkräfte und gehen damit als wirksame Hilfen und Anregungen für andere Mitglieder des Kollegiums verloren. Das Tragische dabei: Jede Lehrkraft muss stets aufs Neue ran, wenn bestimmte Lernaufgaben und/oder -verfahren vorzubereiten und durchzuführen sind. Von Arbeitserleichterung keine Spur. In vielen Schulen wird genau dieser Fehler begangen und der Privatisierung der Unterrichtsvorbereitungen keinerlei Riegel vorgeschoben. Letzteres ist natürlich immer dann schwer, wenn Lehrkräfte ihre Unterrichtsvorbereitung völlig auf sich alleine gestellt gemacht haben. Von daher sind die oben skizzierten Workshops ein erster wichtiger Schritt, um von der Privatisierung des unterrichtlichen Know-hows zu seiner wirksamen „Sozialisierung" zu gelangen. Denn das, was in den Workshops entwickelt wird, steht selbstverständlich allen zur Verfügung.

Ob dieses „Gemeingut" den interessierten Lehrkräften der jeweiligen Schule tatsächlich zugänglich ist, hängt vornehmlich von zwei Bedingungen ab: Erstens müssen die erarbeiten Lernspiralen und Materialien so archiviert werden, dass sie von den jeweiligen Interessenten rasch abgerufen und verstanden werden können. Und zweitens muss dafür gesorgt werden, dass die für bestimmte Jahrgangsstufen entwickelten Lehr- und Lernmittel jahrgangsübergreifend präsent gehalten und in den Blick gebracht werden. In praxi zeigt sich nämlich immer wieder, dass viele nachrückende Lehrkräfte gar nicht auf die Idee kommen, in irgendwelchen Ordnern oder sonstigen Archiven der Schule nach vorliegenden Unterrichtsvorbereitungen und -materialien zu suchen, geschweige denn diese zu nutzen. Dieses vertikale Transferproblem ist genauso zu lösen wie das Problem der übersichtlichen, rasch nutzbaren Materialarchivierung innerhalb der Schule. Zu beiden Problemfeldern liegen inzwischen recht ermutigende und wegweisende Lösungsansätze und Erfahrungswerte vor.

Bewährt hat es sich, allgemein zugängliche Archivierungssysteme aufzubauen und diese so zu standardisieren, dass sie von Erstnutzern leicht zu durchschauen und zu gebrauchen sind. Hierbei lassen sich drei Archivierungsverfahren unterscheiden, die sich in den Schulen in unterschiedlicher Ausprägung finden: Erstens die konventionelle Ablage der erstellten Unterrichtshilfen in gut zugänglichen DIN-A4-Ordnern, zweitens ihre Aufbewahrung in speziellen „Hängeregister-Wagen" sowie drittens ihre übersichtliche Erfassung und Speicherung mittels PC und Word-Programm. Dem letzteren Weg gehört sicherlich die Zukunft, zumal sich die in diesem Buch dokumentierten Lernspiral-Raster leicht als Word-Dateien aufbereiten lassen (vgl. die Abbildungen 31 und 19). Aber auch die beiden erstgenannten Verfahren haben durchaus ihre Berechtigung – vorausgesetzt, sie werden mit der nötigen Akribie betrieben. Am schwierigsten ist es erfahrungsgemäß mit dem Ordnersystem – vor allem dann, wenn die Materialien gelocht werden müssen. Das kann schnell unübersichtlich werden. Wesentlich übersichtlicher ist dagegen der „Hängeregister-Wagen“. Dieses Archivierungsinstrument zeichnet sich dadurch aus, dass eine ganze Reihe von Mappen nach Fächern und Jahrgangsstufen geordnet in den jeweiligen Wagen eingehängt werden. Ordnet man den Fächern und Jahrgangsstufen unterschiedliche Farben zu, so lässt sich ein recht übersichtliches Ordnungssystem schaffen. Hierbei ist es gleich, welche Formate die eingelegten Materialien haben.

Der große Vorteil der PC-Archivierung ist, dass man mit standardisierten Rastern arbeiten kann. Mit Rastern, die nicht nur übersichtlich und leicht verständlich sind, sondern auch das unverkennbare Plus haben, dass sie die rasche Eingabe der vorgesehenen Arbeitsschritte, Materialien, Kompetenzen etc. erlauben (vgl. Abb. 31). Da außerdem kurz und bündig formuliert werden muss, kann die Datenerfassung höchst rationell gestaltet werden. Das Besondere des Rasters: Der immer gleiche Aufbau der Lernspiralen sowie die häufige Wiederkehr ähnlicher Formulierungen macht es den späteren Nutzern leicht, die betreffenden Lernspiralen innerhalb kürzester Zeit zu verstehen und im eigenen Unterricht zu verwenden. Diese Standardisierung und Rationalisierung des Archivierungsverfahrens ist eine entscheidende Voraussetzung dafür, dass eine breite Nutzung erreicht wird. Bisher ist genau dieses die Achillesverse der gängigen Unterrichtsdokumentationen. Sie werden in der Regel deshalb so wenig genutzt, weil ein unbefangener Leser häufig mehr Zeit für den Nachvollzug als für das eigenhändige Erstellen der betreffenden Unterrichtsvorbereitung braucht.

Wird bei den Workshops zudem darauf geachtet, dass die Lernspiralen direkt in die vorbereiteten PC-Raster übertragen werden, dann erleichtert dieses vieles. Wird außerdem sichergestellt, dass die zugehörigen Schülerarbeitsmaterialien entweder in der betreffenden Spalte des Rasters (vgl. Abb. 31) präzise benannt oder aber als komplettes Attachement unmittelbar angehängt werden, dann kann eine höchst zeitökonomische Unterrichtsvorbereitung und -multiplizierung auf den Weg gebracht werden. Diejenigen, die die Lernspiralen und Materialien erstellen, sparen mit ein wenig Übung eine Menge Zeit; und diejenigen, die als Zweitnutzer damit arbeiten möchten, können ebenfalls sehr zügig und verständnisvoll darauf zurückgreifen. Dieser Grundsatz der Rationalisierung hat in die Schulen bislang noch viel zu wenig Einzug gehalten. Anders als etwa im technischen Bereich, sind die meisten Lehrkräfte nach wie vor darauf programmiert, fernab jedweder Normung und Typung ihre ganz persönliche Unterrichtsvorbereitung zu bewerkstelligen, die für die meisten anderen Lehrkräfte in der Regel ein Buch mit sieben Siegeln bleibt. Hier setzt die skizzierte PC-Archivierung ganz bewusst einen Kontrapunkt, damit endlich ein Mehr an Arbeitsteilung und Arbeitsökonomie in die Schulen Einzug hält.

Trotzdem ist die breite Nutzung der so archivierten Lernspiralen und Materialien noch lange nicht garantiert. Viele Lehrkräfte kommen erfahrungsgemäß erst gar nicht auf die Idee, den betreffenden Schul-PC heranzuziehen und darin nach themenzentrierten Lernspiralen für den eigenen Unterricht zu suchen. Sie werkeln irgendwie vor sich hin, obwohl sie die betreffenden Lehr- und Lernhilfen an anderer Stelle relativ passgenau und praxiserprobt abrufen könnten. Was verursacht diese Zurückhaltung? Beobachtungen und Gespräche in zahlreichen Schulen haben gezeigt, dass die archivierten Materialien allein noch wenig bewirken. Sie bleiben den meisten Lehrkräften trotz aller Standardisierung solange fremd, solange keine konkrete Heranführung erfolgt ist. Von daher empfiehlt es sich dringend, im Interesse eines verbesserten vertikalen Know-how-Transfers Hersteller und Abnehmer der archivierten Unterrichtshilfen zusammenzuführen. Sei es nun im Rahmen spezifischer Teambesprechungen auf Klassen- und/oder Jahrgangsebene oder sei es auch anlässlich der jährlichen Bildung der Klassenteams in den Schulen.

Das gewonnene Know-how muss schulintern so kommuniziert werden, dass andere Lehrkräfte darauf aufmerksam werden und damit etwas anfangen können. Das heißt: Es muss erstens erfahrene und überzeugende Multiplikatoren und „Übersetzer“ geben; und es müssen zweitens geeignete Anlässe und Gelegenheiten innerhalb der Einzelschule geschaffen werden, die diese „Vermittlungsarbeit“ gewährleisten. Dazu bieten sich u.a. folgende Strategien an:

- *Tutorensysteme aufbauen:* Damit ist gemeint, dass innovationserfahrene und eher unerfahrene Lehrkräfte zusammengeführt werden. Diese Zusammenführung kann z.B. so aussehen, dass Lehrer/innen, die in der Jahrgangsstufe fünf mit innovativen Lehr- und Lernverfahren gearbeitet haben, im nächsten Jahr als „Tutoren“ in die eine oder andere neue fünfte Klassen gehen, um den „Newcomern“ das erworbene Know-how einfühlsam weiterzugeben. Sie arbeiten zwar weiterhin als Fachlehrer/innen in der sechsten Klasse, überlassen die dortigen Reformaktivitäten aber vorrangig den anderen Kolleg/innen. Den gleichen Stabwechsel kann man natürlich auch in anderen Jahrgangsstufen in die Wege leiten.

- *Hospitationen organisieren:* Eine zweite Möglichkeit des Know-how-Transfers bietet das Instrument des Hospitationen. Damit ist gemeint, dass innovationserfahrene Lehrkräfte von Zeit zu Zeit Hospitationsangebote für interessierte „Anfänger" unterbreiten. Dabei geht es darum, nähere Einblicke in die unterrichtliche Umsetzung einzelner Lernspiralen zu gewähren. Diese Hospitationsangebote können sporadisch erfolgen. Sie können aber auch mit gewisser Regelmäßigkeit auf der Tagesordnung stehen (z.B. erster Schultag im Monat). Gezielte Aushänge oder Rundbriefe können die Hospitationsnutzung unterstützen.
- *Workshops einrichten:* Ein weiterer Ansatz zur Know-how-Vermittlung ist die erwähnte Workshoparbeit. Indem innovationserfahrene und -unerfahrene Lehrkräfte bei der Erstellung bestimmter Lern- und/oder Trainingsspiralen zusammenarbeiten, werden nicht nur Erfahrungen und Anregungen weitergegeben; es werden auch vielfältige Gespräche geführt, die den „Newcomern" helfen, Unsicherheit abzubauen, Motivation zu entwickeln und die eigene methodische Kreativität zu steigern.
- *Schulinternes Methodentraining:* Das angesammelte methodische Know-how kann natürlich auch dadurch weitergegeben werden, dass einzelne Lehrkräfte schulinterne „Schnupperseminare" zum Methodentraining anbieten – Kommunikations- und Teamtraining mit eingeschlossen. Typisch für diese Veranstaltungen ist die Simulation durchgeführter Schülerübungen. Diese angeleiteten Schnuppertrainings finden in der Regel nachmittags statt und dauern zwischen zwei und drei Stunden.
- *Regelmäßige Unterrichtsbesprechungen:* Diese begünstigen den Know-how-Transfer insofern, als sie die auf der Stufe unterrichtenden Fachlehrer/innen immer wieder dazu veranlassen, sich über durchgeführte Lernspiralen auszutauschen sowie auftretende Fragen und Probleme zu besprechen. Gleiches gilt für etwaige Trainingstage, an deren Ende die Reflexion der eingesetzten Trainingsspiralen und -materialien steht. Wichtig hierbei sind Regelmäßigkeit und personelle Kontinuität.

4.5 Veränderte Lehr- und Lernräume

Zur erfolgreichen Umsetzung der skizzierten Lernspiralen gehört u.a. eine entsprechende Sitzordnung. Die gängige Omnibussitzordnung ist denkbar schlecht geeignet, um flexibel Gruppenar-beit, Partnerarbeit, Stuhlkreise, Doppelkreise, Stationengespräche oder Stehpräsentationen vor der Tafel zu arrangieren. Zu lange dauert es, bis die Schüler/innen alles umgeräumt haben; und zu groß ist die Gefahr, dass das entstehende Durcheinander zu überzogener Unruhe und Un-aufmerksamkeit führt. Viele Lehrkräfte ziehen daher zahlreiche kommunikations- und kooperationszentrierte Methoden erst gar nicht ernsthaft in Erwägung. Genau diese aber sind notwendig, wenn das spiralförmige Arbeiten und Lernen der Schüler/innen verstärkt Platz greifen soll. Denn Lernspiralen schließen den konsequenten Wechsel von Einzelarbeit, Partnerarbeit, Gruppenarbeit und Plenararbeit mit ein und damit natürlich auch den Einsatz unterschiedlichster Kommunikations-, Kooperations- und Präsentationsarrangements. Wird dieses Wechselspiel aufgrund einer zementierten Frontalsitzordnung verhindert, so werden gleich mehrere Vorzüge der Lernspiralen ausgehebelt. Das beginnt beim Helferprinzip und reicht über den Wegfall gegenseitiger Kontrollen und Erziehungsmaßnahmen der Schüler/innen und reicht bis hin zur Minimierung der Gesprächs- und Kooperationsaktivitäten in den Klassen.

Abb. 32

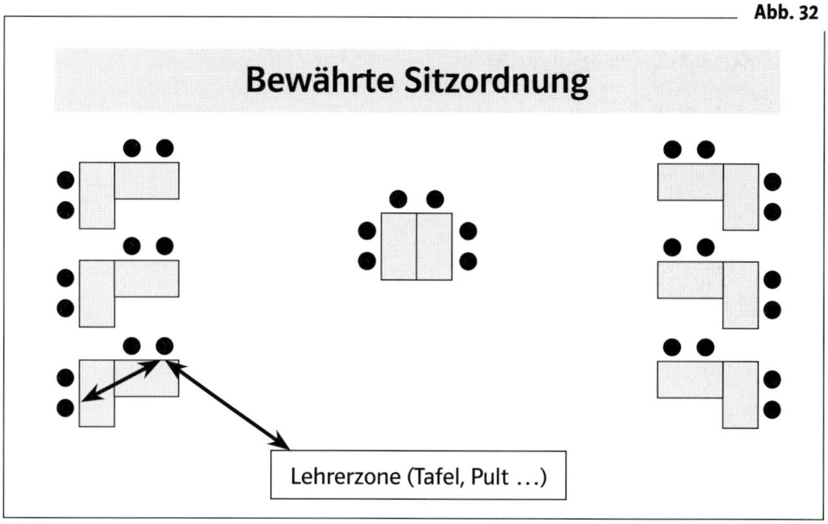

So gesehen ist die Einrichtung einer geeigneten Sitzordnung eine Grundvoraussetzung für gedeihlichen EVA-Unterricht. Wie diese Sitzordnung aussehen kann, zeigt Abbildung 32. Diese sogenannte „Winkelsitzordnung" erlaubt den Lehrkräften fließende Übergänge zwischen Frontal-, Partner-, Gruppen- und Plenarunterricht, ohne dass größere Umräumaktionen erforderlich werden. Sie ist praktikabel und flexibel. Das wird von Lehrkräften immer wieder bestätigt, die entsprechende praktische Versuche gestartet haben. Die 90-Grad-Anordnung gewährleistet, dass die Gruppenmitglieder recht problemlos miteinander reden, sich anschauen, kooperieren und natürlich auch Blickkontakt zur Tafel bzw. zu den frontal vortragenden Lehrkräften oder Schüler/innen halten können. Und sie begünstigt nicht zuletzt das rasche Stellen z.B. eines Stuhlkreises oder eines Doppelkreises im Stundenverlauf, um spezifische Kommunikationsaufgaben angehen zu können. Und das vielleicht Wichtigste: Die skizzierte Sitzordnung ist kompromissfähig! Sie erlaubt Frontalunterricht wie Gruppenunterricht und trägt damit den unterschiedlichen Lehr- und Lernvorstellungen innerhalb eines Kollegiums Rechnung. Näher konkretisiert, ergibt das folgendes Bild:

- D*ie besagte Sitzordnung ist flexibel und leicht zu stellen.* Die Tische stehen über Eck, haben eine klare Anordnung und sind in den gängigen Klassenräumen in aller Regel gut zu stellen. Ferner ist es im Falle einer längeren Gruppenarbeitsphase rasch und ziemlich geräuschlos möglich, durch 90 Grad-Drehung eines der beiden Tische eine richtige Gruppenplattform herzurichten, die sich genauso rasch wieder rückgängig machen lässt;
- *Die Sitzordnung gewährt Blickkontakt zur Lehrerzone hin.* Die Sitzpositionen der Schüler/innen sind so, dass sie im Falle einer Frontalphase guten Blickkontakt nach vorne haben. Zwar ist die Position der an den Außenwänden sitzenden Kinder ergonomisch gewiss nicht günstig, aber sie können durch den periodischen Wechsel der Sitzplätze ihrer einseitigen Beanspruchung abhelfen.
- *Die Schüler/innen sitzen hinreichend dicht beieinander.* Die räumliche Distanz zwischen den einzelnen Gruppenmitgliedern ist so, dass sie sich gut sehen und auch gut hören können. Der Abstand zu den Nachbargruppen ist zwar nicht groß, aber die Schülerinnen und Schüler sind erfahrungsgemäß daran gewöhnt, mit Nebengesprächen zu leben und in der eigenen Bezugsgruppe selektiv zuzuhören.

- *Stuhlkreis und Doppelkreis sind rasch zu stellen.* Mit ein wenig Übung und logistischer Planung ist es leicht möglich, eine größere Innenzone für die genannten Gesprächsarrangements frei zu räumen und die betreffenden Tische an den Außenwänden zu platzieren. Voraus gesetzt, die Tische sind nicht zu schwer und ihre Positionen sind klar definiert, schaffen es die Schüler/innen erfahrungsgemäß in 20 bis 30 Sekunden, um alles zur Seite zu stellen.

Die Zuordnung der Schüler/innen zu den einzelnen Tischen wird in der Regel mittels Zufalls- und Setzverfahren vorgenommen, und zwar für einen Zeitraum von jeweils 6 bis 8 Wochen. Setzverfahren heißt hierbei, dass bestimmte Schüler/innen den unterschiedlichen Winkel-Tischen mit Vorrang zugelost werden, indem sie z. B. eine der Karten mit den Ziffern 1 bis 7 ziehen (möglich sind auch unterschiedliche Symbolkarten oder Karten mit Tierbildern). Welche Kriterien dabei eine Rolle spielen, entscheidet das jeweilige Lehrerteam. So können z. B. leistungsstarke, verhaltensstabile oder auch verhaltensschwierige Schüler/innen gesetzt und damit bewusst getrennt platziert werden. Die restlichen Kärtchen werden verdeckt ausgelegt und unter den übrigen Schüler/innen verlost, so dass am Ende recht stabile und arbeitsfähige „heterogene Gruppen" entstehen (vgl. Abschnitt I.4.5). Diese Gruppen bleiben für ca. 6 bis 8 Wochen zusammen und werden dann erneut mittels Setz- und Zufallsverfahren „gemischt". Diese Kombination aus Setz- und Losverfahren hat sich in vielen Klassen bewährt.

Die Sitzordnung ist freilich nur eine der Voraussetzungen für gedeihlichen EVA-Unterricht. Eine zweite Voraussetzung ist die Bereitstellung einschlägiger Arbeitsmittel im weitesten Sinne des Wortes. Das beginnt bei Nachschlagewerken, Regalen, Schränken, Ordnern, Wörterbüchern, PC-Software und Verbrauchsmaterialien (Plakate, Stifte, Folien, Scheren, Locher, Visualisierungskarten, Klebeband etc.) und reicht über spezielle Pinnwände, Flipcharts und/oder strapazierfähige Wandflächen zur Präsentation einzelner Lernprodukte bis hin zu separaten Computerarbeitsplätzen oder sonstigen Sitzecken für Freiarbeits- bzw. Differenzierungsphasen. Diesbezüglich bestehen in vielen Schulen noch erhebliche „Versorgungslücken". Das gilt sowohl für die angedeuteten Verbrauchs- und Gebrauchsmaterialien als auch und besonders für kostspieligere Ausrüstungsgegenstände wie Pinnwände, Tageslichtprojektoren und altersgemäße Computerausrüstungen.

Zwar müssen die besagten Arbeitsmittel nicht alle vom Schulträger gestellt werden, wohl aber sollten sie für die alltägliche Arbeit im Klassenraum bereitstehen, damit die skizzierten Lehr-, Lern- und Trainingsmethoden verstärkt umgesetzt werden können. Wenn nämlich z.B. Nachschlagewerke wie Lexika oder Wörterbücher fehlen, dann ist es natürlich schwer, im Unterricht gezieltes Nachschlagen und Recherchieren einzuüben. Wenn z.B. keine Präsentationswände und Visualisierungsmaterialien zur Verfügung stehen, dann wird es zwangsläufig Probleme bereiten, die Schüler/innen zum kompetenten Strukturieren, Visualisieren und Präsentieren von Informationen zu befähigen. Oder wenn es z. B. an Computern, PC-Programmen, CD-Roms und/oder Internet-Zugängen mangelt, dann ist es letztlich utopisch, dass nachhaltige informationstechnologische Qualifizierung in den Klassen stattfindet. Ähnliches gilt selbstverständlich auch für andere Bereiche des Unterrichtsgeschehens. Fehlt z.B. eine Sitzordnung, bei der sich die Schüler/innen wechselseitig anschauen und miteinander unterhalten können, dann ist es kein Wunder, wenn sich die intendierten Interaktionsroutinen wie Blickkontakt halten, aufeinander eingehen oder aufmerksam zuhören nicht einstellen wollen. Diese wenigen Beispiele unterstreichen, wie wichtig innovationsfördernde Rahmenbedingungen und Ressourcen sind, wenn die anvisierte Lehr- und Lernkultur nachhaltig implementiert werden soll.

Improvisation, Spenden, Elternumlagen etc. können zwar manches kompensieren helfen. Auf Dauer führt das allerdings nicht allzu weit. Soll die anvisierte EVA- und Trainingsarbeit tatsächlich mit Nachdruck und Erfolg vorangetrieben werden, dann müssen auch und nicht zuletzt die genannten Arbeitsmittel angeschafft und großzügig zur Verfügung gestellt werden. Das gilt für Visualisierungskärtchen der verschiedensten Art genauso wie z.B. für Folien und Plakate, für Wachsmalstifte und dicke Filzstifte, für Overheadprojektoren und Pinnwände, für Regale und einfache Ablagesysteme, für Computer und Computerprogramme, für Beamer und CD-Roms etc. Ein Unterricht, der sich der nachhaltigen Methodenschulung und Kompetenzvermittlung verschreibt, kommt an derartigen materiellen Voraussetzungen nun einmal nicht vorbei! Das sollte sowohl den Schulträgern als auch den Bildungspolitikern verstärkt ins Stammbuch geschrieben werden.

Das gilt nicht zuletzt für die Lehrmittel im engeren Sinne. Wird den Schulbüchern bis dato noch ein relativ großer Stellenwert beigemessen, so sieht die Situation bei fachspezifischen und fächerübergreifenden Arbeitsheften und sonstigen Schülerarbeitsmaterialien deutlich schwieriger aus. Hier zieht sich der Staat weitgehend aus der Finanzierung zurück und überlässt etwaige Anschaffungen den Lehrkräften in Verbindung mit gutwilligen Eltern. Dabei wäre es gerade im Zeitalter der modernen Bildungsstandards dringend vonnöten, dass den Lehrkräften verstärkt aktivierende Lernarrangements und Materialien für die praktische Kompetenzvermittlung in Schule und Unterricht an die Hand gegeben werden. Hier geraten die Schulbücher zunehmend an ihre Grenzen. Denn was helfen die besten inhaltlichen und didaktischen Ausarbeitungen, wenn unklar bleibt, wie Lehrkräfte es ganz praktisch schaffen können, ihre Schüler/innen in ebenso lebendiger wie vielschichtiger Weise zum kompetenzorientierten Arbeiten und Lernen zu bringen. Die Wichtigkeit dieser unterrichtspraktischen Herausforderung unterstreichen die in vielen Klassen schwelenden Lern- und Disziplinprobleme, die dringend danach verlangen, dass Lehrkräften entsprechende Arbeits- und Moderationshilfen für einen schüleraktivierenden Unterricht zur Verfügung stehen. Was von daher Not tut ist folgendes: Die Bereitstellung und Anschaffung motivierender Arbeitshefte und -materialien für einen kompetenz- und handlungsorientierten Unterricht, der Schülern wie Lehrern hilft, die Abstraktheit und Handlungsarmut des herkömmlichen Unterrichts zu überwinden. Die bei Klett erscheinenden Schüler- und Lehrerhefte dienen diesem Zweck.

4.6 Vertrauensbildende Elternarbeit

Wenn die skizzierte Innovationsarbeit gelingen soll, dann geht das schwerlich ohne die verständnisvolle Unterstützung durch die Eltern. Aufgeschlossene Schulleiter, Stundenplanmacher und Kollegien alleine reichen nicht. Sie sind zwar zentral, wenn es um die Implementierung des PASS-Programms geht; ihre Erfolgschancen können von Elternseite jedoch erheblich beeinträchtigt oder eben auch begünstigt werden. Wenn Teile der Elternschaft querschießen, weil z.B. für schulinterne Fortbildungszwecke die eine oder andere Stunde ausfällt oder trainingsbedingt umfunktioniert werden muss, dann kann dieses sehr schnell zu zeitraubenden Auseinandersetzung und Blockaden führen. Es kann aber auch genau der gegenteilige Effekt eintreten, nämlich dann, wenn von Elternseite offensiv Verständnis und Unterstützung für die anvisierte Neuorientierung der Unterrichtsarbeit signalisiert wird. So gesehen sind die Eltern ein ganz wichtiger Faktor im schulinternen Innovationsprozess. Sie frühzeitig ins Vertrauen zu ziehen und um ihre Unterstützung zu werben, hat noch nirgendwo geschadet. Von daher empfiehlt es sich, die Implementierung des PASS-Programms sehr früh in die Elternschaft hineinzutragen und mittels entsprechender Meetings darauf hinzuwirken, dass möglichst große Teile der Elternschaft als verständnisvolle Lobby gewonnen werden.

„Verständnisvoll“ heißt hierbei, dass die betreffenden Eltern/-vertretungen nähere Einblicke in die Hintergründe, Ziele und Verfahrensweisen der beabsichtigten Unterrichtsreform erfahren müssen. Denn nur dann wird sich das nötige Verständnis aufbauen lassen, das auf längere Sicht gewährleistet, dass die Elternschaft bei der Stange bleibt und den reformwilligen Lehrkräften den Rücken stärkt. Dass sich dieses Wohlwollen der Elternschaft keineswegs von selbst einstellt, haben manche Kollegien leidvoll erfahren müssen. Deshalb: Prävention statt späterer Krisenintervention – das ist die Devise. Praktisch heißt dieses, dass frühzeitig damit begonnen werden muss, den Eltern gezielte Einblicke in die anvisierte Unterrichtsentwicklung zu gewähren. Dabei genügt es erfahrungsgemäß nicht, irgendwelche Elternbriefe oder Rundmails zu versenden. Das bleibt zu unpersönlich und abstrakt. Selbst wenn die betreffenden Eltern die eingehenden Informationsschreiben lesen sollten, so werden sich viele von ihnen dennoch schwer damit tun, den konkreten Sinn und Ablauf der vorgesehenen Schulungsmaßnahmen wirklich zu verstehen und den speziellen Nutzen für ihre Kinder nachzuvollziehen. Von daher ist die Gefahr groß, dass es im Schulalltag zu unnötigen Missverständnissen und Vorbehalten kommt, die den innerschulischen Innovationsprozess beeinträchtigen.

Dieser Gefahr ist am besten dadurch zu begegnen, dass einschlägige methodenzentrierte Elternveranstaltungen angeboten werden, in deren Rahmen nicht nur informiert, gefragt und diskutiert, sondern vor allem Gelegenheit geboten wird, ausgewählte Lern- und Trainingsverfahren auch mal ansatzweise durchzuspielen. Dieses „learning by doing“ hat sich in der Lehrerfortbildung wie in der Elternarbeit bewährt. Der abgedruckte Zeitungsbericht über einen ungewöhnlichen Elternabend in einem Landauer Gymnasium zum Thema „Teamentwicklung“ bestätigt diese Einschätzung (vgl. Abb. 33). Ähnliche Elternveranstaltungen laufen seit Jahren auch zu anderen Methodenfeldern und haben durchweg ähnlich positive Erfahrungen gebracht. Das gilt für die Grundschulen wie für die weiterführenden Schulen. Selbst im Vollzeitbereich der berufsbildenden Schulen haben sich Learning-by-Doing-Elternabende zum neuen Kompetenz- und Trainingsverständnis bewährt. Für die meisten Eltern ist die Situation am Anfang zwar etwas fremd, nach einer kurzer Einführungsphase sind sie in aller Regel jedoch recht engagiert dabei, um sich mit den eingebrachten Lern- und/oder Trainingsverfahren näher vertraut zu machen.

Auch regionale Elternveranstaltungen können lohnend sein. Veranstaltungen also, die z.B. von Verbänden oder sonstigen Bildungsträgern mit dem Ziel organisiert werden, die interessierten Eltern einer Region mit den modernen Kompetenzanforderungen und Lernverfahren in Schulen und Betrieben vertraut zu machen. Natürlich erreicht man dabei nur die wirklich aufgeschlossenen Eltern, aber diese sind es letztlich auch, die schulische Innovationsprozesse erschweren oder eben auch erleichtern können – je nachdem, wie überzeugt sie von den anstehenden Reformvorhaben sind. Ein sehr ermutigendes Beispiel hat sich u.a. vor wenigen Jahren in Leverkusen-Schlebusch zugetragen. An der dortigen Gesamtschule fand samstags in der Zeit von 10.00 bis 16.00 Uhr ein Elternseminar zum Thema „Erfolgreich lernen – aber wie? Neue Wege und Methoden im Schulalltag“ statt. Eingeladen waren interessierte Eltern aus der Stadt Leverkusen. Und rund 50 Elternvertreter/innen kamen tatsächlich, um sich anhand von Kurzvorträgen, Brainstorming, Filmausschnitten, Gesprächen und praktischen Übungen einen Eindruck davon zu verschaffen, was moderner Unterricht heute sein sollte.

Die Rückmeldungen der Leverkusener Eltern waren ausgesprochen positiv. In einer Dokumentation zur Veranstaltung heißt es etwa: „Die Elternvertreter waren von dem Seminartag, seinen Inhalten, den Zielen der pädagogischen Schulentwicklung und dem methodenorientierten Vorgehen durchgängig begeistert. Die wichtigste Frage war, wann an ihrer Schule ein derartiges Konzept umgesetzt würde.“ Dieses Stimmungsbild verdeutlicht, dass viele Eltern nachgerade darauf warten, dass die Schulen mit der Einführung neuer Lehr-, Lern- und Trainingsverfahren beginnen. Das gilt erst recht, seit die neuen Bildungsstandards und Prüfungsverfahren für grundlegende Verunsicherung und veränderte

Abb. 33

Ein ungewöhnlicher Elternabend zum Thema „Teamarbeit“

Die 15 Mütter und Väter der Klasse 5e, die an diesem Abend gekommen sind, teilen sich in Gruppen. Damit Vertraute und Bekannte nicht nebeneinander sitzen und vielleicht private Schwätzchen halten, werden Spielkarten gezogen: Die gleichen Karten bilden die Fünfergruppen. Die Eltern erhalten als Aufgabe, den Bericht über eine unzulängliche Gruppenarbeit von Schülern zum Thema „Arbeitslosigkeit“ eingehend zu analysieren, problematische Verhaltensweisen einzelner Gruppenmitglieder herauszuarbeiten sowie eine pointierte Kritik des Gruppengeschehens zu formulieren.
Lediglich acht der beteiligten Mütter und Väter markieren mit Stiften wichtige Stellen farbig oder schreiben sich Bemerkungen an den Rand des Textes. Viele ihrer Töchter und Söhne sind in diesem Punkt schon sehr viel weiter, wie die zahlreichen Plakate eines dreitägigen Methodentrainings an den Wänden des Klassenraums bestätigen.
Derweil beenden die Eltern ihre Stillarbeit. Die Gruppen tauschen sich aus. Ohne Leiter gehe es nicht, reißt gleich ein Mann das Wort an sich; in der Schülergruppe herrsche keine Ordnung, ergänzt ein anderer. Noch dominieren einzelne das Gruppengespräch und bilden damit das ab, was im Text „Gruppenarbeit mit Mängeln“ zu lesen war. Erst allmählich mischen sich auch andere Eltern ein.
Eine Frau ergreift das Wort und bezweifelt, ob ein „Führer“ notwendig ist, der den roten Faden der Gruppenarbeit in der Hand hält. Darauf wieder ein Vater: „Letztendlich muß einer sagen, wo's lang geht.“ Nach und nach merken die Wortführer, dass sie zu keinem Gruppenergebnis kommen, wenn sie sich nicht stärker zurück halten und die anderen einbeziehen.
Es dauert dennoch 40 Minuten, bis sich die Gruppen zusammengerauft haben und in der Lage sind, gemeinsame Regeln zu erarbeiten, die sie aus dem Text, aber auch aus dem eigenen stockenden Arbeitsverlauf gelernt haben: „Zielorientiert arbeiten – jeden zu Wort kommen lassen – einer hilft dem anderen und macht Mut – andere Meinungen tolerieren und akzeptieren – zuhören und aufeinander eingehen – Ergebnisse ordnen und sichern ...“ Am Ende wird ein Gruppenmitglied ausgelost, welches das Plakat seiner Gruppe präsentiert und erläutert.
Was halten die Eltern eigentlich von dieser etwas anderen Elternversammlung? „Ich bin begeistert und stehe hundertprozentig hinter dieser Methode“, meint eine Mutter. „Schließlich erlebe ich täglich in der BASF, wie wichtig die Arbeit in der Gruppe ist.“ Das müsse man lernen, schon in der Schule.
(Auszug aus einem Artikel in der Regionalpresse)

Erwartungen an Schule und Lehrer/innen sorgen. Neue Lehr- und Lernverfahren, wie sie im PASS-Programm ihren Niederschlag finden, sind vielen Eltern bestens vermittelbar. Das gilt vor allem für diejenigen, die in den Betrieben tagtäglich erleben, wie wichtig das Beherrschen vielfältiger fachlicher wie überfachlicher Schlüsselkompetenzen ist. Deshalb: Methodenschulung ist ein reizvolles und perspektivreiches Thema – nicht nur für die Lehrkräfte und ihre Schüler/innen, sondern auch und nicht zuletzt für das Gros der Eltern. Man muss die Vermittlungsarbeit nur praxisnah und handlungsorientiert genug ansetzen und gestalten. Dann kann man mit Fug und Recht erwarten, dass die betreffenden Eltern der skizzierten Unterrichtsentwicklung grünes Licht erteilen und den engagierten Lehrkräften entsprechend Rückendwind verschaffen.

4.7 Wie man konkret beginnen kann

Die Umsetzung des PASS-Programms bedarf sorgfältiger Überlegungen und Planungen, wenn sie nicht unbefriedigend verlaufen soll. Das gilt für die einzelne Lehrperson wie für den gesamten Lehrkörper einer Schule. Sorgfältig bedeutet hierbei jedoch nicht, dass Perfektionismus das Ziel ist. Perfektionismus wirkt schnell bedrohlich und lähmend. Ohne die Möglichkeit zur Improvisation und Bruchstückhaftigkeit fangen viele Lehrkräfte erst gar nicht an, Neues zu wagen und auszuprobieren. Deshalb muss Dilettantismus vom Grundsatz her erlaubt sein. Andernfalls droht einschneidenden Reformen bereits das Aus, bevor sie überhaupt ernsthaft gestartet werden. Daher empfiehlt sich „Trial and Error“ mit der Möglichkeit, unterhalb einer optimalen Linie zu bleiben. Wer nichts versucht, der kann auch keine neuen Erfahrungen und Strategien für sich und andere gewinnen, die auf mittlere und längere Sicht überzeugende Handlungserfolge versprechen. Im Gegenteil: Wer partout darauf aus ist, Fehler und Umwege zu vermeiden, der wird sich in der Regel erst gar nicht aus der Deckung der konventionellen Lehr- und Lernverfahren herauswagen, sondern lieber im geschützten Bereich der angestammten lehrerzentrierten Handlungsroutinen verbleiben. Deshalb: Ohne die Möglichkeit zur Improvisation wird es letztlich auch keine wirksame Innovation geben.

Dieses Plädoyer für Versuch und Irrtum bedeutet andererseits nicht, dass jedweder Dilettantismus statthaft ist. Das PASS-Programm verlangt mehr und anderes. Wenn z.B. jemand völlig diskretionär und vereinzelt mit dem einen oder anderen Lernarrangement (z.B. Doppelkreis oder Mindmap) beginnt, dann ist unschwer vorauszusagen, dass dieses nicht allzu weit führen wird. Gleiches gilt, wenn in einer Klasse lediglich einige Trainingstage auf die Beine gestellt werden, danach aber die nötige Methodenpflege in den Fächern fehlt. Punktuell zu agieren, bedeutet eben auch, dass sich die punktuellen methodischen Erfahrungen der Beteiligten sehr schnell wieder verflüchtigen. Das gilt für die Lehrer- wie für die Schülerseite. Nachhaltige Verinnerlichung und Kompetenzförderung lassen sich auf diese Weise schwerlich erreichen. Im Gegenteil: Die Schüler/innen gewöhnen sich daran, dass der Unterricht hin und wieder aus dem Rahmen fällt; und die Lehrkräfte leiden darunter, dass bei den Schüler/innen so wenig hängen bleibt und vorangeht. Beides ist eher entmutigend.

Wer mit der Umsetzung des PASS-Programms anfangen möchte, der sollte daher gewisse Spielregeln und Mindeststandards beachten. Welche das sind, lässt sich überblickshaft aus Abbildung 34 ersehen. Grundsätzlich gilt, dass man sich davor hüten sollte, ganz alleine zu beginnen – ohne erkennbare Mitstreiter/innen auf Klassenebene. Das führt nicht nur dazu, dass die Akzeptanz auf Schülerseite schwierig wird; die abweichenden Anforderungen und Stile der parallel unterrichtenden Lehrkräfte sind häufig ein noch größeres Problem. Deshalb: Lieber in einer einzelnen Klasse mit einigen zuverlässigen Mitstreiter/innen beginnen, als in mehreren Klassen als Einzelkämpfer untergehen. Von daher sind in der Startphase zunächst einmal Kolleginnen und Kollegen zu suchen, die bereit sind, auf Klassen- wie auf Fachebene zu kooperieren und nach gemeinsamen EVA-Standards zu arbeiten. Darüber hinaus empfiehlt es sich, möglichst früh auf die Schulleitung zuzugehen und mit dieser konkrete Absprachen bezüglich Teambildung, Teamarbeit, Teamstunden, Ressourcen etc. zu treffen. Erst dann kann die Qualifizierungsoffensive so richtig beginnen.

Am Anfang dieser Qualifizierungsoffensive steht die Eigenfortbildung der Lehrkräfte. Das betrifft sowohl den gemeinsamen Besuch einschlägiger Methodenseminare als auch die konzertierte Unterrichtsvorbereitung im Rahmen der Workshops. Bei der Workshoparbeit geht es zum einen um das Erarbeiten neuer bzw. bereits vorliegender Lernspiralen und Materialien für den Fachunterricht, zum anderen um die

Abb. 34

Erste Schritte in der Schule

- Kooperationsbereite Kolleginnen und Kollegen suchen
- Die Bildung von Klassen- und Fachteams forcieren
- Strategische Absrachen mit der Schulleitung treffen
- Verstärkt Teamfortbildung nutzen bzw. organisieren
- Produktive Konferenzen/Workshops ins Leben rufen
- Konkrete Schülertrainings vorbereiten und realisieren
- Den Unterricht sukzessive durch LS'n „anreichern"
- Know-how und Materialien konsequent archivieren
- Unterstützung der Elternseite suchen und sicherstellen

konkrete Vorbereitung einzelner Trainingstage bzw. Trainingsspiralen zum einen oder anderen Methodenbereich. Ob und welche Trainingsspiralen vorbereitet und durchgeführt werden, das hängt von der schulinternen Termin- und Jahresarbeitsplanung ab. Ganz anders die Arbeit mit den Lernspiralen. Diese kann sofort einsetzen und sollte Woche für Woche möglichst konsequent fortgeführt werden, damit sich die Schüler/innen möglichst intensiv an die entsprechenden Anforderungen und methodischen Verfahrensweisen gewöhnen können.

Diese Intensität kann natürlich nur dann erreicht werden, wenn mehrere Fachvertreter/innen auf Klassenebene mit hoher Wochenstundenzahl abgestimmt und gleichgerichtet zu Werke gehen. Das sind in der Regel die Repräsentanten der Hauptfächer Mathematik, Deutsch und Englisch. Andernfalls setzt die Automatisierung auf Schülerseite zu spät oder überhaupt nicht ein. Automatismen bzw. Handlungsroutinen sind mittel- und langfristig aber genau das, was die Schüler/innen brauchen, um effektiv und nachhaltig lernen und persönliche Kompetenzen aufbauen zu können. Ähnliches gilt für die Lehrkräfte - nur auf anderer Ebene. Auch sie brauchen grundständige Planungs-, Organisations- und Moderationsroutinen, wenn sie den skizzierten EVA-Unterricht dauerhaft durchhalten und zum nötigen Erfolg führen sollen.

Von daher ist es unbedingt ratsam, auf regelmäßige und konsequente Anwendungssituationen zu achten. Das gilt für die Workshoparbeit genauso wie für die konsequente Umsetzung der erarbeiteten Lernspiralen im Unterricht. Wird der Unterricht regelmäßig mit ähnlich strukturierten Lernspiralen „angereichert", so bilden sich auf Schüler- wie auf Lehrerseite relativ schnell tragfähige Handlungsroutinen im besten Sinne des Wortes. Letztere werden aber auch überall dort gebraucht, wo es im die Archivierung und Weitergabe der erprobten Lernspiralen, Materialien und sonstigen Erfahrungswerte geht. Dieses Know-how muss horizontal wie vertikal transportiert und kommuniziert werden. Und es muss natürlich auch konsequent archiviert werden, soll es in praxi möglichst bald zu einer überzeugenden Entlastung der Lehrerinnen und Lehrer kommen. Von daher ist auf klare Zuständigkeit und Prozeduren in Sachen Know-how-Transfer und Materialarchivierung zu achten – auch und gerade in der Anfangsphase des Innovationsprozesses.

Empfehlenswert für die Anfangsphase ist ferner die im letzten Abschnitt bereits angesprochene Elternarbeit. Wenn die Lehrkräfte ihre Innovationsbemühungen auf Klassen- und Fachebene von Anfang an gedeihlich vorantreiben wollen, dann müssen sie frühzeitig daran gehen, die Eltern/-vertretungen ins Vertrauen zu ziehen und für die nötigen Umstellungen im Schul- und Unterrichtsalltag zu gewinnen. Das betrifft etwaige Stundenausfälle genauso wie die Einplanung vermehrter Blockstunden und Trainingstage im Schuljahresverlauf. Wenn die Eltern frühzeitig Bescheid wissen, dann sind sie erfahrungsgemäß die besten Verbündeten und Unterstützer im Innovationsprozess, die man sich nur wünschen kann. Nur müssen die Weichen frühzeitig gestellt werden – in Sachen Elternarbeit wie in Sachen Innovationsmanagement insgesamt. Letzteres schließt frühzeitige personelle und organisatorische Weichenstellungen für das jeweils nächste Schuljahr mit ein.

5 Zusammenfassung wichtiger Förderprinzipien

Das skizzierte PASS-Programm zeichnet sich durch eine Reihe grundlegender Prinzipien aus, die für die schulische Förderarbeit konstitutiv sind. Das ist in den vorangehenden Abschnitten bereits angedeutet worden. Wenn die anvisierte Lern- und Kompetenzförderung tatsächlich gelingen soll, dann ist es dringend erforderlich, dass diese Prinzipien möglichst konsequent beachtet und befolgt werden – auf der unterrichtspraktischen wie auf der schulorganisatorischen Ebene. Das beginnt mit dem Grundsatz „Fordern statt Verwöhnen" und reicht über Förderprinzipien wie Kleinschrittigkeit, Standardisierung und Regelmäßigkeit bis hin zu solchen Maximen wie Kooperation, Alltagstauglichkeit und Institutionalisierung. Was damit gemeint ist, wird in den nachfolgenden Abschnitten zusammenfassend erläutert.

5.1 Mehr zumuten und zutrauen

Wer die Potenziale der Schüler/innen verstärkt mobilisieren will, muss ihnen sukzessive mehr zumuten und zutrauen. Das klingt zwar recht selbstverständlich, ist es aber nicht. Viele Lehrkräfte tendieren nachweislich dazu, den Schüler/innen zu wenig eigenständiges Denken und Arbeiten im Unterricht abzuverlangen. Das Ganze ist ein Teufelskreis. Die Lehrpersonen erleben einzelne unwillige und/oder Überforderung signalisierende Kinder und nehmen ihre Ansprüche für ganze Klassen derart zurück, dass die betreffenden Lerner ohne größere Anstrengungen über die Runden kommen. Texte werden gekürzt, Fremdwörter herausgenommen, fertige Merksätze vorbereitet, eng gesteuerte Unterrichtsgespräche geführt, Tafelbilder zum Abschreiben offeriert etc. Wohlgemerkt: Das gilt weder für alle Klassen noch für alle Lehrkräfte, wohl aber ist es ein unverkennbares Charakteristikum der Unterrichtsführung in Deutschlands Schulen. Die Kehrseite dieser Verwöhnung: Die Schüler/innen gewöhnen sich daran, solange abzuwarten, bis ihnen der zu lernende Stoff in einer möglichst einfachen und eingängigen Form serviert wird.

Diese Strategie der schleichenden Verwöhnung ist fatal und unnötig zugleich. Fatal ist sie deshalb, weil sie dazu beiträgt, dass viele Schüler/innen ihre potenziellen Fähigkeiten und Fertigkeiten erst gar nicht kennen und schätzen lernen. Und unnötig ist sie insofern, als das Gros der Kinder und Jugendlichen durchaus bereit und in der Lage ist, sich stärker anzustrengen und höchst erfolgreich in eigener Regie zu arbeiten – vorausgesetzt, es gibt greifbare Erfolgsaussichten und Könnenserlebnisse. Da die Lernspiralen diesen letztgenannten Bedingungen Rechnung tragen und ein relativ hohes Maß an Erfolgsgarantie implizieren, spricht vieles dafür, den Schülerinnen und Schülern mehr als bisher zuzumuten und zuzutrauen. Das müssen ja nicht gleich mehrmonatige Projektarbeiten sein. Felix von Cube und Dieter Alshuth haben diesen Anspruch bereits Ende der 1980er Jahre in ihrem Buch „Fordern statt verwöhnen" herausgestellt und darin aus verhaltensbiologischer Sicht recht schlüssig begründet, warum die verbreitete Verwöhnung und Berieselung in Schule und Unterricht der falsche Weg sei (vgl. v. Cube/Alshuth 1989).

Mit ihrer Maxime „Fordern statt Verwöhnen" verweisen die beiden Verhaltensbiologen darauf, dass den Schüler/innen im besten pädagogischen Sinne mehr abverlangt werden muss. Warum? Weil sie lernen und erfahren müssen, dass sie eine Menge zu leisten vermögen und im permanent ablaufenden Wettbewerb der Talente durchaus gute Chancen haben, ihren angemessenen Platz und Erfolg zu finden. Kleinere oder größere Herausforderungen zu bestehen, verschafft nun einmal größere Befriedigung als nur vordergründig das zu pauken, was von Lehrerseite serviert wird. „Wird den Schülern der Lernstoff nur vorgekaut und in kleinen Häppchen verabreicht, dann kommt es nie zur Neugier. Nie erlebt der Schüler die intensive Lust, eigenständig und mühevoll Probleme zu lösen" (ebenda, S. 17). Hürden zu überwinden, ein Werk zu verrichten, Probleme zu meistern, Knobelaufgaben zu bewältigen – das alles induziert Gefühle wie Triumph und Freude, etwas geschafft bzw. geleistet zu haben. Das motiviert und führt zudem dazu, dass das natürliche Aktions- und Aggressionspotenzial der Kinder und Jugendlichen wirksam abgebaut wird. Die Folge davon: Die Anstrengungsbereitschaft der Schülerinnen und Schüler nimmt zu.

Psychologische Erwägungen erhärten diese Sichtweise. Wer seinen Mitmenschen etwas zutraut, hat gute Chance, dass sich die Betroffenen alle Mühe geben, dieses Zutrauen zu bestätigen und das in sie gesetzte Vertrauen zu rechtfertigen. Das gilt nicht zuletzt für Kinder und Jugendliche. Die daraus erwachsende Schlussfolgerung für die Lehrerrolle ist eindeutig: Lehrkräfte müssen ihren Schüler/innen verstärkt Wertschätzung entgegenbringen, indem sie ihnen zunehmend mehr abverlangen. Verstärkt fordern, ohne absehbar zu überfordern – das ist die Devise. In diesem Sinne können anspruchsvollere Aufgaben eingebracht (Knobelaufgaben, Produktionsaufgaben, Wettbewerbsaufgaben etc); ermutigende Signale der Zuversicht und des Vertrauens in der verbalen oder nonverbale Begegnung ausgesandt oder auch konkrete Spielregeln und Rituale zur Sicherstellung einer möglichst defensiven Lehrerrolle eingeführt werden (vgl. AbschnittII.2.6). Die Hauptsache, die Schüler/innen werden zunehmend angeregt und angeleitet, die Dinge selbst in die Hand zu nehmen und sich ihres eigenen Könnens und Wollens zu vergewissern. Das ist ein erster wichtiger Schritt zur nachhaltigen Lern- und Kompetenzförderung in Schule und Unterricht.

5.2 Das Prinzip der Kleinschrittigkeit

Damit das angemahnt Fordern nicht zur Überforderung wird, muss in wohl dosierten Schritten vorgegangen werden. Fordern – ja; aber doch so, dass das breite Mittelfeld in den Klassen mitkommt und realistische Erfolgsaussichten hat. Sind die gestellten Aufgaben und Anforderungen leistbar, stimuliert das selbst bei schwachen und/oder unwilligen Kindern in aller Regel beträchtliche Leistungsreserven. Deshalb das Prinzip der Kleinschrittigkeit. Werden die Schüler/innen dagegen in allzu offene Lernsituationen hinein entlassen, so besteht unvermeidbar die Gefahr, dass sie ausgeprägt verunsichert werden und erst gar nicht ernsthaft zu arbeiten beginnen. Das Scheitern vieler Schülerinnen und Schüler im alltäglichen Unterricht ist genau auf diese chronische Überforderung zurückzuführen. Das gilt insbesondere für offene Lernformen wie Freiarbeit, Wochenpläne, Lernzirkel und Projektarbeit. Für Schüler/innen, die das nötige Selbstvertrauen und Methodenrepertoire besitzen, sind solche offenen Lernsituationen in der Regel höchst willkommene Herausforderungen, die nach erfolgreicher Bewältigung wohltuende Zufriedenheit und Bestätigung auszulösen vermögen. Nur, was ist mit den vielen übrigen Kindern und Jugendlichen, die mit der besagten Offenheit nur schlecht oder gar nicht zurecht kommen?

Da die letztgenannte Zielgruppe die große Majorität in den Klassen stellt, muss sich die schulinterne Förderarbeit zwingend daran ausrichten. Förderarbeit hat eine Menge mit Psychologie zu tun. Wer die Schülerinnen und Schüler zukünftig stärker fordern will, muss sie heute eher dosiert rannehmen, damit sich die nötigen stimulierenden Erfolgserlebnisse einstellen können. Dieser Grundüberlegung tragen die in Abschnitt II.2 skizzierten Lernspiralen Rechnung. Sie setzen auf EVA, allerdings verbunden mit klar begrenzten Arbeitschritten und Lernkorridoren der Schülerinnen und Schüler. Die Lernarbeit der Schüler/innen wird so portioniert und von Lehrerseite so unterstützt und gelenkt, dass klassische Überforderungssituationen möglichst wirksam minimiert werden. Ganz ausschließen kann man Überforderung zwar nie; wohl aber kann man durch die Art der Lernorganisation und der Lernmoderation dafür sorgen, dass dem Gros der Schüler/innen bewältigbare Verantwortlichkeiten und Anforderungen gestellt werden. Die in die Lernspiralen eingebauten Beratungs-, Kontroll- und Anwendungssituationen sorgen dafür, dass die Schüler/innen den Anschluss nicht verlieren. Einzelarbeit, Tandemarbeit, Gruppenarbeit und Plenarphasen wechseln sich konsequent ab und geben den Schüler/innen immer wieder Gelegenheit, auftretende Schwierigkeiten mit Hilfe der Mitschüler/innen und/oder der Lehrpersonen zu beheben.

Diese Reduktion von Offenheit und Verantwortlichkeit ist konstitutiv für die besagten Lernspiralen. Die Lernspiralen implizieren zwar vielfältige Phasen des eigenverantwortlichen Arbeitens und Lernens; diese Phasen sind jedoch stets auf das Leistungsvermögen der betreffenden Schülerinnen und Schüler abgestimmt. Lehrerlenkung und Aufgabendosierung gehören ebenso zum Prinzip der Kleinschrittigkeit wie überschaubare Arbeitsschritte und konsequente „Hilfe zur Selbsthilfe“ von Schülerseite wie von Lehrerseite. Je versierter und selbstbewusster die Schüler/innen in der Breite zu arbeiten verstehen, desto anspruchsvoller können die Aufgaben und Verantwortlichkeiten abgesteckt werden, die zu bewältigen sind. Die „Lernkorridore“ werden weiter oder enger gefasst. Hinzu kommt: Was heute ein großer Schritt ist, ist in einigen Monaten womöglich eine recht kleine Herausforderung, die von der Masse der Schüler/innen recht problemlos bewältigt werden kann. Gleiches gilt für die Lehrerlenkung. Muss aktuell vielleicht sehr eng gelenkt und reglementiert werden, weil zahlreiche Schüler/innen ansonsten gar nicht erst anfangen würden, so kann es durchaus sein, dass in einem Jahr vergleichsweise weitmaschige Rahmenvorgaben genügen, um die Schüler/innen selbstsicher und effizient lernen zu lassen. Von daher schließt das Prinzip der Kleinschrittigkeit die Progression der Ansprüche und Anforderungen mit ein.

5.3 Integriertes Fördern und Fordern

Den Lernspiralen wohnt ferner ein Mechanismus des Forderns und Förderns inne. Zum einen werden die Schüler/innen recht vielfältig gefordert, eigenverantwortlich an die je gestellten Aufgaben heranzugehen.

Zum anderen erfahren sie aufgrund des konsequenten Wechselspiels von Erarbeitung, Nachhilfe, Anwendung, Besprechung, Präsentation und Reflexion recht verlässlich Unterstützung, sofern Bedarf entstehen sollte. Fördern und Fordern werden also im besten pädagogischen Sinne integriert. Kein Schüler wird alleine gelassen, wenn sich Schwierigkeiten ergeben sollten, sondern jeder hat die Möglichkeit, sich im Verlauf der einzelnen Lernspiralen immer wieder Klarheit und Sicherheit zu verschaffen – sei es nun mit Hilfe der Mitschüler/innen oder sei es auch durch gezielte Anfragen an die Lehrperson. Die Schüler/innen müssen zwar vielseitig arbeiten, aber sie werden im Gegenzug auch vielschichtig unterstützt; sie müssen Probleme lösen, aber sie können im Gegenzug auch immer darauf rechnen, dass ihnen andere Schüler/innen mit Rat und Tat zur Seite stehen, falls etwaige Probleme auftreten sollten. Dafür sorgt das erwähnte Wechselspiel von Kontroll-, Anwendungs- und Besprechungsaktivitäten im Zuge der einzelnen Lernspiralen. So gesehen sind die Schüler/innen im besten Sinne des Wortes Lernpartner und Lernberater.

Die Schüler/innen werden demnach nicht nur inhaltlich, sondern auch methodisch verstärkt gefordert. In kleinen Schritten zwar, aber doch so, dass das Lernen in eigener Regie zunehmend kultiviert wird. Die Schüler/innen sind in Einzelarbeit immer wieder gefordert, neues Fachwissen zu erschließen, d.h. Texte zu lesen, Lehrervorträge anzuhören, Schaubilder zu analysieren, Filme auszuwerten oder sonstige inhaltlich-fachliche Inputs zu erarbeiten. Doch dabei bleiben sie nicht stehen. Sie werden ebenso regelmäßig veranlasst, die so gewonnen Informationen produktiv zu verarbeiten, indem sie z.B. Spickzettel, Grafiken, Folien, Plakate, Wandzeitungen, Kommentare, Briefe oder sonstige eigene Texte zu verfassen haben. Dazu brauchen sie Ruhe und individuelle Besinnung. Diese Einzelarbeitsphasen sind jedoch stets nur von eng begrenzter Dauer. Ergänzt werden sie durch unterschiedliche Formen der Zusammenarbeit und der wechselseitigen Kontrolle und Beratung im Lernprozess. Das ist Fördern pur. Von daher kann mit Fug und Recht davon gesprochen werden, dass die fachspezifischen Lernspiralen für integriertes Fördern und Fordern stehen. Sie halten permanent und flexibel die Möglichkeit offen, dass sich die Schüler/innen mit Hilfe wechselnder Mitschüler/innen prüfen und/oder besprechen können, ob sie die jeweiligen Inhalte richtig verstanden haben oder nicht. Sie können Fragen stellen und Unsicherheiten abbauen.

Dieses konsequente Verzahnen von Fordern und Fördern stellt sicher, dass die Schüler/innen immer wieder Oberwasser gewinnen und nur selten Lernsituationen erleben, die ihnen ausweglos erscheinen und lediglich Frust, Ratlosigkeit und Resignation einbringen. Fordern und Fördern werden durch das konsequente Wechselspiel von Einzelarbeit, Tandemarbeit, Gruppenarbeit und Plenarphasen so gesichert, dass immer wieder ermutigende Arbeitsperspektiven entstehen – selbst für leistungsschwache und/oder -unwillige Schüler/innen (vgl. Abb. 18 auf Seite 93). Das gilt insbesondere wegen der wechselnden heterogenen Zusammensetzung der Lerngruppen. Treten z. B. bei einer anfänglichen Textlektüre oder Lehrerpräsentation Verständnisprobleme auf, so haben die betreffenden Schüler/innen in der anschließenden „Nachhilfephase" gleichermaßen die Möglichkeit wie die Pflicht, ihre Unklarheiten zu beseitigen. Pflicht deshalb, weil sie ansonsten in den nachfolgenden Arbeitsschritten Gefahr laufen, die zugelosten Lernpartner/innen mit in Kalamitäten zu bringen. Von daher wird die Problembehebung nicht nur von Lehrerseite, sondern auch und vor allem von Seiten der Lernpartner/innen eingefordert. Dieses wechselseitige Fordern und Fördern ist konstitutiv für die fachspezifischen Lernspiralen. Die Schüler/innen bauen wechselseitig Erwartungsdruck auf und spornen sich an, diszipliniert an einer Sache zu arbeiten. So gesehen bilden Fordern und Fördern eine höchst lohnende und lernwirksame Einheit.

Ganz anders der herkömmliche Unterricht. Dort sind die Schüler/innen als Helfer und Miterzieher eher selten gefragt. Mag sein, dass sich manche Lehrkräfte das stärker wünschen; an entsprechenden Gewohnheiten und Regelen mangelt ist zumeist jedoch ganz deutlich. Die Schüler/innen agieren vorrangig als Einzelkämpfer und versuchen sich gegenüber ihren Lehrpersonen individuell so in Szene zu setzen, dass sie möglichst positiv in Erinnerung bleiben und passable Noten bekommen. Kooperation ist nach wie vor eher die Ausnahme und keinesfalls die Regel. Das bestätigt die neuere Unterrichtsforschung. Mit diesem Einzelkämpferdasein machen die Lernspiralen Schluss. Sie zwingen zum konsequenten Miteinander und Füreinander, zum wechselseitigen Fordern und Fördern. Da die Teamfähigkeit der Schüler/innen im Rahmen der sogenannten Sockeltrainings grundständig angebahnt und eingeübt wird, ist die Basis für ein gedeihliches Miteinander und Füreinander relativ stabil vorhanden. Die Lehrkräfte sind als Förderer zwar ebenfalls im Spiel, allerdings in deutlich defensiver Weise (vgl. Abschnitt II.2.7). Sie halten sich bewusst zurück, um die wechselseitige Unterstützung und Disziplinierung der Schüler/innen so weit wie möglich gedeihen zu lassen. Hat sich das schülerzentrierte Fordern und Fördern erst einmal eingespielt, begünstigt das nicht zuletzt die so dringend erforderliche Lehrerentlastung.

5.4 Regelmäßiges Anwenden und Üben

Das vierte zentrale Förderprinzip betrifft die Übungs- und Anwendungsarbeit im Unterricht. Werden Lernspiralen zu selten eingesetzt und dazwischen vorrangig rezeptive Lernanforderungen gestellt, dann verlieren sich die aufgebauten Kompetenzen der Schüler/innen rasch wieder. Was keiner regelmäßigen Anwendung und Übung unterliegt, wird nun einmal verlernt. Das beweist die neuere Gehirnforschung mit ihren bildgebenden Verfahren sehr anschaulich. Neuronale Verbindungen (Synapsen), die nicht regelmäßig genutzt werden, verflüchtigen sich. Gleiches gilt für komplexere Kompetenzen, sofern sie nicht immer wieder aufgefrischt und qualitativ weiterentwickelt werden. Das gilt für bestimmte inhaltliche Kompetenzen genauso wie für die in Abschnitt II.3 herausgestellten methodischen Fähigkeiten und Fertigkeiten. Vorträge, die nicht regelmäßig praktiziert werden, geraten ebenso in Vergessenheit wie eingeführte Gruppenarbeitsregeln, spezifische Arbeitstechniken oder bestimmte Operationen z. B. in Mathematik, Englisch oder Deutsch. Wenn der deutsche Volksmund besagt, dass „Übung den Meister mache“, dann ist an dieser Redewendung durchaus etwas dran. Die traditionelle Betonung des regelmäßigen Übens und Wiederholens unterstreicht die Berechtigung dieser Volksweisheit.

Was internalisiert und beherrscht werden soll, das muss schlicht und einfach geübt und einprägsam wiederholt werden. Das gilt für das Erstellen von Mindmaps, Tabellen und Spickzetteln genauso wie für das Halten kleiner Vorträge anhand von Stichwortzetteln oder das Nachschlagen bestimmter Informationen in irgendwelchen Kompendien. Auch das Durchspielen der Lernspiralen oder das Hantieren mit bestimmten inhaltlichen Aufgabenstellungen begünstigen nachhaltige Lern- und Behalteseffekte. Übung in diesem Sinne ist routinebildend im besten Sinne des Wortes. Deshalb: Wenn Lern- und Kompetenzförderung tatsächlich ge-lingen soll, dann müssen die Schüler/innen wöchentlich mehrfach Gelegenheit erhalten, bestimmte Arbeitsaufgaben und/oder -prozeduren in spezifischer Weise anzugehen. Diese Häufigkeit schafft Routine und Kompetenz. Wenn die Schüler/innen z.B. pro Woche zwanzig Mal in unterschiedlichen fachspezifischen Kompendien nachschlagen müssen, dann werden sie Recherchekompetenz entwickeln. Wenn sie wiederholt Tabellen, Mindmaps oder Plakate zu gestalten haben, dann werden sie das Strukturieren und Visualisieren von Fachwissen erlernen. Oder wenn sie bestimmte Formeln, Theorien oder sonstige fachspezifische Erkenntnisse immer wieder anwenden müssen, dann üben sie sich im Entwickeln einprägsamer Denk- und Handlungsmuster, die auf lange Sicht verfügbar bleiben.

Allerdings geht es beim besagten Üben und Wiederholen weniger um das schematische Operieren. Angesagt sind vielmehr *intelligentes* Üben und Anwenden der jeweiligen Lerninhalte bzw. Lernmethoden. Intelligentes Üben in diesem Sinne meint das regelmäßige Bearbeiten *variierender* Anwendungs- und Transferaufgaben und weniger das gedankenlose Üben nach „Schema F", wie es in vielen Schulen bis heute an der Tagesordnung ist. Das traditionelle Päckchen-Rechnen in Mathematik z.B. oder das regelmäßige Übertragen von Tafelbildern des Lehrers ins eigene Heft gehören ganz gewiss nicht in diese Kategorie des intelligenten Übens und Anwendens von Lernergebnissen. Redundanz – ja, aber nicht so, dass die Übungsarbeit bei der Wiederkehr des immer Gleichen stehen bleibt. Intelligentes Üben und Anwenden, wie es hier verstanden wird, meint mehr und anderes. Wer z.B. zu unterschiedlichen Sachverhalten immer wieder Tabellen mit differenzierten Zuschnitten entwickeln muss, der praktiziert intelligente Übungs- und Anwendungsarbeit. Oder wer bestimmte Formeln auf immer neue Textaufgaben anwenden muss, der wird mit hoher Wahrscheinlichkeit ein Mehr an fachlicher Kreativität, Flexibilität und Souveränität entwickeln. Dieses variantenreiche Üben und Anwenden des Gelernten ist fester Bestandteil der fachspezifischen Lernspiralen.

5.5 Standardisierung von Lernabläufen

Ein weiteres Grundprinzip des skizzierten PASS-Programms ist die Standardisierung der Lernabläufe in Form von Lernspiralen bzw. Trainingsspiralen. Dieser Spiralaufbau ist keine nebensächliche Idee, sondern eine Grundvoraussetzung für den Aufbau nachhaltiger Metakompetenzen auf Schülerseite. Wenn die Schüler/innen Unterrichtsabläufe nicht durchschauen, sind sie auch schwerlich in der Lage, Zielstrebigkeit und methodische Souveränität an den Tag zu legen. Diese Undurchschaubarkeit ist eines der Grundprobleme des traditionellen Unterrichts. Die Schüler/innen mögen vielleicht noch wissen, wie sie sich verhalten müssen, um mit möglichst wenig Arbeit und Anstrengung über die Runden zu kommen. Aber sie tun sich in aller Regel schwer damit, die Spielregeln und Gesetzmäßigkeiten der alltägliche Unterrichtsarbeit zu kapieren und zu beherrschen. Das ist schade und gefährlich zugleich. Schade deshalb, weil den Schüler/innen damit ein wichtiges Stück Mündigkeit verloren geht bzw. vorenthalten wird. Und gefährlich ist diese Unkenntnis insofern, als sie zwangsläufig zu Lasten der Zielstrebigkeit und des Lernerfolgs der Schüler/innen geht. Wer die Spielregeln des Unterrichts nicht durchschaut, der wird sich schwerlich so ins Zeug legen wie jemand, der das Unterrichtsskript präzise zu lesen versteht.

Die Lernspiralen und Trainingsspiralen sollen diese Lesbarkeit des Unterrichts sicherstellen. Sie sind in spezifischer Weise aufgebaut und folgen bestimmten Gesetzmäßigkeiten, die den Schüler/innen möglichst griffig vermittelt werden müssen. Diese Vermittlungsarbeit geschieht am besten dadurch, dass die betreffenden Lernspiralen zu Beginn des Unterrichts immer wieder eingeblendet und von Lehrerseite überblickshaft erläutert werden. Diese Wiederkehr der immer gleichen Grundstruktur lässt Sicherheit, Gelassenheit und Souveränität auf Schülerseite entstehen. Indem die Schüler/innen wiederholt ähnliche Schrittfolgen durchlaufen, realisieren sie nach und nach die innere Logik des Unterrichtsablaufs. Inputphase, Nachhilfephase, individuelle Konstruktionsphase, Verbalisierungsphase, kooperative Konstruktionsphase, Präsentationsphase, Reflexionsphase – das sind die zentralen Arbeitsschritte im Rahmen einer Lernspirale. Wenn die Schüler/innen diese Systematik durchschauen, können sie sich auf die unterschiedlichen Möglichkeiten und Anforderungen frühzeitig einrichten und ihren persönlichen Klärungsprozess entsprechend akzentuieren.

Die Standardisierung von Unterrichtsverläufen ist manchen Pädagogen zwar ein Dorn im Auge; notwendig ist sie trotzdem. Man denke nur an die Normung und Typung im technischen Bereich. Wenn jeder

Hersteller seine ganz eigenen Standards definieren würde, dann könnten die Nutzer vergleichsweise wenig damit anfangen. Warum? Weil sie zum einen zuviel Zeit bräuchten, um sich in die unterschiedlichen Standards immer wieder neu hineinzudenken, zum anderen deshalb, weil sie zu wenig Routine und Handlungssicherheit entwickeln könnten. Ganz ähnlich ist es im Unterricht. Die wenigsten Schüler/innen besitzen Handlungssicherheit. Sie reagieren statt zu antizipieren. Sie lassen sich treiben, statt vorausschauend zu steuern und das eigene Lernen zu akzentuieren. Schuld daran sind die Unklarheit und Beliebigkeit der Unterrichtsskripte. Dadurch, dass die meisten Lehrkräfte sehr unterschiedliche Unterrichtsvorstellungen und Ablaufmuster ihr eigen nennen, wird es für die betroffenen Schülerinnen und Schüler ungeheuer schwer, den roten Faden zu entdecken und das eigene unterrichtliche Handeln so zu managen und zu automatisieren, dass nachhaltige Handlungssicherheit entstehen kann. Schade, denn klare Handlungsschemata sind unabdingbare Voraussetzungen dafür, dass die Lernhandlungen der Schüler/innen hinreichend konstruktiv, souverän und erfolgreich verlaufen können.

Ein Beispiel aus den Grundschulbereich unterstreicht diese Schlussfolgerung. Schauplatz des Lerngeschehens ist eine Grundschule in der Nähe von Bielefeld. An dieser Schule ist es üblich, dass die Schüler/innen immer wieder Lernspiralen der verschiedensten Art durchlaufen. Dementsprechend vertraut sind sie mit den einzelnen Steps des spiralförmigen Arbeitens und Lernens. In der betreffenden Stunde geht es um ein Biologie-Thema. Die Schüler/innen der 4. Klasse müssen zunächst in Einzelarbeit einen Text lesen und markieren, um sich auf diese Weise für die nächsten Arbeitsschritte zu wappnen. Wie sehr ihnen dabei die immanente Logik der Lernspirale vor Augen steht, zeigt ein kurzer Dialog zwischen zwei Schülern während der Textarbeit. Schüler A: „Blickst du durch? Na ja, jetzt kommt ja bestimmt gleich die Nachhilfephase. Ich hab schon zwei Fragen.“ Daraufhin Schüler B ziemlich gedankenverloren. „Und dann kommt bestimmt die Konstruktionsphase. Ich bin mal gespannt, ob wieder ein Spickzettel kommt oder mal was anderes“. Interessant und ermutigend an diesem Dialog ist eines: Für die Schüler/innen ist der laufende Unterricht nicht länger ein Buch mit sieben Siegeln, sondern ein Geschehen, das im besten Sinne des Wortes kalkulierbar ist. Der Lern- und Kompetenzförderung kann dieses nur zugute kommen.

Auch die Lehrerseite profitiert von der Standardisierung, wie sie mit den Lernspiralen verbunden ist. Das gilt gleich in zweierlei Hinsicht. Zum einen trägt die klare Ablaufstruktur des Unterrichts dazu bei, dass zügiger geplant und vorbereitet werden kann. Wird nämlich jede Stunde als ganz eigenes Konstrukt verstanden und vorbereitet, dann braucht das natürlich verhältnismäßig viel Vorbereitungszeit. Der rote Faden muss stets aufs neue gesucht und entdeckt werden, was zwangsläufig recht lange dauert. Der zweite Vorteil der Standardisierung mittels Lernspiralen betrifft den Materialaustausch. Wenn sich die Vertreter/innen eines Faches auf die besagte Grundstruktur verständigen, begünstigt das sowohl ihre arbeitsteilige Unterrichtsvorbereitung als auch den zeitsparenden Austausch einschlägiger Unterrichtsmaterialien. Was die gemeinsame Nutzung einzelner Lernspiralen betrifft, so ist diese ebenso zügig wie verständnisvoll möglich, da jeder weiß, wie das zugrundeliegende Unterrichtsskript aussieht. Die Terminologie ist vertraut. Der Stundenablauf ist rasch zu erfassen und zu verstehen. Das begünstigt Rationalisierung und Arbeitsökonomie in wohltuender Weise.

So gesehen sind die mit den Lern- und Trainingsspiralen einhergehenden Standardisierungsmaßnahmen vorteilhaft für beide Seiten – für die Schüler/innen genauso wie für ihre Lehrkräfte. Wichtig dabei: Standardisiert werden weder die Unterrichtsergebnisse noch die einzelnen Arbeits-, Kommunikations- oder Kooperationsmethoden. Standardisiert wird lediglich das Unterrichtsskript im Groben, nicht jedoch das, was an didaktisch-methodischen Details zu regeln ist. Hier sind und bleiben beträchtliche Gestaltungsspielräume für die verantwortlichen Lehrkräfte. Selbst die in den Klett-Heften dokumentierten Lernspiralen lassen solche Dispositionsspielräume. Wenn jemand ein bestimmtes Material durch ein anderes ersetzen will, geht das natürlich. Und wenn jemand Wert darauf legt, dass die Schüler/innen statt eines Spickzettels eine Mindmap oder eine Tabelle erstellen sollen, dann ist selbstverständlich auch solches möglich. Flexibilität und Variabilität sind nicht nur erwünscht; sie sind mit den Grundmustern der Lern- und Trainingsspiralen auch sehr wohl in Einklang zu bringen. Jede Lernspirale ist ein bewährter Vorschlag, aber kein dogmatisches Korsett. Diese Offenheit und Gestaltbarkeit wird gelegentlich übersehen.

5.6 Methodenreflexion und -evaluation

Ein sechstes Grundprinzip in Sachen Kompetenzförderung betrifft die Verankerung der Methodenschulung. Die Schüler/innen brauchen Methodenbewusstsein und nicht nur Methodenanwendung. Vielerorts scheitert das Methodenlernen gerade daran, dass die Schüler/innen lediglich zu einzelnen methodischen Operationen veranlasst werden, ohne dass sie den eigentlichen Sinn und Zweck des betreffenden Methodeneinsatzes verstehen. Die Folge: Von Methodenbewusstsein keine Spur. Es mangelt nicht nur an Methodenkenntnissen, sondern auch und vor allem an der nötigen Einsicht, warum, was, in welcher Weise methodisch angegangen wird. Warum wird markiert und nicht einfach nur gelesen? Wie bereitet man Klassenarbeiten vor und weshalb sind manche Methoden besser und andere schlechter geeignet? Wie gestaltet man Mindmaps und wozu braucht man solche Gebilde überhaupt? Worauf ist bei der Gestaltung eines Plakats zu achten und welche Kriterien entscheiden darüber, ob eine Plakatpräsentation gelungen ist oder nicht? Diese und andere Fragen stehen im Mittelpunkt der gelegentlichen Methodenreflexionen, für die hier plädiert wird. Sie finden in der Regel im direkten Anschluss an durchgeführte Lernspiralen oder Trainingsspiralen statt.

Werden derartige Methodenreflexionen ausgespart, ist die Gefahr groß, dass ein relativ vordergründiger Methoden-Aktionismus entsteht. Die Schüler/innen arbeiten methodisch irgendwie, aber häufig ohne Sinn und Verstand. Ihnen fehlen sowohl Begründungen für den jeweiligen Methodeneinsatz als auch Alternativen, auf die gegebenenfalls zurückgegriffen werden könnte. Dieser Zustand ist und bleibt unbefriedigend – für die Schüler/innen wie für ihre Lehrkräfte. Deshalb das Prinzip der regelmäßigen Methodenreflexion. Wenn ein durchdachter und wohlbegründeter Methodeneinsatz sichergestellt werden soll, dann müssen die Schüler/innen verstärkt dazu angehalten werden, sich über die je angewandten Methoden intensiver Gedanken zu machen und vertiefende Gespräche in der Klasse zu führen. Das kann zum einen durch methodenzentrierte Feedbackphasen im Verlauf oder am Ende bestimmter Lernspiralen geschehen. Das kann zum anderen aber auch dadurch eingefädelt werden, dass die Schüler/innen entsprechende Eintragungen in ein speziell zu führendes Lerntagebuch vornehmen oder aber sonstige schriftliche „Rechenschaftsberichte" zur einen oder anderen Methode vorlegen müssen. Geeignete Vordrucke, Fragebögen oder sonstige methodenzentrierte Bilanzraster können diese Reflexionsarbeit unterstützen. Die Hauptsache, die Schüler/innen gehen gezielt daran, sich methodisch zu vergewissern und ein tiefergehendes Verständnis für bestimmte methodische Verfahrensweisen aufzubauen. Kreisgespräche, Blitzlichter oder gezielte Lehrerkommentare runden diese Reflexionsarbeit ab.

Die beste Reflexion führt freilich nicht sehr viel weiter, wenn sie nicht von passenden Evaluationsverfahren begleitet wird. Methoden zu reflektieren ist das eine; sie in angemessener Weise zu evaluieren und zu bewerten ist das andere. Beides muss zusammenkommen, wenn die umfängliche Methodenschulung im Rahmen des PASS-Programms die nötige Legitimation erfahren soll. Es gibt nämlich nichts Schlimmeres, als die Bedeutung methodischer, sozialer und kommunikativer Kompetenzen bei jeder sich bietenden Gelegenheit zu betonen; gleichzeitig aber in Sachen Leistungsmessung und -beurteilung alles beim Alten zu lassen. Dieser Widerspruch muss ausgeräumt werden. Methodenzentrierte Klassenarbeiten mit gezielten Nachschlage-, Strukturierungs- und sonstigen Konstruktionsaufgaben können ebenso dazu beitragen wie spezielle Verfahren zur Beobachtung und Beurteilung der Methodenbeherrschung im Lernprozess. Nähere Hinweise und Erläuterungen dazu finden sich in Abschnitt II.3.6. Das Entscheidende dabei ist, dass den Schüler/innen ihre methodischen Anstrengungen und Leistungen angemessen honoriert werden. Andernfalls wird die entsprechende Kompetenzförderung sehr schnell als eher „brotlose Kunst“ identifiziert. Und das kann der korrespondierenden Kompetenzförderung beim besten Willen nicht gut tun.

5.7 Konzertiertes Arbeiten der Lehrer

Die anvisierte Lern- und Kompetenzförderung verlangt konsequente Lehrerkooperation. Dieses Förderprinzip betrifft die Unterrichtsentwicklung zwar nur indirekt; wichtig ist es dennoch. Die unterrichtsmethodischen und -didaktischen Neuerungen können noch so imposant ausfallen; wirksam werden sie letztlich erst dann, wenn die Lehrkräfte es schaffen, in konzertierter Weise daran zu gehen, diese Neuerungen zu implementieren. Dieses konzertierte Arbeiten betrifft verschiedene Ebenen: die Fachebene wie die Klassenebene, die Jahrgangsebene wie die Stufenebene, die Schulleitungsebene wie die Kollegiumsebene. Konzertiertes Arbeiten in diesem Sinne ist eine Grundvoraussetzung dafür, dass nachhaltige Förderarbeit in Gang kommen und gelingen kann. Wenn jede Lehrperson punktuell vor sich hin fördert, dann ist unschwer vorauszusagen, dass die ganzen Bemühungen relativ wenig bringen werden. Es sei denn, die betreffende Lehrperson hat den Löwenanteil der Wochenstunden zur Verfügung, wie das z.B. im Grundschul- oder Förderschulbereich gilt. Dann ist auch auf eigene Faust eine ganze Menge auszurichten. In den Sekundarschulen jedoch, in denen bis heute das traditionelle Fachlehrerprinzip vorherrscht, sind die Präsenzzeiten und die Durchschlagskraft der einzelnen Lehrpersonen hochgradig eingeschränkt.

Von daher ist konzertiertes Arbeiten angesagt. Wer wirksam fördern und Kompetenzentwicklung auf Schülerseite betreiben möchte, der ist zwingend auf die Zubringer- und Unterstützungsleistungen der übrigen Fachkolleginnen und -kollegen auf Klassen- wie Jahrgangsebene angewiesen. Ansonsten werden Aufwand und Ertrag in kein ermutigendes Verhältnis zu bringen sein. Im Gegenteil: Dem verhältnismäßig hohen Aufwand der einzelnen Lehrpersonen stehen häufig recht mickrige Effekte auf Schülerseite entgegen. Verstärkt wird dieses Missverhältnis noch dadurch, dass die Schüler/innen bei Einzelinitiativen von Lehrkräften oft recht widerspenstig reagieren und die ganze Sinnhaftigkeit der neuen Lehr-, Lern- und Trainingsverfahren schlichtweg in Frage stellen. Warum? Weil das Neue als relativ arbeitsintensiv, ungewohnt und risikobehaftet erlebt wird. Zu Recht! Denn natürlich sorgen die Lernspiralen mit ihren vielfältigen Formen des eigenverantwortlichen Arbeitens und Lernens dafür, dass die Schüler/innen relativ intensiv in die Pflicht genommen werden.

Nur, Alternativen gibt es keine. Wenn die anvisierte Lern- und Kompetenzförderung tatsächlich erfolgreich über die Bühne gehen soll, dann müssen die Schüler/innen mehr und ihre Lehrkräfte weniger arbeiten. Diese Erkenntnis lässt sich in konzertierter Weise natürlich leichter durchsetzen als im Alleingang. Das gilt sowohl gegenüber den Schülerinnen und Schülern als auch gegenüber den Eltern. Dies umso mehr, als viele Eltern ohnehin der Auffassung sind, dass das Gros der Lehrkräfte zu wenig arbeitet und überdies viel zu viele Ferien hat. Dieses Klischee stimmt zwar nicht; gleichwohl hält es sich hartnäckig und trägt immer wieder dazu bei, dass Lehrkräften die Legitimierung ihrer neuen Rolle als Lernorganisatoren und Lernmoderatoren äußerst schwer fällt. Soll die daraus resultierende Halbherzigkeit überwunden und eine konsequente Umsetzung der neuen Bildungsstandards erreicht werden, dann geht das nicht ohne verstärkte Kooperation innerhalb der Lehrerschaft.

Diese Erkenntnis bereitet manchen Lehrkräften zwar Unbehagen; wegdiskutieren lässt sie sich freilich auch nicht. Lehrerkooperation ist gleichsam der „Königsweg", wenn es darum geht, nachhaltige Schul- und Unterrichtsentwicklung sicherzustellen. Ohne konsequente Lehrerkooperation ist die nachhaltige Implementierung neuer Lehr- und Lernverfahren schwerlich zum Erfolg zu führen. Das zeigen die zurückliegenden Reformbemühungen nur zur Genüge. Viele Lehrkräfte sind weder bereit noch in der Lage, die anstehende Lern- und Kompetenzförderung ernsthaft in Angriff zu nehmen, solange sie befürchten müssen, im Ernstfall alleine zu stehen und die drohenden Frustrationen alleine ausbaden zu müssen. Will man dieser Angst wirksam entgegentreten, dann muss das konzertierte Arbeiten verstärkt in den Blick der Beteiligten gebracht und schulintern kultiviert werden. Das gilt sowohl in vertikaler als auch in horizontaler Hinsicht. Demzufolge sind konstruktive Unterstützung und Begleitung der Lehrkräfte durch die Schulleitungen genauso vonnöten wie die konsequente Vernetzung der unterschiedlichen Fördermaßnahmen auf Jahrgangs- und Klassenebene. Das ist die Perspektive! Wer diesen Schritt zur konzertierten Innovationsarbeit nicht tut, muss sich nicht wundern, wenn die hehren Förderprogramme ungenutzt verpuffen. Deshalb: Lehrerkooperation ist und bleibt ein grundlegendes Förderprinzip (vgl. dazu auch die Abschnitte II.4.3 sowie III.3).

5.8 Der Primat der Alltagstauglichkeit

Das A und O erfolgreicher Förderarbeit ist die Praktikabilität der vorgesehenen Fördermaßnahmen. Von daher müssen die ins Auge gefassten Strategien im besten Sinne des Wortes alltagstauglich sein. Für viele Reformansätze der letzten Jahrzehnte gilt genau dieses nicht. Sie haben sich in mehr oder weniger abstrakten Programmen, politischen Vorsätzen und/oder schulpädagogischen Leitbildern erschöpft und sind deshalb nur zu oft gescheitert. Das gilt für Sprachlabore und Mengenlehre genauso wie für die neueren Programme des Qualitätsmanagements. Viele dieser Reformansätze sind nicht nur zu abstrakt; sie sind häufig auch viel zu aufwändig, um Lehrkräfte in größerer Zahl mobilisieren zu können. Die

Folgen dieses Dilemmas sind bekannt. Es wird geplant und diskutiert, problematisiert und räsoniert, vertagt und ausgesessen. Das Schlimmste daran ist, dass unter dem Strich in der Regel eine Menge Arbeits- und Konferenzzeit draufgeht, ohne dass Nennenswertes dabei herauskommt. Diese Diskrepanz zwischen Anspruch und Wirklichkeit macht vielen Lehrkräften bis heute zu schaffen. Die Folge: Innovationsmüdigkeit und Innovationsskepsis.

Abbauen lässt sich diese Innovationsskepsis nur dann, wenn alltagstaugliche Ansätze und Strategien an die Stelle pädagogischer Leuchtfeuer treten. Und genau das ist der Anspruch dieses Buches. Das PASS-Programm setzt auf erprobte und bewährte Lern- und Trainingsspiralen. Es knüpft an tradierte Lehr- und Lernverfahren an und verzichtet bewusst darauf, das Althergebrachte vorschnell zu diskreditieren. Es plädiert für kleine Schritte und praktikable Ziele. Es respektiert Lehrerlenkung und insistiert darauf, den Schüler/innen angemessene Lernkorridore anzubieten, die fordern, ohne zu überfordern, die Hilfe zur Selbsthilfe vorsehen, ohne aufdringlich zu verwöhnen und zu entmündigen. Das PASS-Programms steht für Arbeitsökonomie und Lehrerentlastung, Fachbezug und Methodenschulung, für Lehrertraining und Routinebildung, für Differenzierung und Ritualisierung – kurzum für Alltagstauglichkeit im besten Sinne des Wortes.

Ohne überzeugende Alltagstauglichkeit werden Reformansätze schnell zu den Akten gelegt. Die Schulprogrammarbeit der letzten Jahre ist ein mahnendes Beispiel dafür. Viele Schulen haben Programme geschrieben und Leitbilder entwickelt. Doch in die Praxis übertragen wurde reichlich wenig. Das gilt nicht zuletzt für die unterrichtsbezogenen Reformkonzepte – angefangen bei Freiarbeit und Offenem Lernen über Gruppenpädagogik, Lernzirkel und Wochenpläne bis hin zur fachspezifischen und fächerübergreifenden Projektarbeit innerhalb wie außerhalb der Schule. Die Crux bei diesen Leuchtturmvorhaben ist, dass sie das Gros der Lehrkräfte eher abschrecken und gerade nicht ermutigen, wie das für eine gelingende Unterrichtsentwicklung unerlässlich ist. Was hilft es denn, wenn in einem Kollegium vielleicht zehn bis zwanzig Prozent des Lehrkörpers engagiert und mutig genug sind, um die besagten Hochformen des eigenverantwortlichen Arbeitens und Lernens in Angriff zu nehmen. Nachhaltige Reformen sind unter solchen Vorzeichen schwerlich zu gewährleisten.

Alltagstauglichkeit sieht anders aus. Alltagstauglichkeit muss auf die Mobilisierung des breiten Mittelfeldes in den Kollegien zielen. Das ist die große Gruppe der Zauderer, der Ängstlichen und/oder der Reformgeschädigten. Und das sind leicht sechzig bis achtzig Prozent des jeweiligen Lehrkörpers. Wer dieses breite Mittelfeld nicht gewinnt und mehrheitlich zum Mitmachen ermutigt, hat von vornherein schlechte Karten, wenn es um die nachhaltige Implementierung neuer Lehr-, Lern- und Trainingsverfahren geht. Soll die anvisierte Lernkultur tatsächlich praxiswirksam werden, muss es gelingen, in möglichst vielen Klassen und Jahrgangsstufen entsprechende Standards und Verfahrensweisen zu etablieren. Gelingt das nicht, wird die nachhaltige Internalisierung und Automatisierung dieser Standards und Verfahrensweisen schwierig bleiben. Die Konsolidierung des anvisierten Methodenrepertoires wird über Gebühr ausbleiben. Genau Letzteres aber entscheidet darüber, ob eine Reform auf Dauer gestellt werden kann oder nicht.

Das PASS-Programm steht für Alltagstauglichkeit im besten Sinne des Wortes. Das spiegelt sich sowohl in den Konstruktionsprinzipien als auch in den Ablaufmustern der Lernspiralen. Nichts ist revolutionär in dem Sinne, dass es das Althergebrachte völlig wegspült. Im Gegenteil: Lehrervorträge und lehrergelenkte Unterrichtsgespräche werden ausdrücklich aufgegriffen und als mögliche Arbeitsschritte im Rahmen der Lernspiralen anerkannt. Auf überbordende Materialangebote wird bewusst verzichtet und stattdessen dafür plädiert, die Schüler/innen zunächst einmal mit dem arbeiten zu lassen, was im Klassensatz verfügbar ist. Nicht alles, was an zusätzlichen Arbeitsblättern und animierenden Arbeitsheften angeboten und angeschafft wird, ist deshalb schon lernwirksam. Die flache Arbeitsblattpädagogik in vielen Schulen beweist eher das Gegenteil. Arbeitsblätter können auch zur vordergründigen Beschäftigungstherapie verkommen. Und genau das ist vielerorts zu beobachten, wo unzählige Arbeitsblätter zur Verfügung stehen und nachgerade inflationär eingesetzt werden. Die bei Klett und Beltz erscheinenden Hefte und Bücher bieten zwar auch zahlreiche Unterrichtsbausteine; allerdings in einem klar definierten didaktisch-methodischen Rahmen. Das macht den Unterschied. Die Bereitstellung von Lernspiralen und korrespondierenden Arbeitsheften zielt auf anspruchsvolles und systematisches Lernen. Die Vielfalt der Schüleraktivitäten sowie die konsequente Kompetenz- und Methodenorientierung stellen sicher, dass die Schüler/innen variantenreich, verbindlich, kontrolliert, anwendungsbezogen und teamgebunden arbeiten und lernen müssen. Das ist machbar, effektiv und innovativ zugleich.

5.9 Institutionalisierung als Perspektive

Ein neuntes und letztes Förderprinzip betrifft die Institutionalisierung bewährter Innovationsverfahren und -standards. Die Ausführungen in den Abschnitten II.4.1 und II.5.5 konkretisieren, was damit gemeint ist. Dazu gehören klar strukturierte Lern- und Trainingsspiralen genauso wie ein übersichtlich organisiertes Innovationsmanagement im Gesamtsystem Schule. Dauerhafte Innovationserfolge lassen sich letztlich nur dann erzielen, wenn klare Fahrpläne und Maßnahmenpakete da sind, die von allen Beteiligten der Schulgemeinschaft nicht nur verstanden, sondern auch in ähnlicher Weise beachtet und umgesetzt werden. Das gilt nicht zuletzt für das hier in Rede stehende PASS-Programm. Die feste Etablierung grundlegender Handlungsschemata und -maximen bildet den Dreh- und Angelpunkt des Innovationsmanagements. Sie entscheidet maßgeblich darüber, ob verlässliche Arbeitsweisen und Standards eingehalten werden oder nicht. Manche Lehrkräfte mögen darin zwar ein eher fragwürdiges Maß an Bevormundung und Reglementierung sehen; die Alternative wären jedoch Beliebigkeit, Unverbindlichkeit sowie mehr oder weniger sprunghafter Individualismus der einzelnen Lehrpersonen. Das kann wohl kaum die Perspektive sein. Wenn alle Lehrkräfte irgendwas, irgendwie machen, dann mag das hier oder dort als „lebendige Schule“ deklariert werden. Im Ergebnis führt es jedoch weder zu einer stimmigen Lehr- und Lernkultur noch zu einer nachhaltigen Lern- und Kompetenzförderung in Schule und Unterricht.

Nachhaltigkeit verlangt Synchronisation und Systematik, Verbindlichkeit und Verlässlichkeit (vgl. dazu auch Abschnitt II.4.1). Diese Grundprinzipien müssen schulintern so verabredet und verankert werden, dass sie dauerhaft Bestand haben können und vom Gros der Lehrkräfte ebenso konsequent wie verlässlich mitgetragen werden. Fehlt diese Institutionalisierung der entsprechenden Handlungsschemata und -prinzipien, so untergräbt das die Innovationsarbeit in ganz entscheidender Weise. Oder positiv gewendet: Gibt es feste Fahrpläne, Maßnahmen und Zuständigkeiten, die sowohl zeitlich als auch personell abgestimmt und verankert sind, so ist die Wahrscheinlichkeit groß, dass die anvisierte Lern- und Kompetenzförderung in relativ erfolgreichen Bahnen verlaufen wird. Institutionalisierung alleine garantiert zwar noch keine durchschlagenden Erfolge; ohne sie jedoch gehen die Erfolgsaussichten gegen Null. Warum? Weil dann der „rote Faden“ fehlt, der Lehrkräften der verschiedensten Klassen und Stufen hilft, ihre pädagogischen Aktivitäten so zu steuern und zu synchronisieren, dass nachhaltige Effekte im alltäglichen Unterricht erreicht werden können.

Eines der Grundprobleme in Deutschlands Schulen ist die Unverbindlichkeit im Zuge schulischer Innovationsprozesse. Dieser Unverbindlichkeit wird durch die Institutionalisierung fester Handlungsschemata und -prinzipien entgegengewirkt, wie sie das PASS-Programm vorsieht. Die in Abschnitt II.4.1 skizzierten Fahrpläne und Netzpläne zeigen, wie das aussehen kann. Natürlich werden die betreffenden Handlungsschemata und -prinzipien nicht einfach oktroyiert, sondern sie müssen schulintern behutsam entwickelt und abgestimmt werden. Das geschieht zum einen im Rahmen entsprechender Fortbildungs- und Workshopmaßnahmen, zum anderen dadurch, dass einschlägige Konferenzen angesetzt werden, die dazu dienen, die notwendigen Kommunikations- und Abstimmungsmaßnahmen vorzunehmen. Geschieht dieses nicht, so ist die Gefahr groß, dass einzelne Lehrkräfte blockieren. Das bestätigen neuere Untersuchungen zum Change-Management in Betrieben. Fühlen sich Mitarbeiter/innen unzureichend informiert und eingebunden, so neigen sie immer wieder dazu, die intendierten Maßnahmen zu torpedieren (vgl. Höfer/Madelung 2006, S. 82). Schule kann sich solche Blockadesituationen angesichts des akuten Innovationsbedarfs kaum leisten.

Deshalb müssen die vorgesehenen Institutionalisierungsformen so gestaltet und kommuniziert werden, dass sie eine möglichst breite Akzeptanz und Unterstützung erfahren. Je breiter die Zustimmung und je systematischer die Vernetzung der einzelnen Maßnahmen, desto nachhaltiger werden die anvisierten Innovationsmaßnahmen in Schule und Unterricht etabliert. Das bestätigen diverse Evaluationsstudien aus den letzten Jahren. „In dem Maße, in dem einer Schule die Implementation der Unterrichtsentwicklung in allen Klassen und Jahrgängen gelingt und in dem sie Teamstrukturen etablieren kann“, so heißt es in einer Studie der Bertelsmann-Stiftung, „nimmt auch die Wirkung bei Schülerinnen und

Schülern zu (...) Die Lehrerinnen und Lehrer solcher Schulen können einen ‚roten Faden' in ihrem unterrichtlichen Handeln zwischen den Fächern und Jahrgängen beschreiben ... Durch das systematische Vorgehen in der Umsetzung wird den Beteiligten klar, warum welche Maßnahmen aufeinander folgen und wie die einzelnen Schritte in den Lernprozessen der Schülerinnen und Schüler ineinander greifen" (vgl. Herrmann 2002, S. 8ff). Dieser Befund bestätigt, dass die skizzierte Institutionalisierung gleich Mehreres fördert: Erstens den strategischen Durchblick und Weitblick der Lehrkräfte; zweitens ihre persönliche Routinebildung in Sachen Unterrichtsentwicklung und Kompetenzvermittlung sowie drittens die praktische Methodenschulung und -beherrschung der Schülerinnen und Schüler im Unterricht.

Institutionalisierungsbedarf besteht in vertikaler wie in horizontaler Hinsicht. Vertikal bedeutet hierbei, das innerhalb der Schulen klar geregelt werden muss, wie die in Gang gesetzte Lern- und Kompetenzförderung von der ersten bis zur letzten Jahrgangsstufe konsequent fortgeführt werden kann. Das beginnt bei der vertikalen Teambildung und reicht über jahrgangsübergreifende Fortbildungsseminare und Workshops bis hin zum verlässlichen Know-how-Transfer von Jahrgangsstufe zu Jahrgangsstufe (vgl. Abschnitt II.4.4). Diesbezüglich müssen klare Verfahrensweisen und Zuständigkeiten abgesprochen werden, damit der aufgenommene Faden nicht plötzlich wieder abreißt. Gleiches gilt in horizontaler Hinsicht. Auch hier ist darauf zu achten, dass klare Kooperations-, Fortbildungs-, Material-, Trainings- und Moderationsabsprachen getroffen werden, die eine konzertierte Aktion gewährleisten. Je besser die pädagogische Arbeit in den Parallelklassen synchronisiert werden kann, desto größer ist die Chance auf wirksame Arbeitserleichterung und Kompetenzförderung in den Jahrgangsstufen. So gesehen bietet die konsequente Institutionalisierung klarer Handlungsschemata und -zuständigkeiten eine wesentliche Gewähr dafür, dass die schulinterne Umsetzung des PASS-Programms erfolgreich und nachhaltig gelingen wird.

III Zum Nutzen der skizzierten Förderarbeit

Eine der entscheidenden Fragen bei allen Innovationsvorhaben ist die nach dem konkreten „Benefit" für die Betroffenen. Wenn schon Aufwand betrieben und eine ganze Menge Vorbereitungs-, Durchführungs- und Nachbereitungsarbeit verkraftet werden muss, dann ist diese Schlüsselfrage nur zu legitim. Innovatoren haben nachgerade ein Recht darauf zu erfahren, was es Ihnen nützt, wenn sie sich auf eine neue Lernkultur nach Maßgabe des PASS-Programms einlassen. Was bringt es den Lehrkräften und was bringt es den Schülerinnen und Schülern, wenn sie die Realisierung der neuen Lehr-, Lern- und Trainingsverfahren tatkräftig angehen? Dieser Leitfrage sind die nachfolgenden Abschnitte gewidmet.

1 Kompetenzzuwachs auf Schülerseite

Die erste Ebene, die hier unter die Lupe genommen werden soll, betrifft die Entwicklung der Schülerkompetenzen. Die bisherigen Ausführungen im Buch haben bereits erkennbar werden lassen, dass die anvisierte Lern- und Kompetenzförderung beträchtliche Chancen für die Schülerinnen und Schüler mit sich bringt. In welcher Weise diese profitieren können, das wird in den weiteren Unterabschnitten gezeigt. Dabei wird auf verschiedene Evaluationsstudien aus Rheinland-Pfalz, Hessen und Nordrhein-Westfalen zurückgegriffen. Aber auch den Lehrkräften bringen die Kompetenzzuwächse der Schüler/innen Positives, nämlich mehr Erfolgserlebnisse und höhere Berufszufriedenheit.

1.1 Gute Methodenbeherrschung

Der erste Pluspunkt, der hier Erwähnung finden soll, betrifft die wachsende Methodenbeherrschung der Schülerinnen und Schüler. Das schließt die Reflektiertheit des Methodeneinsatzes ebenso mit ein, wie die zunehmende handwerkliche Souveränität, mit der die Schüler/innen die einzelnen Methoden im Unterricht anzuwenden und zu nutzen verstehen. Wie eine breit angelegte Schülerbefragung in 42 rheinland-pfälzischen Sekundarschulen ergeben hat (befragt wurden 1.828 Schüler/innen), gewinnen die meisten Schüler/innen in methodischer Hinsicht deutlich an Kompetenz und Souveränität. Das gilt sowohl für den Bereich der Arbeitstechniken als auch für grundlegende Kommunikations-, Kooperations- und Präsentationsmethoden (vgl. Klippert 2003).

Das Gros der befragten Schüler/innen verfügt über eine bemerkenswerte Grundsicherheit in methodischer Hinsicht (vgl. Abb. 35). Das kann als Fazit vorweggenommen werden. Die Tatsache, dass 87 Prozent der Schüler/innen angeben, sie könnten einen Text übersichtlich markieren, ist ebenso ungewöhnlich wie ermutigend. Selbst wenn man in Rechnung stellt, dass sich manche Schüler/innen überschätzen, bleibt doch ein erstaunliches Votum. Bestätigt wird diese Selbsteinschätzung der Schüler/innen durch die entsprechenden Rückmeldungen der befragten Lehrkräfte. Immerhin 53 Prozent der 215 befragten Lehrkräfte der Pilotklassen geben an, dass fast alle Schüler/innen das übersichtliche Markieren von Texten inzwischen „sicher beherrschen". Nur knapp 4 Prozent melden zurück, dass von ihren Schüler/innen fast keiner dieses Stadium des sicheren Beherrschens erreicht hat (vgl. Klippert 2003, S. 5). Die zitierte Selbsteinschätzung der Schüler/innen scheint also tendenziell zutreffend zu sein.

Ausgesprochen positiv sehen die Schülerbilanzen auch bei anderen methodischen Basiskompetenzen aus. 83 Prozent der Befragen finden z.B., dass sie das rasche Nachschlagen von Informationen in Büchern recht sicher beherrschen. 90 Prozent meinen, sie verstünden es, die Hausaufgaben selbstständig zu erledigen. 76 Prozent geben an, dass sie das Entwickeln von Schaubildern und Tabellen gut hinbekämen und 78 Prozent fühlen sich beim sauberen und präzisen Gestalten von Heftseiten recht sicher. Gleiches gilt für das Erstellen von „Spickzetteln" als Grundlage für einen eigenen freien Vortrag. Deutliche Abstriche werden lediglich beim Erstellen und Nutzen von Fragekärtchen gemacht. Das scheint allerdings vorrangig daran zu liegen, dass Letzteres im Unterricht zu wenig vorgekommen ist (vgl. Abb. 35).

Die besagten Arbeitsmethoden sind den befragten Schüler/innen offenbar recht gut vertraut. Das ist primär der Erfolg des regelmäßigen Übens und Anwendens in den Fächern. Ähnliches gilt für den kommunikativen und kooperativen Bereich. Auch hier sind die Rückmeldungen der Schüler/innen höchst ermutigend. Wenn 81 Prozent der Befragten angeben, dass es ihnen leicht falle, nach Stichworten einen eigenen Vortrag zu halten; wenn mehr als zwei Drittel bestätigen, dass sie eigene Argumente gut zu begründen und regelgebunden zu diskutieren verstünden, und wenn immerhin 68 Prozent mit dem Kommunikationsinstrument „Doppelkreis“ vertraut sind, dann ist das ein klares Indiz dafür, dass die Schüler/innen in punkto Argumentations- und Diskussionsfähigkeit eine ganze Menge gelernt haben (vgl. Abb. 35).

Noch überzeugender fallen die Rückmeldungen in Sachen Teamfähigkeit aus. Wenn sich zwischen 79 und 89 Prozent der befragten Schüler/innen in punkto gruppeninterne Arbeitsaufteilung, Helferprinzip, kooperative Präsentation mit Partnern sowie zügige Erledigung der Gruppenaufgabe sicher fühlen, dann ist das ein deutlicher Beleg dafür, dass die durchgeführten Methodenschulungen und -anwendungen Früchte tragen. Die meisten Schüler/innen haben ihre Teamfähigkeit offenbar verbessern können. Das zeigen auch andere Items, denen zufolge das Zusammenarbeiten in Gruppen sowie das Überprüfen und (selbst-)kritische Reflektieren der gruppeninternen Arbeitsprozesse und -ergebnisse recht gut klappen.

Vielversprechende Rückmeldungen liegen auch zur Reflektiertheit des Methodeneinsatzes vor. 77 Prozent der Schüler/innen gestehen ganz offen ein, dass sie sich vor Einführung der Trainings- und Lernspiralen über methodische Dinge wenig Gedanken gemacht haben. Das hat sich deutlich geändert und verbessert. 80 Prozent der befragten Schüler/innen signalisieren, dass für sie das methodische Üben und Diskutieren recht hilfreich sei. Zwei Drittel bestätigen, dass sie die eingeübten Methoden auch ohne Lehreranweisung häufig verwenden würden – sowohl im Fachunterricht als auch zu Hause. Und immerhin 61 Prozent sagen von sich, sie könnten mittlerweile recht gut begründen, warum sie welche Methode wählten (vgl. Klippert 2003, S. 6). Diese metakognitive Kompetenz ist für Schülerinnen und Schüler der Sekundarstufe I eher ungewöhnlich und belegt den Nutzen der EVA- und Methodenschulungen.

Bestätigt werden diese rheinland-pfälzischen Befunde durch einschlägige Evaluationsstudien zum „Klippert-Programm“ in Nordrhein-Westfalen und Hessen. Wie Peter Chroust, Christian Kubina und Bernhard Schader aufgrund einer Befragung von rund 8.500 Schülerinnen und Schülern aus insgesamt 120 Sekundarschulen (darunter 34 berufliche Schulen) feststellen, hat sich die Implementierung der neuen Lehr-, Lern- und Trainingsverfahren unbedingt gelohnt. Das Fazit nach knapp

Abb. 35

Rückmeldungen zur Methodenbeherrschung

Diese Methoden habt ihr seit Anfang/Mitte 2002 im Unterricht verstärkt geübt	Wie sicher bist du inzwischen im Umgang mit den genannten Methoden? (in %)				?
	sehr sicher	eher sicher	eher nicht sicher	gar nicht sicher	
Einen Text übersichtlich markieren	32	55	11	1	1
In Büchern rasch etwas nachschlagen	41	42	14	1	2
Heftseiten sauber und präzise gestalten	41	37	17	3	3
Schaubilder und Tabellen entwickeln	31	45	16	4	4
„Spickzettel" für einen Vortrag erstellen	42	37	14	4	3
Fragekärtchen erstellen und damit üben	23	36	22	5	14
Hausaufgaben selbstständig erledigen	58	32	8	1	1
Im Doppelkreis berichten/ erzählen	28	40	17	4	11
Nach Stichworten etwas vortragen	34	47	17	2	/
Die eigenen Argumente gut begründen	25	45	22	3	5
Bei Diskussionen die Regeln beachten	30	44	20	4	2
Die Arbeit in der Gruppe gut aufteilen	40	46	13	1	/
Anderen Gruppenmitgliedern helfen	44	45	9	2	/
Die Gruppenaufgabe zügig erledigen	26	51	17	3	3
Als „Regelbeobachter" Ordnung halten	22	45	24	7	2
Mit Partnern ein Ergebnis vortragen	48	40	11	1	/
Gruppenmitglieder bewerten	26	40	20	6	8

(?) In dieser Spalte sind jene Schüler/innen erfasst, die mit den betreffenden Methoden noch keine „bewussten" Erfahrungen gesammelt haben; auch Auszählfehler oder schlichtes Auslassen des Kreuzchens finden sich hier.

Quelle: Klippert 2003, S. 5

drei Jahren EVA- und Kompetenzförderung: Das Qualifizierungsprogramm zur Erweiterung der Methodenkompetenz "... führt bei Schülerinnen und Schülern ... nicht nur zu einer Verbesserung fachbezogener Lern- und Arbeitstechniken im engeren Sinne, sondern auch zu einer Erweiterung darüber hinaus gehender Kompetenzen, z.B. Selbstständigkeit im Unterricht oder Kooperation innerhalb der Schulklasse" (Croust u.a. 2006).

Die ausgeprägte Verbesserung der Methodenbeherrschung wird auch von Heinz Günter Holtappels und Stefanie Leffelsend attestiert. In ihrer Evalutionsstudie im Rahmen des NRW-Modellversuchs „Schule & Co." kommen sie aufgrund einer Befragung von rund 3.200 Schüler/innen zu dem Schluss: „Die Forschungsergebnisse zeigen eine ... erfolgreiche Entwicklung methodischer Kompetenzen bei den Lernenden ... Besonders deutliche Effekte zeigen sich in Fähigkeiten der Lernmethoden und des Präsentierens. In der Sekundarstufe I und in Berufskollegs werden vor allem bestimmte Formen der Darstellung von Lernergebnissen sichtbar, wie die Arbeit mit Lernkarteien und die Erstellung von Plakaten, Mind-Maps und Protokollen ... Zugleich wurden weiterführende Kompetenzen und Schlüsselqualifikationen geprüft und festgestellt: Die Schüler/innen beherrschen offenbar in hohem Maße Gruppen- und Partnerarbeit, kennen die meisten grundlegenden Lernstrategien (Wiederholungs-, Elaborier- und Kontrollstrategien) und wenden sie intensiv an, berichten über hohe Selbstständigkeit in schulalltäglichen Lernabläufen und äußern relativ hohe Selbstreflexivität in Bezug auf das eigene Lernverhalten ... Selbst wenn unterstellt wird, dass sich ein Teil der Schüler/innen in den eigenen Fähigkeiten überschätzt, entsteht ein äußerst positives Bild von metakognitiven Fähigkeiten. Für sämtliche hier berichteten Kompetenzmerkmale lassen sich Trainingseffekte nachweisen" (Holtappels/Leffelsend 2003, S. 61; vgl. ferner Bastian/Rolff 2002, S. 35 ff).

Die konsequente Schulung und Anwendung der betreffenden Lern-, Arbeits-, Kommunikations-, Kooperations- und Präsentationsmethoden tragen demnach wohltuende Früchte – für die Schüler/innen genauso wie für ihre Lehrkräfte. Die Schüler/innen gewinnen nicht nur an Methodenkenntnis, sondern auch und vor allem an Methodenbeherrschung. Sie verstehen die unterschiedlichsten Methoden durchdacht und begründet einzusetzen und zu nutzen. Dass diese Fähigkeiten und Fertigkeiten dringlich gebraucht werden, ist mittlerweile ein offenes Geheimnis. Egal, ob moderne Studiengänge zu bewältigen sind oder moderne Berufsbilder ausgefüllt werden müssen, stets profitieren die Schüler/innen davon, wenn sie fundierte methodische Basiskompetenzen mitbringen. Das gilt für die neueren Projekt- und Präsentationsprüfungen genauso wie für die gängigen Assessments zur Feststellung berufsrelevanter Schlüsselkompetenzen. Schüler/innen, die sich mit den besagten Methoden frühzeitig vertraut machen können, tun sich später wesentlich leichter, wenn sie darauf zurückgreifen müssen. Das belegt den elementaren „Benefit" des PASS-Programms für die Schüler/innen.

1.2 Verbesserte Behaltenseffekte

Die neuen Lehr-, Lern- und Trainingsverfahren fördern nicht nur das Methodenlernen, sie begünstigen auch die kognitive Behaltensleistung der Schüler/innen. Das ist ein nicht zu unterschätzender Pluspunkt. Was der traditionelle Unterricht nämlich nur unzulänglich zu leisten vermag, das ist der nachhaltige Aufbau intelligenten Wissens in den Köpfen der Schüler/innen. Dabei geht es sowohl um Sach- und Faktenwissen als auch um prozedurales Wissen auf der Fach- wie auf der Methodenebene. Gelernt wird häufig recht oberflächlich und vorrangig für den nächsten Test, nicht aber so, dass sich im jeweiligen Schülergehirn nachhaltige Wissensstrukturen und Handlungsschemata aufbauen können. Der Aufbau entsprechender Synapsen und neuronaler Netzte lässt weithin zu wünschen übrig. Das Hauptproblem: Das Handeln der Schüler/innen kommt zu kurz. Die Schüler/innen arbeiten zu wenig an und mit den je anstehenden Lerngegenständen. Sie begnügen sich nur zu oft damit, zu rezipieren und zu reproduzieren und verlassen sich darauf, dass ihnen die Lehrkräfte schon gebührend vorkauen werden, was sie in anschließenden Unterrichtsgesprächen und Klassenarbeiten wiederzukäuen haben. Diese Lernstrategie geht zwangsläufig zu Lasten nachhaltiger Behaltenseffekte. Die Folge: Was heute gelernt wird, ist morgen meist schon wieder vergessen.

Anders das PASS-Programm mit seiner ausgeprägten Betonung des eigenverantwortlichen Arbeitens und Lernens im Rahmen fachspezifischer Lernspiralen. Diese Lernspiralen sorgen dafür, dass die Schüler/innen vielfältig aktiviert und immer wieder dazu veranlasst werden, mit allen Sinnen zu lernen. Sie müssen lesen und schreiben, zeichnen und gestalten, rechnen und experimentieren, bauen und modellieren, strukturieren und visualisieren, kommunizieren und kooperieren, argumentieren und präsentieren etc. – kurzum: sie müssen höchst aktiv und konstruktiv an und mit dem jeweiligen Lernstoff arbeiten. Dieser Arbeitsunterricht begünstigt zum einem die Motivation und Anstrengungsbereitschaft der Schüler/innen, zum anderen die nachhaltige Verankerung des zu lernenden Sach- und Verfahrenswissens in den eigenen Gehirnen. Synapsen werden gebildet und durch ähnlich wiederkehrende Lernarbeiten zunehmend verstärkt. So entstehen nach und nach recht stabile neuronale Netze, die sich durch die ablenkenden Einflüsse anderer Fächer, Ereignisse und/oder Erlebnisse so leicht nicht zerstören lassen. Die so gesicherte Konsolidierung des zu lernenden Sach- und Verfahrenswissens gewährleistet, dass vergleichsweise langfristige Behaltenseffekte entstehen.

Diese aus der Gehirnforschung abgeleiteten Plausibilitätsüberlegungen unterstreichen, dass die im Buch skizzierten Lehr-, Lern- und Trainingsverfahren ein vergleichsweise intensives fachliches Lernen und Behalten gewährleisten. Zwar fehlen dazu bislang noch die ganz harten Fakten, die den unmittelbaren Zusammenhang zwischen Lernspiralen, Methodenschulung und fachlicher Behaltensleistung belegen. Indirekte Beweise gibt es indes zur Genüge. Die in Kapitel I.3 angeführten Befunde der neueren Lernforschung sprechen eindeutig für eine positive Korrelation. Was sich die Schüler/innen intensiv und variantenreich erarbeitet haben, das begreifen, vernetzen und behalten sie relativ verlässlich und langfristig. Das ist der Tenor der neueren Lernforschung (vgl. Abschnitt I.3). Johannes Bastian und Hans-Günter Rolff können daher in ihrer Abschlussevaluation zum NRW-Modellversuch „Schule & Co." völlig zu Recht konstatieren, „... dass es nicht ohne Auswirkungen auf die Leistung bleibt, wenn Schüler/innen gelernt haben, methodisch reflektiert, effektiv im Team und in guten Kommunikationsformen zu lernen" (Bastian/Rolff 2002, S. 50). Im Klartext: Methodenschulung und fachspezifische Behaltensleistung sind zwingend komplementär zu sehen.

Bastian und Rolff erhärten ihre Komplementär-These mit den Worten: „Wer etwa Fähigkeiten zum produktiven und reflexiven Umgang mit Texten erworben hat, der liest schneller und versteht schneller, sodass er eher einen ‚direkten' Zugriff auf Informationen hat und sie souverän verarbeiten kann – etwa indem er sie in anderen Kontexten verwendet.

Textverständnis und Präsentationsvermögen sind grundlegende Fähigkeiten, die in allen Unterrichtsfächern von Bedeutung sind, denn in allen Fächern müssen Inhalte aufbereitet und vorgestellt werden. Ebenso grundlegend sind sozial-kommunikative Fähigkeiten, weil sie das Arbeitsklima und die Effektivität des Miteinanderlernens beeinflussen. Im Unterrichtsalltag wird bereits positiv zu Buche schlagen, dass Schüler/innen, die alle Schritte und Verfahren der Gruppenarbeit beherrschen, die Lernzeit sehr viel intensiver nutzen können, als nicht trainierte Schüler/innen" (ebenda, S. 50). Diese wenigen Beispiele lassen erkennen, dass Methodenbeherrschung, Lerneffizienz und Behaltensleistung gleichsam ein magisches Dreieck bilden. Schüler/innen, die methodisch souverän zu arbeiten verstehen, werden ihre Lernzeit auch vergleichsweise intensiv und diszipliniert nutzen können und dadurch ein Mehr an Wissensverarbeitung und -aufbereitung zu Wege bringen.

Für diese positive Korrelation von spiralförmigem Arbeiten und fachspezifischem Lern- und Behaltenserfolg sprechen auch die Evaluationsbefunde, die in einer Examensarbeit zum Einsatz von Lernspiralen zur Erarbeitung der „Proteinbiosynthese in der Jahrgangsstufe 12" zutage gefördert wurden. In der entsprechenden Examensarbeit wird nach Durchführung eines recht differenzierten, kompetenzorientierten Leistungstests der folgende Lernerfolg festgestellt: Fünf der insgesamt zwölf Leistungskursschüler/innen erreichen die Note „sehr gut", weitere fünf schneiden gut oder befriedigend ab, eine Arbeit wird mit ausreichend bewertet und eine fällt in den mangelhaften Bereich (vgl. Kreutzner 2006, S. 26). Erfreulich sei, „... dass knapp 70 % der Schüler die Frage des Anforderungsbereichs II und kanpp 60 % die Frage des Anforderungsbereichs III richtig beantworten konnten. Dies zeigt, dass die Thematik der Proteinbiosynthese nicht nur im reproduktiven Bereich von den meisten Schülern gut bis sehr gut gelernt wurde, sondern dass auch Transferleistungen möglich waren" (ebenda).

Überzeugende Behaltensleistungen ergeben sich offenbar auch bei komplexen Textinformationen, sofern die Schüler/innen methodisch nur hinreichend geschult sind. Das zeigen Rückmeldungen aus der kaufmännischen Schule Dillenburg. Wie eine Sprecherin dieser Schule nach zweijähriger EVA-Arbeit zu berichten weiß, sorgen die Lernspiralen und Trainingsverfahren dafür, dass die Schüler/innen die behandelten Fachinhalte recht wirksam behalten. Dazu heißt es weiter: Während „... früher selbst nach besten Anstrengungen des Lehrers oder der Lehrerin der Inhalt eines (anspruchsvollen) Textes maximal der Hälfte der Klasse sicher verfügbar war, können wir mit den neuen Methoden weit bessere Ergebnisse erzielen. Selbst nach mehr als einem Jahr (!) erinnerten sich viele Schüler noch an wesentliche Inhalte der Texte, die sie bei den so genannten Methodentagen mit Hilfe von Plakaten und Präsentationen unter Anleitung der Lehrer weitgehend selbstständig in detailliert durchstrukturierten Lernspiralen erarbeitet hatten" (Frankfurter Rundschau vom 11.2.2003). Dass dieses den Schülerinnen und Schülern nützt und gelegentlich auch verbesserte Noten einbringt, ist unstrittig.

1.3 Gesteigerte Lernmotivation

Die mit dem PASS-Programm verbundenen Lernaktivitäten stärken die Lernmotivation der Schülerinnen und Schüler. Hinter dieser These steht der lernpsychologische Befund, dass kompetenzgestütztes und erfolgversprechendes Lernen das Gros der Schülerinnen und Schüler beflügelt. Warum? Weil nahezu allen Menschen ein tief sitzendes Bedürfnis und Bestreben innewohnt, sich selbst zu erproben und zu bestätigen – vorausgesetzt, die persönlichen Erfolgschancen bewegen sich im grünen Bereich. Mit den Lernspiralen und methodenzentrierten Schulungsmaßnahmen wird der Boden dafür bereitet, dass die Erfolgsaussichten für die große Mehrheit der Schüler/innen in der Tat recht günstig sind. Es wird gefordert, aber auch gefördert. Methodentraining, Methodenpflege und die flexibel zur Verfügung stehenden Helfersysteme im Verlauf der Lernspiralen sorgen dafür, dass sich „Kompetenzmotivation„ im besten Sinne des Wortes entwickeln kann (zum Begriff der Kompetenzmotivation vgl. Bruner 1981). Damit gemeint ist die Motivation aus dem Gefühl und der Erfahrung heraus, dass das eigene Können schon ausreichen wird, um mit den je gestellten Aufgaben und Anforderungen im Unterricht fertig zu werden. Die konsequente Lern- und Kompetenzförderung im Rahmen des PASS-Programms stützt und stärkt diese Kompetenzgefühle und ist damit eine höchst ergiebige Quelle von Motivation und Lernerfolg auf Schülerseite.

Ein Blick in den Alltag der Kinder und Jugendlichen beweist die Bedeutung dieser Kompetenz- bzw. Erfolgsmotivation. Je besser die aufgabenspezifischen Handlungsabläufe geübt und gesichert sind und je größer die damit korrespondierenden Erfolgsaussichten ausfallen, desto ausgeprägter stellen sich Motivation und Anstrengungsbereitschaft ein. Ein Jugendlicher zum Beispiel, der zum X-ten Mal ein Mofa frisiert, tut dies in aller Regel mit hoher Konzentration und Ausdauer, obwohl er in der Schule womöglich als sehr lernschwach und demotiviert eingestuft wird. Warum eigentlich? Weil es erstens realistische Erfolgsaussichten gibt und weil zweitens die zurückliegenden Könnenserfahrungen dafür sprechen, dass es erneut gut tun wird, etwas geschafft zu haben. So entsteht tätigkeits- und erfolgsgestützte Motivation. Wer jemals einem Hobby nachgegangen ist, weiß, was damit gemeint ist. Die betreffenden Personen können oft gar nicht genug davon bekommen, sich an der eigenen Kompetenz zu berauschen und das, was einmal erfolgreich war, immer wieder aufs Neue zu versuchen und sich dadurch als Mensch und Problemlöser möglichst oft zu bestätigen. Diese Art der Kompetenz- bzw. Erfolgsmotivation ist offenbar eine tief sitzende anthropologische Größe, von der die Schüler/innen und ihre Lehrkräfte noch lange zehren können. Die Lernspiralen und Trainingsverfahren unterstützen die Nutzung dieser Motivationsquelle.

Methodenkompetenz beflügelt. Das belegen nicht zuletzt die angeführten Evaluationsstudien aus Nordrhein-Westfalen, Hessen und Rheinland-Pfalz. So ist z.B. der in Rheinland-Pfalz durchgeführten Lehrerbefragung zu entnehmen, dass 62 Prozent der 215 befragten Lehrkräfte die Einschätzung vertreten, dass die am EVA-Programm beteiligten Schüler/innen im Vergleich zur übrigen Schülerschaft deutlich besser in der Lage seien, engagiert und zielstrebig an die gestellten Aufgaben heranzugehen (vgl. Klippert 2003, S. 12). Das Pendant dazu auf Schülerseite: 68 Prozent der 1.828 befragten Schüler/innen vermelden, dass sie infolge des Methodenlernens selbstbewusster an ihre unterrichtlichen Aufgaben herangehen würden (vgl. ebenda, S. 6). Da Engagement und Selbstbewusstsein zwei zentrale Ausformungen der Schülermotivation sind, können die zitierten Befunde als Belege dafür genommen werden, dass die spiralförmige, methodenzentrierte Lern- und Trainingsarbeit die Motivation der Schülerinnen und Schüler erheblich stützt.

1.4 Stärkung der Persönlichkeit

Nützlich ist das PASS-Programm für die Schüler/innen auch deshalb, weil es dazu verhilft, Persönlichkeitsentwicklung im besten Sinne des Wortes zu erfahren. Persönliche Stärkung und Bestätigung bedeuten immer auch, dass das eigene Selbstbewusstsein und Selbstwertgefühl zunimmt. Wer sich auf seine Leistungen und Kompetenzen begründet etwas einbilden kann, der wird natürlich auch an persönlicher Souveränität gewinnen. Die Lernspiralen und die vielfältigen Methodenschulungen tragen entscheidend dazu bei, dass diese Entwicklung hin zu mehr Selbstbestätigung, Selbstbewusstsein und Selbstwertgefühl vonstatten gehen kann. Das bedingt und begünstigt wachsende Souveränität sowohl im Umgang mit Aufgaben und fachlichen Problemen als auch und vor allem in der Auseinandersetzung und Zusammenarbeit mit anderen Menschen. Wer Persönlichkeit entwickeln will, muss lernen, die eigenen Begabungen und Stärken zu entdecken, Reflektiertheit und Problembewusstsein zu entwickeln, Selbstständigkeit und Eigeninitiative zu kultivieren, Flexibilität und Problemlösungsvermögen aufzubauen, Empathie und Toleranz zu entfalten.

Eine Studie der Bertelsmann-Stiftung bestätigt und erweitert diese Sicht der Persönlichkeitsentwicklung. Danach umfasst „personale Kompetenz“ eine ganze Palette an grundlegenden Einstellungen, Werthaltungen und Motivationen, die das Lernen und Arbeiten in Schule und Unterricht beeinflussen. Dazu gehören emotionale Unabhängigkeit genauso wie Lernwille und Selbstmotivation. Dazu gehören aber auch Eigeninitiative und Neugierde, Selbstkritikfähigkeit und Frustrationstoleranz, Wertebewusstsein und moralische Urteilsfähigkeit, Offenheit und Zuversicht in die eigenen Fähigkeiten (vgl. Czerwanski u.a. 2002, S. 32ff). Dies alles muss gelernt werden, wenn die Schülerinnen und Schüler zu gereiften Persönlichkeiten heranwachsen sollen. Das schließt das Erkennen eigener Stärken und Schwächen genauso mit ein wie das Ausbilden von Souveränität im Umgang mit Schwierigkeiten und persönlichen Fehlern. Die hier in Rede stehenden Lehr-, Lern- und Trainingsverfahren werden zwar nicht all das gewährleisten können, was eine starke Persönlichkeit ausmacht; wohl aber geben sie den Schüler/innen vielfältige Möglichkeiten, die skizzierten Teilkompetenzen sukzessive auszubilden und immer wieder anzuwenden.

Das gilt nicht zuletzt für den von Franz E. Weinert geforderten „Erwerb von Wertorientierungen“. Dabei geht es Weinert zufolge nicht nur um kulturelle Regeln und soziale Sitten, sondern auch um universelle Normen wie etwa Fairness und Gerechtigkeit (vgl. Weinert 2000, S. 10). Indem das PASS-Programm recht ausgeprägt auf soziales und kommunikatives Lernen der Schüler/innen abstellt, wird dieser Forderung Weinerts deutlich Rechnung getragen. Auch Offenheit, Frustrationstoleranz, Lernwille, Einfühlungsvermögen, Eigeninitiative und Selbstkritikfähigkeit spielen im Rahmen der anvisierten Lern- und Trainingsspiralen eine ziemlich große Rolle. So gesehen werden den Schüler/innen im Unterrichtsalltag vielfältige Chancen und Anlässe geboten, ihre Persönlichkeit im besten Sinne des Wortes zu stärken und zu entwickeln – in selbsttätiger wie in kooperativer Weise.

Schüler/innen brauchen Persönlichkeit – keine Frage. Und sie brauchen entsprechende Herausforderungen und Schulungsmaßnahmen, die helfen, die besagten Persönlichkeitsmerkmale auszubilden. Kein Mensch wird als Persönlichkeit geboren; eine starke Persönlichkeit wird man letztlich nur dadurch, dass man lebenslang an sich arbeitet. Und genau dazu sollen die im Buch skizzierten Lehr-, Lern- und Trainingsverfahren anregen. Der EVA-Ansatz ermutigt und veranlasst die Schüler/innen immer wieder zum Experimentieren und Reflektieren, zur Selbsterprobung und Selbsterfahrung, zur Methodensondierung und Methodenanwendung, zur Kommunikationsschulung und Teamentwicklung, zur Selbststeuerung und Selbstbestätigung. Auch wenn das nicht selten harte Kärrnerarbeit sein mag – dem Gros der Schülerinnen und Schüler kommt das mittel- und längerfristig ganz sicher zugute. Von daher gilt auch in diesem Punkt: Der „Benefit“ ist gesichert.

1.5 Günstige Berufsperspektiven

Hochgradig profitieren können die Schüler/innen auch im Hinblick auf ihre spätere Berufstätigkeit. Das PASS-Programm steht erklärtermaßen für eine Lehr- und Lernkultur, die eine breit gefächerte Vermittlung beruflicher Schlüsselqualifikationen vorsieht. Gerade in der heutigen Zeit tun Schüler/innen und Eltern gut daran, einen sorgfältigen Blick auf die veränderten Anforderungen in der modernen Berufs- und Arbeitswelt zu richten. Durch den Übergang von der traditionellen Industriegesellschaft zur globalisierten Informations- und Wissensgesellschaft sind die Ausbildungsbedingungen und -anforderungen in Betrieben und Universitäten kräftig in Bewegung geraten. Die ausgeprägte Betonung von Belehrung und Unterweisung ist genauso ins Wanken geraten, wie die traditionelle Vorrangstellung des deklarativen Wissens. Das Kumulieren von Vorratswissen für etwaige Prüfungs- und Anwendungssituationen in der Zukunft tritt mehr und mehr zurück zugunsten des prozeduralen und situativen Wissens. Was heißt das? Mit prozeduralem Wissen ist all das gemeint, was die Schüler/innen an Methoden- und Verfahrenswissen benötigen, um in Schule und Ausbildung erfolgreich lernen und arbeiten zu können. Situatives Wissen dagegen meint problem- und projektspezifisches Wissen, das für die Bewältigung realer Problem- bzw. Aufgabensituationen benötigt wird.

Diese letztgenannten Wissensdomänen verlangen natürlich auch nach prozeduralem und situativem Lernen. Und genau dieses sehen die im Buch begründeten Lernspiralen vor (vgl. die Abschnitte II.2.2 und II.2.3). Jede Arbeitsinsel A1 bis A x kann als Lernsituation gesehen werden. Und jeder Arbeitsschritt innerhalb der einzelnen Lernspirale hat nochmals situative Züge, indem er EVA in Kleinformat verlangt. So gesehen trägt das PASS-Programm nicht nur dem veränderten Wissens- und Lernverständnis der Gegenwart Rechnung; es hilft den Schüler/innen auch, entsprechendes prozedurales und situatives Wissen verstärkt aufzubauen und beherrschen zu lernen. Warum das wichtig ist? Weil die moderne Informations- und Wissensgesellschaft hochgradig darauf angewiesen ist, dass die Schüler/innen und späteren Mitarbeiter/innen verstärkt über anwendungsbezogenes Wissen der letztgenannten Art verfügen. Auf kleinkarierte Vorschriften und Anweisungen der Lehrer bzw. Vorgesetzten zu warten, reicht schon lange nicht mehr. Gefragt sind vielmehr selbstständige, verantwortungsbewusste, kreative und kooperationsfähige Problemlöser.

Der Grund dafür ist evident, wenn man sich die moderne Berufswelt etwas näher anschaut. Das einzig Beständige an den modernen Arbeitsbedingungen und -anforderungen ist der Wandel. „Im Verlauf ihres Erwerbslebens werden immer mehr Menschen ganz unterschiedliche, mal abhängige, mal selbstständige Tätigkeiten ausüben. Zudem wechseln die benötigten fachlichen Inhalte und geforderten Qualifikationen schneller. Betriebs- und Tätigkeitswechsel, Arbeit, Arbeitslosigkeit und Umschulung werden sich häufiger ergänzen. Dies stellt künftige Erwerbstätige

Abb. 36

Schlüsselqualifikationen aus der Sicht der Wirtschaft

Soziale Dimension	Kognitive Dimension
■ Kooperationsfähigkeit ■ Kommunikationsfähigkeit ■ Konfliktfähigkei ■ Delegationsfähigkeit ■ Motivationsfähigkeit ■ Feedbackfähigkeit ■ Toleranz und Respekt ■ Durchhaltevermögen ■ Wahrnehmungsfähigkeit ■ Zielstrebigkeit ■ etc.	■ Eigeninitiative ■ Kreativität ■ Auffassungsgabe ■ Konzentrationsfähigkeit ■ Risikobereitschaft ■ Problemorientierung ■ Unkonventionalität ■ Selbstorganisationsfähigkeit ■ Analytisches Denken ■ Räumliche Vorstellung ■ etc.

Affektive Dimension	Elementare Arbeitstechniken
■ Leistungsmotivation ■ Interesse und Neugier ■ Unabhängigkeitsstreben ■ Stressresistenz ■ Emotionale Stabilität ■ Optimismus ■ Ungewissheitstoleranz ■ Unabhängigkeitsstreben ■ etc.	■ Informationsmanagement ■ Recherchefähigkeit ■ Visualisierungsfähigkeit ■ Präsentationsfähigkeit ■ Zeitmanagement ■ Projektmanagement ■ Moderationstechniken ■ Dokumentationsfähigkeit ■ etc.

Quelle: Vgl. Vereinigung der Bayerischen Wirtschaft 2003, S. 86f

vor neue Herausforderungen: Selbstorganisation, Eigenverantwortung und Kooperationsfähigkeit treten immer mehr an die Stelle der herkömmlichen ... Kontrollstrukturen ... Dies erfordert ein hohes Maß an menschlicher Flexibilität sowie die Fähigkeit und Bereitschaft zur Zusammenarbeit in ständig wechselnden, neuen und unvertrauten Zusammenhängen von Betrieben und Personen“ (Vereinigung der bayerischen Wirtschaft 2003, S. 79). Schüler/innen die immer wieder Lernspiralen durchlaufen und in unterschiedlichen Zufallsgruppen arbeiten, kooperieren und Probleme lösen müssen, dürften mit diesem Wechselspiel vergleichsweise wenig Schwierigkeiten haben.

Welche Schlüsselqualifikationen von daher obenan stehen, zeigt Abbildung 36. Das gilt für die Privatwirtschaft genauso wie für moderne Universitäten. Studien- und Berufserfolg hängen ganz entscheidend davon ab, dass die jungen Leute die besagten Schlüsselqualifikationen möglichst frühzeitig und nachhaltig erwerben. Hier ist die Schule gefordert. Von daher muss ein Schüler, der streng egoistisch und utilitaristisch denkt, an einer verstärkten Vermittlung derartiger Qualifikationen dringlich interessiert sein. Fachwissen alleine genügt nicht! Nötig ist vielmehr ein möglichst systematischer Erwerb grundlegender kognitiver, methodischer, sozialer und emotionaler Kompetenzen, die zum anspruchsvollen eigenverantwortlichen Arbeiten und Lernen in Schule, Studium und Beruf befähigen (vgl. ebenda, S. 86 f; vgl. ferner Schlaffke 2003, S. 7 f; IHK 2002 sowie IDW 2002). Die hier in Rede stehenden Lehr-, Lern- und Trainingsverfahren tragen den genannten Qualifikationsanforderungen in hohem Maße Rechung. Die Schüler/innen sind die Nutznießer dieser Lernkultur.

2 Lehrerentlastung im Fachunterricht

Der Nutzen der neuen Lehr-, Lern- und Trainingsverfahren für die Schüler/innen ist beträchtlich. Und die Lehrkräfte? Auch sie profitieren von den Kompetenzzuwächsen der Schüler/innen in hohem Maße. Für die Lehrkräfte hat die systematische Methoden- und Kompetenzschulung den willkommenen Nebeneffekt, dass sie sich verstärkt darauf verlassen können, dass die Schüler/innen im Unterricht alleine zurecht kommen und nicht wegen jeder Kleinigkeit anfragen oder möglichst präzise Anweisungen haben möchten. Das hilft die Nerven zu schonen und trägt maßgeblich dazu bei, dass sich spürbare Entlastungseffekte im alltäglichen Unterricht einstellen. Davon handeln die nachfolgenden Abschnitte.

2.1 Verlässliche Selbststeuerung

Ausgeprägte Entlastungseffekte für die Lehrkräfte ergeben sich aufgrund der wachsenden Selbstständigkeit der Schülerinnen und Schüler. Das hat zum einen mit deren faktischer Kompetenzentwicklung zu tun, zum anderen mit den eingeführten Regeln und Ritualen, die den Schüler/innen immer wieder signalisieren, dass sie mit allen Mitteln versuchen müssen, in eigener Regie zu lernen und auftretende Probleme so weit wie möglich selbst zu lösen (vgl. Abschnitt II.2.6). Selbstständigkeit und Selbststeuerung stellen sich bei den meisten Schüler/innen nämlich nicht von selbst ein. Gibt es keine eindeutigen Spielregeln und Konventionen, dann ist die Gefahr groß, dass sich die Schüler/innen vorrangig darauf verlegen, der jeweiligen Lehrperson die hauptsächliche Arbeit und Verantwortung zuzuschanzen. Deshalb sind klare Signale vonnöten, die dem Credo „Hilfe zur Selbsthilfe“ den nötigen Nachdruck verleihen. Das kann die Ampel sein, die auf rot gestellt wird; das kann aber auch die Verabredung einer klaren Schrittfolge für den Fall aufkeimender Hilfsbedürftigkeit sein. Ist mit den Schüler/innen eindeutig vereinbart, dass bei etwaigen Unklarheiten zunächst der Lernpartner, dann die Tischgruppe, dann die Nachschlagewerke und erst dann die Lehrperson zu konsultieren sind, dann entsteht schon bald spürbare Entlastung für die Lehrkräfte.

Die Lernspiralen mit ihren integrierten Helfer- und Erziehungsmechanismen verhindern, dass die Schüler/innen in ausweglose Überforderungssituationen hineinschlittern. Von daher kann ein beträchtliches Maß an Selbstständigkeit und Selbstorganisation zugemutet werden. Die Schüler/innen müssen nur lernen, dass sie sich zunächst auf ihre eigenen Kräfte zu besinnen haben, bevor sie die Lehrkräfte einschalten. Wenn diese Maxime durch Trainings, Übungen, Reflexionen und überzeugende Begründungen von Lehrerseite hinreichend internalisiert ist, dann wird es für viele Schüler/innen zunehmend zur Selbstverständlichkeit, die anstehende Lernarbeit selbst in die Hand zu nehmen – alleine und mit wechselnden Lernpartnern. Die Phase der Automatisierung setzt ein. Davon sind die meisten Lehrer- wie Schüler/innen in den Schulen zwar noch weit entfernt; utopisch ist das Ganze jedoch nicht. Im Gegenteil: Die Lernspiralen bilden ein verlässliches Korsett, das sicherstellt, dass sich die Schülerinnen und Schüler in kleinen Schritten vortasten und sukzessive ein Mehr an Selbstständigkeit und Selbststeuerung erlernen können. Diese allmähliche Progression ist der Garant für nachhaltige Lehrerentlastung im Unterricht.

Dass diese Entlastung tatsächlich eintritt, zeigen die vorliegenden Unterrichtsevaluationen und -berichte aus verschiedenen Bundesländern. So berichtet z.B. eine PASS-erfahrene Lehrerin aus Nordrhein-Westfalen von ihren ersten Schritten zur „Abnabelung“ der Schüler/innen mittels der erwähnten Ampel. Nach der Vorstellung des Lernspiralablaufs und der Besprechung der Arbeitsaufträge sei es gar nicht so leicht gewesen, so schreibt sie, den Schüler/innen Sinn und Konsequenz der auf Rot gestellten Papp-Ampel begreifbar zu machen. Es habe einige Zeit gedauert, bis sie realisiert hätten, dass der Lehrer nicht verfügbar ist und die Auseinandersetzung mit dem anstehenden Sachverhalt eigenverantwortlich geführt werden muss. Die rote Ampel habe aber auch ihr geholfen, nicht gleich wieder loszurennen und zu helfen, zumal einige Schüler/innen sie mit den Worten ausgebremst hätten: „Wir dachten, die Ampel zeigt rot!“ (vgl. Ziegler 2000, S. 17). „Ich erlebe nicht mehr“, so schreibt Andrea Ziegler in ihrer persönlichen Bilanz, „dass Schüler pausenlos nach mir rufen und mich fragen: ‚Geht das so?‘, ‚Ist das richtig?‘, ‚Können sie mir mal helfen?‘ oder ‚Das kann ich nicht!‘. Heute ist es fast selbstverständlich, dass fast alle Schüler erst selbst überlegen und Lösungen finden oder ihre Nachbarn fragen “ (ebenda, S. 18).

Ähnlich ermutigende Erfahrungen schildert Stephanie Kreutzner in ihrer Examensarbeit zum Lernspiral-Einsatz im Leistungskurs Biologie in einer 12. Jahrgangsstufe. Zu Beginn der Makrospirale zur Proteinbiosynthese hätten die Schüler/innen sowohl fachlich wie methodisch noch viel nachgefragt, um sich über die Richtigkeit ihres Denkens und Vorgehens zu vergewissern. Oft hätten sie Antworten hören wollen, die sie selbst durch die vorliegenden Materialien erst erschließen sollten. Das habe sich von Lernspirale zu Lernspirale jedoch erheblich verbessert. Die Schüler/innen hätten sich zunehmend von den Lehrerhilfen und -rückmeldungen abgekoppelt und seien deutlich mutiger und selbstständiger in ihrer Arbeit geworden. Es sei des Öfteren sogar vorgekommen, dass Schüler/innen eigenständig entschieden hätten, die eine oder andere Aufgabe während der Pause fortzuführen oder fertigzustellen. Auch das selbstständige Recherchieren und Erarbeiten von Teilthemen in Gruppen habe gut funktioniert. Das Erstaunliche daran: Die Schüler/innen seien innerhalb von nur neun Unterrichtsstunden deutlich selbstständiger und sicherer im Umgang mit EVA geworden und hätten relativ wenig Hilfe von Lehrerseite eingefordert (vgl. Kreutzner 2006, S. 28).

Dass diese Praxisberichte verallgemeinerbar sind, zeigen die Evaluationsbefunde aus Hessen und Nordrhein-Westfalen (vgl. Abb. 37). 70 Prozent der 2000 befragten hessischen Lehrkräfte geben z.B. an, dass die Schüler/innen durch die Lernspiralen und Methodentrainings wesentlich selbstständiger und zielstrebiger geworden seien (vgl. Chroust u.a. 2006, S. 12) – ein signifikanter Beleg für die in Aussicht stehende Lehrerentlastung. Noch deutlicher signalisieren die 5.410 befragten hessischen Schüler/innen, wie sehr den Lehrkräften Entlastungschancen ins Haus stehen. 94 Prozent von ihnen konstatieren, dass sie gut bis sehr gut in der Lage seien, sich selbstständig Informationen zu beschaffen. 72 Prozent behaupten Gleiches für die Auswahl und den Einsatz passender Lerntechniken. 88 Prozent meinen, sie seien in der Lage, selbstständig zu entscheiden, wie sie vorgehen, wenn sie etwas lernen sollen, und 85 Prozent bekunden, dass die Schüler der eigenen Klassen es gut verstünden, selbstständig in Gruppen zusammenzuarbeiten (vgl. Abb. 37). Ganz ähnliche Evaluationsbefunde liefern Heinz Günter Holtappels und Stafanie Leffelsend in ihrer Studie zum Modellversuch „Schule & Co.“ des Landes Nordrhein-Westfalen (vgl. Abb. 37).

Die Selbstständigkeit der Schüler/innen entwickelt sich also offenbar proportional zur alltäglichen EVA- und Methodenschulung im Unterricht. Müssen die Lernspiralen am Anfang noch relativ eng abgesteckt

Abb. 37

Wie PASS die Selbstständigkeit der Schüler/innen fördert

Vorgegebene Items Diese waren innerhalb einer 4er-Skala anzukreuzen (In der Tabelle rechts sind nur die beiden „Positiv-Spalten“ berücksichtigt)	Chroust & Schader 2005 Hessen (N = 5.410)	Holtappels & Leffelsend 2002 NRW (N = 3238)
	Summe aus „sehr oft“ und „eher oft“; „trifft voll“ und „eher zu“ bzw. „kann ich sehr gut“ und „eher gut“	
„Ich weiß ganz gut, welche Lerntechniken ich wann am besten einsetzen muss“	72%	79,6%
„Ich kann mir selbstständig Informationen beschaffen“	94%	84,8%
„Ich entscheide selbst, wie ich vorgehe, wenn ich etwas lernen soll“	88%	79,6%
„In meiner Klasse arbeiten die Schüler/innen gut zusammen“	85%	81%
„Ich bin in der Lage, etwas vor der ganzen Klasse frei vorzutragen“	66%	64,2%

Quelle: Chroust u.a. 2006, S. 14

werden, so können die Lehrkräfte die Lernkorridore und Verantwortlichkeiten der Schüler/innen mit wachsender Übung und Lernkompetenz zunehmend anspruchsvoller gestalten. Komplexere Anwendungs- und Transferaufgaben, wie sie der Anforderungsbereich III der Makrospiralen vorsieht (vgl. Abb. 19 auf Seite 97) können mehr und mehr ins Spiel gebracht werden. Das heißt, die selbstständige Planung, Durchführung, Präsentation und Auswertung fachbezogener oder fachübergreifender Vorhaben, Lernsituationen und Projekte wird zunehmend möglich und erfolgversprechend. Im Rahmen des Projekts „Selbstständige Schule" in Nordrhein-Westfalen firmieren diese Hochformen des eigenverantwortlichen Arbeitens und Lernens der Schüler/innen unter dem Kürzel „SEGEL". Damit gemeint ist das **Se**lbst**ge**steuerte **L**ernen in komplexeren Lernsituationen innerhalb des Fachunterrichts (vgl. Höfer/Madelung 2006, S. 57). Auch diese komplexen Planungs-, Erarbeitungs-, Präsentations- und Bewertungsprozesse sind *spiralförmig* aufgebaut – nur mit der Besonderheit, dass das Ausmaß der Selbststeuerung und Selbstorganisation der Schüler/innen größer ist und die Entlastungsspielräume für die Lehrkräfte weiter werden.

2.2 Die Lerndisziplin nimmt zu

Zu den Hauptbelastungen der Lehrkräfte zählt die Disziplinlosigkeit vieler Schülerinnen und Schüler. Das beginnt mit Unaufmerksamkeit, Lustlosigkeit und Unkonzentriertheit und reicht über offensive Formen der Verweigerung in Form von Missfallensbekundungen oder Einstellen der Mitarbeit bis hin zu unflätigen Bemerkungen, Hänseleien, Aggressionen und sonstigen Störmanövern im Klassenraum. Dass dieses nicht gerade dazu beiträgt, den betreffenden Lehrkräften einen schönen Schulvormittag zu verschaffen, ist evident. Wie die neueren Studien zur Lehrerbelastung unmissverständlich zeigen, sind es gerade diese Störungen und Friktionen im alltäglichen Unterrichtsgeschehen, die viele Lehrkräfte hochgradig belasten. Manche sind irritiert; andere sind entsetzt, aber alle fühlen sich mehr oder weniger stark gestört durch das undisziplinierte Verhalten einzelner Schüler/innen. Das müssen in der Klasse gar nicht so viele sein, die Undiszipliniertheit an den Tag legen; oft genügen schon einige wenige undisziplinierte Schüler/innen, um sowohl den Lernprozess als auch die dafür verantwortlichen Lehrkräfte empfindlich zu stören. Dieses gilt um so mehr, je geballter die „Störenfriede" in Gruppen bzw. an Tischen zusammensitzen. Jeder einzelne Problemschüler wäre für sich alleine vielleicht noch ganz gut zu integrieren; im direkten Verbund mit anderen Problemschülern jedoch verstärken sie ihre Anti-Haltung oftmals so sehr, dass Lehrkräfte nur noch schwer dagegen ankommen können.

Was tun? Natürlich können Lehrkräfte und Schulleitungen durch Druck und Sanktionen der verschiedensten Art versuchen, die betreffenden Schüler/innen zur Räson zu bringen. Allerdings ist das meist nicht nur nervenaufreibend; bei den harten Problemfällen ist es unter Umständen auch recht aussichtslos. Schüler/innen, die den Eindruck gewonnen haben, dass sie bei ihren Lehrkräften „unten durch" sind, tendieren nur zu oft dazu, ihre Anti-Haltung offensiv zu kultivieren und – wenn möglich – auch noch auf andere Mitschüler/innen zu übertragen (siehe die genannte Blockbildung). Es kommt zu einem Kumulierungseffekt, der von Lehrerseite womöglich nur schwer aufzulösen ist. Die Folge sind die viel zitierten „hilflosen Erzieher". Mit Druck, Tadeln, schlechten Noten, Dauerkritik, Verweisen oder sonstigen Appellen und Sanktionen kommen die betreffenden Lehrkräfte in der Regel nicht wirklich weiter. Ist das Verhältnis erst einmal gestört, so lässt es sich so leicht nicht wieder kitten. Das gilt keinesfalls nur für die manifesten Problemschüler/innen, sondern auch und nicht zuletzt für die desillusionierten Verweigerer bzw. Lernversager, die sich in jeder Klasse in ganz erklecklicher Anzahl finden lassen.

Das PASS-Programm setzt anders an. Nicht Druck und Sanktionen beherrschen das Feld, sondern Training, Zufallsgruppen, Verantwortungsübertragung, Losverfahren, kooperative Präsentationen und wechselseitige Hilfe und Unterstützung in Tandems und Kleingruppen. Dieser Mix aus Fordern und Fördern ist sowohl kennzeichnend für die Lernspiralen und Methodentrainings als auch dafür, dass die Schüler/innen selbst zunehmend in eine Rolle hineinwachsen, in der sie sich gegenseitig erziehen und disziplinieren (müssen). Sie werden zu „Assistenten" der Lehrpersonen und damit zu wichtigen Stützen und Garanten von Lerndisziplin im Unterricht. Wie die Praxis zeigt, ist das in die Schüler/innen gesetzte Vertrauen in der Regel mehr als gerechtfertigt – vorausgesetzt, die angesprochen Schulungs- und Fördermaßnahmen werden hinreichend konsequent durchgeführt. Die meisten Schüler/innen zeigen sich nämlich äußerst geschickt und ambitioniert, wenn es gilt, die Mitschüler/innen zum Einhalten vereinbarter Verhaltens- und Arbeitsregeln zu veranlassen.

Und genau auf dieses Erzieherpotenzial der Schüler/innen setzen Lernspiralen und PASS-Programm. Indem die Schülerinnen und Schüler als Helfer und Miterzieher qualifiziert, in wechselnden Zufallsgruppen platziert und durch gemeinsam vereinbarte Regeln zur Disziplinsicherung autorisiert werden, entsteht eine neuen Situation. Für die Disziplin in der Klasse ist nicht länger nur die Lehrperson zuständig. Erziehungsberechtigt und -verpflichtet sind auch und zugleich die Schüler/innen. Wie? Zum ersten sind sie aufgrund der geltenden Spielregeln und Mechanismen gehalten, die zugelosten Lernpartner/innen zum verbindlichen Mitarbeiten anzuhalten, damit bei anschließenden kooperativen Präsentationen kein Einbruch erfolgt. Zum zweiten gilt die flankierende Regel, dass freundlich und engagiert geholfen, beraten und unter Umständen auch Kritik geübt werden muss, falls ein Lernpartner Schwierigkeiten hat oder Schwierigkeiten bereitet. Zum dritten gibt es gemeinsam vereinbarte Regelwerke und Sonderfunktionen wie Regelwächter, Zeitwächter etc., die dafür sorgen, dass interveniert werden muss, sofern gegen gewisse Verhaltens- und/oder Arbeitsregeln verstoßen wird. Dieses wechselseitige Helfen und Unterstützen, Beraten und Diskutieren, Fördern und Fordern, Kritisieren und Disziplinieren ist konstitutiv für das PASS-Programm.

Die Folge dieser konsequenten Einbindung der Schüler/innen als Helfer und Miterzieher ist eine deutliche Entlastung der Lehrkräfte im Unterricht. Je stärker die Schüler/innen ihre Selbst- und Mitverantwortung verinnerlicht haben, und je besser sie mit den Spielregeln und Instrumenten der wechselseitigen Erziehungsarbeit vertraut sind, desto mehr können sich die Lehrkräfte darauf verlassen, dass dezentral und lehrerunabhängig für Feedback und Kritik, für Unterstützung und Beratung, für Disziplin und Mitmachbereitschaft gesorgt wird. Interessant und ermutigend z. B. ist, wie jene Schüler/innen reagieren, die ansonsten eher als problematisch und undiszipliniert gelten, wenn sie selbst zu Regelwächtern, Zeitwächtern oder Gesprächsleitern werden. Die meisten von ihnen tendieren aufgrund der neu gewonnenen „Autorität“ dazu, ihres Amtes recht konsequent zu walten und etwaige Regelverstöße ganz offen anzusprechen und auf Besserung zu drängen. Das mag am Anfang vielleicht noch etwas zäh und ungelenk verlaufen; mit ein wenig Übung entwickelt das Gros der Schüler/innen jedoch bemerkenswerte Fähigkeiten, um in den Klassen ein Mehr an Lerndisziplin und auf Lehrerseite ein Mehr an Entlastung und Stressvermeidung sicherstellen zu helfen. Methodenschulung, Losverfahren, heterogene Gruppen und konsequente Schülerkooperation machen's möglich.

2.3 Lob der Schüleraktivierung

Das PASS-Programm sieht vielfältige Schüleraktivitäten vor. Auch das bringt Lehrerentlastung mit sich. Der Grundgedanke dabei ist ebenso einfach wie zielführend: Wenn die Schüler/innen im Unterricht selbst aktiv sind und dies zudem mit guten Erfolgsaussichten tun, dann entstehen für die Lehrkräfte beträchtliche Möglichkeiten, sich gezielt zurückzunehmen. Sie können mental ausspannen und zur eigenen Regeneration beisteuern; sie können aber auch verstärkt dazu übergehen, Schüler/innen zu beobachten und bei Bedarf natürlich auch gezielt zu beraten und zu interviewen – gezielter auf jeden Fall, als das im herkömmlichen lehrerzentrierten Unterricht der Fall ist. Wichtig dabei ist nur, dass die innere Anspannung zurückgefahren werden kann und nicht ständig das Gefühl vorherrscht, die Schüler/innen offensiv instruieren, kontrollieren und motivieren zu müssen. Wohlgemerkt: Die betreffenden Lehrkräfte werden nicht plötzlich ins Nichtstun verfallen, wohl aber werden sie verstärkt als Lernbeobachter und Lernbegleiter tätig werden können – defensiv zwar, aber doch so, dass sie in eher stressfreier Weise Eindrücke und Informationen über einzelne Schülerinnen und Schüler sammeln und reflektieren können.

Dazu besteht in der Regel wenig Gelegenheit, wenn die Lehrkräfte selbst in „hyperaktiver" Weise versuchen, die Schüler/innen zu unterrichten. Diese Omnipräsenz der Lehrkräfte ist hochgradig belastend und trägt auf längere Sicht lediglich dazu bei, dass die persönliche Anspannung und Belastung eher noch zunimmt. Je aktiver die Lehrkräfte nämlich sind, desto passiver verhalten sich die Schüler/innen, und desto ausgeprägter fällt demzufolge die physische, psychische und nervliche Beanspruchung für die Lehrkräfte aus. So einfach ist die Gleichung. In dem Maße also, wie die Schüler/innen aktiviert und zum zielgerichteten eigenverantwortlichen Arbeiten und Lernen befähigt und immer wieder auch veranlasst werden, entstehen die erwähnten Rückzugsmöglichkeiten für die Lehrkräfte. Dass sie gebraucht werden, ist unstrittig. Die Lehrkräfte in Deutschlands Schulen arbeiten entschieden zu viel und die ihnen anvertrauten Schüler/innen deutlich zu wenig. Das belegt die neuere Unterrichtsforschung ein ums andere Mal. Wenn Englisch-Lehrer/innen rund die Hälfte der Unterrichtszeit am Reden sind (vgl. Andreas Helmke, in: Die Zeit v. 9.3.2006) oder wenn Gruppen- und Partnerarbeit im Sekundarbereich zusammengenommen nur knapp 10 Prozent, das lehrergelenkte Unterrichtsgespräch aber rund 50 Prozent der Unterrichtszeit in Anspruch nehmen (vgl. Hage u.a. 1985, S. 47), dann stimmt etwas nicht. Natürlich braucht guter Unterricht auch Lehreraktivität und Lehrerlenkung; nur sollte das beim besten Willen nicht in dem Umfang geschehen, wie das bis dato der Fall ist. Wenn Peter Eyerer vom Fraunhofer-Institut aufgrund einschlägiger Studien feststellen kann, dass 70 bis 90 Prozent des Unterrichts hierzulande aus frontaler Wissensvermittlung des Lehrers bestehen (vgl. Die Zeit vom 14.3.2002, S. 40), dann ist das alarmierend und fatal zugleich. Alarmierend deshalb, weil es einmal mehr belegt, warum sich viele Lehrkräfte überlastet fühlen. Und fatal ist dieser Befund insofern, als er in krassem Gegensatz zu dem steht, was die große Mehrheit der Schüler/innen braucht und durchaus auch wünscht, nämlich verstärkte Selbsttätigkeit beim Lernen.

Vieles spricht dafür, dass die besagte Omnipäsenz der Lehrkräfte in hohem Maße damit zu tun hat, dass bis heute ein entsprechendes Rollenverständnis kultiviert wird. Der Tenor: Wer den Schüler/innen etwas beibringen will, der muss den Ton angeben und die Fäden möglichst fest in der Hand haben. Diese Haltung wird nicht zuletzt in der Lehrerausbildung vermittelt. Loslassen fällt eher schwer; das Vertrauen in die Selbstständigkeit und Selbststeuerungsfähigkeit der Schüler/innen ist nach wie vor unterentwickelt. Daher das schlechte Gewissen vieler Lehrkräfte, wenn sie es wagen, die Schülerinnen und Schüler gelegentlich „sich selbst zu überlassen“. Andrea Ziegler bringt dieses Dilemma in einem Beitrag für die Zeitschrift „Pädagogik“ gut auf den Punkt: „Es ist ein seltsames Gefühl“, so schreibt sie, „dass die Schüler manchmal über mehrere 45-Minuten-Einheiten hinweg fachlich arbeiten – ohne meine Hilfe!“ (Ziegler 2000, S. 18). Da das PASS-Programm auf kleinschrittige Qualifizierung der Schüler/innen setzt, werden sie nicht einfach losgelassen. Vielmehr bietet die vielschichtige Übungs- und Schulungsarbeit im Rahmen des Programms die Gewähr dafür, dass die Schülerselbsttätigkeit ein erfolgsträchtiges Fundament erhält. Das ermutigt zum Loslassen und begünstigt die nötige Lehrerentlastung.

2.4 Regeln und Rituale entlasten

Voraussetzung für wirksame Lehrerentlastung ist das sichere Beherrschen der unterrichtlichen „Spielregeln" durch alle Beteiligten. Wie in Abschnitt II.2.6 bereits ausgeführt, zeichnet sich das PASS-Programm durch eine Reihe grundlegender Regeln und Rituale aus, die dazu beitragen, dass die unterrichtlichen Akteure relativ selbstsicher und souverän zu Werke gehen können. Regeln und Rituale begünstigen Routinen. Und Routinen wiederum bieten eine hohe Gewähr dafür, dass die Schüler- wie die Lehrerseite Entlastung erfährt. Lehrkräfte, die vor jeder Stunde neu überlegen müssen, wie sie ihr Stundenkonzept und ihr Rollenverhalten ausgestalten wollen, werden über Gebühr unsicher und umständlich agieren. Schülerinnen und Schüler, denen die Spielregeln des Unterrichts eher unklar sind, werden sich ebenfalls unnötig schwer damit tun, Motivation und Souveränität an den Tag zu legen. Deshalb: Ein Unterricht der wechselhaft und unübersichtlich ist, wird weder Schülern noch Lehrern dazu verhelfen, souverän und entspannt zu arbeiten und zu lernen.

Die mit dem PASS-Programm verbundenen Regeln und Rituale tragen nachweislich dazu bei, dass die stressfördernde Verunsicherung der unterrichtlichen Akteure abgebaut wird. Das zeigen vielfältige Rückmeldungen und Unterrichtsbeobachtungen während der letzten Jahre. Der Stressabbau hat verschiedene Gründe: Das beginnt mit der Ritualisierung der Unterrichtsabläufe mittels der skizzierten Lern- und Trainingsspiralen und reicht über feste Regeln und Rituale im Bereich der Methodenanwendung bis hin zu klaren Interaktions- und Zuständigkeitsregelungen in Phasen des kooperativen Lernens. Das alles trägt dazu bei, dass Sicherheit, Zielstrebigkeit, Selbstmotivierung und persönliche Entlastung Platz greifen können. Ist das nicht der Fall, so entstehen Unsicherheit und Überforderung. Jürgen Habermas hat dieses Dilemma bereits in den 1980er-Jahren mit seinem Verweis auf die neue Unübersichtlichkeit in modernen Gesellschaften herausgestellt – einer Unübersichtlichkeit, die bei den betroffenen Menschen nicht selten Fatalismus, Resignation und/oder Überforderung gedeihen lässt. Dieses Dilemma trifft im Kleinen auch auf Schule und Unterricht zu. Will man dieser Lähmungs- und Überforderungsgefahr entgegenwirken, so bietet sich vornehmlich zweierlei an: erstens die konsequente Reduktion von Komplexität durch Schaffung klarer Handlungsstrukturen und -verfahren sowie zweitens das Ausbilden fester Regeln und Rituale für den Umgang mit anderen Menschen und Gruppen, die einem Halt und Unterstützung gewähren können.

Indem das PASS-Programm auf eingängige Strukturen, Abläufe, Operationen und Interaktionsregeln setzt, trägt es maßgeblich dazu bei, dass die skizzierte Überforderung reduziert und persönliche Entlastung aufgebaut wird. Andreas Helmke bestätigt diese Schlussfolgerung aus der Sicht der modernen Lernforschung. Nach seinen Befunden können die Etablierung verhaltenswirksamer Regeln sowie die Sicherstellung von Strukturiertheit und Klarheit im Unterrichtsablauf als entscheidende Voraussetzungen dafür angesehen werden, dass Unterricht effektiv und nachhaltig funktionieren kann (vgl. Helmke 2006, S. 45). Das PASS-Programm sichert diese Voraussetzungen auf unterschiedliche Weise. Ein erster Ansatz betrifft die klare Struktur der Lern- und Trainingsspiralen, die ein eindeutiges Unterrichts- und Arbeitsverständnis von Lehrer/innen wie Schüler/innen begünstigt. Das schafft Sicherheit und Entlastung. Die Schüler/innen wissen, wo's langgeht und die Lehrkräfte können sich darauf verlassen, dass ihr Unterrichtskript wirksam ist und den neuesten Erkenntnissen und Anforderungen der Lern- und Bildungsforschung entspricht.

Der zweite Ansatz zur Förderung entlastender Handlungsroutinen betrifft die Interaktionsebene. Indem z.B. (a) die Papp-Ampel mit Rot- und Grünphasen eingeführt wird, (b) das Auslosen der Gruppenmitglieder bzw. Präsentatoren zur festen Regel erklärt und sukzessive ritualisiert wird oder (c) bestimmte Melde-, Kommunikations- und Kooperationsregeln vereinbart und konsequent eingefordert werden, entstehen Verhaltenssicherheit und wachsende Unabhängigkeit auf Schülerseite. Das Gieren nach permanenter Hilfestellung der Lehrpersonen wird weniger. Gleiches trifft zu, wenn klar geregelte Helfersysteme eingeführt sind oder präzise geregelte Problemlösungsalgorithmen definiert werden – etwa nach dem Motto: Erst muss sich der Einzelne anstrengen, dann kann der Lernpartner konsultiert werden, dann kommen die Mitglieder der Tischgruppe, dann die Nachschlagewerke und erst ganz am Ende die

Lehrpersonen an die Reihe. Rituale dieser Art begünstigen die Entlastung der Lehrkräfte. Auch das Verlagern des Lehrerpults an den Rand oder in den rückwärtigen Teil des Klassenraum kann ein mögliches Ritual sein, das die Selbstverantwortung der Schüler/innen steigern und die Entlastung der Lehrkräfte mehren hilft.

Zu den entlastungsfördernden Regeln und Ritualen im Unterricht zählen nicht zuletzt die vielfältigen methodischen Regularien, die im Rahmen von Trainingstagen und/oder fachspezifischen Anwendungssituationen eingeübt und geklärt werden. Egal, ob es sich nun um den Doppelkreis, die Markierungstechnik oder die Mindmap-Methode handelt oder ob Gruppenarbeit, Gruppenpuzzle, Stationengespräch, Fishbowl-Methode oder kooperative Präsentationen angesagt sind, stets brauchen die Schüler/innen recht elementare Vorstellungen davon, wie die entsprechenden methodischen Abläufe aussehen und „abzuwickeln" sind. Auch das ist im Kern nichts anderes, als die Ritualisierung methodischer Arbeits- und Vorgehensweisen. Je intensiver die Schüler/innen die betreffenden Methoden abgeklärt und in persönliche Handlungsalgorithmen überführt haben, desto routinierter und effektiver vermögen sie diese auch zu nutzen. Das fördert Zielstrebigkeit, Lerneffizienz und Lehrerentlastung in einem.

2.5 Wohltuendes Helfersystem

Die meisten Lehrkräfte, die zu ihren Erfahrungen mit dem PASS-Programm befragt wurden, haben immer wieder eines hervorgehoben: Die zunehmend besser und effektiver funktionierende Schülerkooperation. Kern dieser Schülerkooperation ist das durch Lernspiralen, Losverfahren und konsequenten Sozialformwechsel bedingte Helfersystem. Die Schüler/innen sind im besten Sinne des Wortes aufeinender angewiesen und müssen von daher aus ganz egoistischen Gründen zweierlei tun: Sie müssen die zugelosten Lernpartner möglichst konsequent fordern und so ansprechen, dass diese zu einem gedeihlichen Gesamtergebnis mit beitragen können. Und sie müssen ihrerseits bereitstehen, den betreffenden Lernpartnern wohlwollend zu helfen, sofern etwaige fachliche und/oder methodische Schwierigkeiten auftreten sollten. Egoismus und Altruismus bilden demnach zwei Seiten der gleichen Medaille. Mit anderen Worten: Wer ganz egoistisch auf sein eigenes Wohl bedacht ist, der muss auch und nicht zuletzt das Wohl der Anderen im Auge haben, da dauerhaft gute Leistungen nur im Verbund mit anderen wechselnden Lernpartnern zu erzielen sind.

Dieser Mechanismus bewirkt deutliche Entlastungseffekte für die Lehrerseite. Die Lehrkräfte können sich nach einer kurzen Eingewöhnungsphase recht gut darauf verlassen, dass sich die Schüler/innen wechselseitig in die Pflicht nehmen, d.h. untereinander befragen und kontrollieren, kritisieren und korrigieren, ergänzen und loben, inspirieren und motivieren etc. Dieses wechselseitige Fordern und Fördern begünstigt zum einen das Entdecken und Beheben etwaiger Fehler bzw. Verständnisprobleme auf der fachlichen Ebene, zum anderen das Entstehen und Genießen gemeinsamer Erfolgserlebnisse in den unterschiedlichen Teamkonstellationen – einschließlich des darauf basierenden „Wir-Gefühls". Durch die wechselnden Partner- und Gruppenkonstellationen wird zudem sichergestellt, dass keiner unbeachtet am Rande verkümmert, sondern alle Schülerinnen und Schüler einer Klasse irgendwann und irgendwie gebraucht werden. Als Mitstreiter/innen allemal, gelegentlich aber auch als Regelwächter, Zeitwächter, Fahrplanüberwacher, Gesprächspartner oder Mitverantwortliche bei irgendwelchen kooperativen Präsentation am Ende bestimmter Arbeitsprozesse.

Dieses Aufeinanderangewiesensein ist Pflicht und Chance zugleich – für die Schüler/innen wie für ihre Lehrkräfte. Die Schüler/innen werden durch das Losverfahren zwar immer wieder genötigt, mit ganz unterschiedlichen Mitschüler/innen auf begrenzte Zeit zusammenzuarbeiten und bestimmte Aufgaben zu erledigen. Diese Verpflichtung ist insofern aber auch eine Chance für sie, als sie durch die wechselnden Lernpartner vielfältige Herausforderungen und Anregungen erfahren, die den eigenen Lernfortschritt begünstigen, bei Einzelarbeit hingegen fehlen würden. Für die Lehrkräfte ist das Moment der „Pflicht" auf einer anderen Ebene angesiedelt. Ihre Verpflichtung besteht vornehmlich darin, dass sie die wechselnden Tandem- und Gruppenkonstellationen immer wieder bewusst herstellen und gegenüber den Schüler/innen bei Bedarf auch einfühlsam begründen und erläutern müssen. Die Kehrseite dieser Pflicht sind wohltuende Chancen. Das wechselseitige Aufeinanderangewiesensein der Schüler/innen bedingt eine starke Verlagerung der Helfer- und Erziehungsaufgaben von der Lehrerseite zur Schülerseite. Das ist Entlastung pur für die betreffenden Lehrkräfte.

Wie sehr sich die Kooperationsbeziehungen der Schüler/innen im Zuge des PASS-Programms verbessern, belegen die vorliegenden Evaluationsstudien. So kommen z.B. Heinz Günter Holtappels und Stefanie Leffelsend nach der Befragung von 3.238 Schüler/innen aller Schularten und Schulstufen in Nordrhein-Westfalen zu dem Fazit, „... dass die Itemmittelwerte der Gruppen durchweg recht hoch ausgeprägt sind, sodass von einer hohen Routine und einer positiven Einstellung zur Gruppenarbeit gesprochen werden kann (...) Die Schüler/innen beherrschen offenbar in hohem Maße Gruppen- und Partnerarbeit" (Holtappels/Leffelsend 2003, S. 29 und Seite 61). Ähnlich positive Ergebnisse lassen sich aus Hessen (vgl. Chroust u.a. 2006, S. 9) und aus Rheinland-Pfalz berichten.

Wie die Befragung von 1.828 Schülerinnen und Schülern rheinland-pfälzischer Sekundarschulen (Sekundarstufen I und II) zeigt, ist das Gros der Schüler/innen offenbar recht gut in der Lage, konstruktiv in Gruppen zu arbeiten und sich wechselseitig zu unterstützen sowie bei Bedarf auch mal zu kritisieren. Immerhin 82 Prozent meinen, dass es mit der wechselseitigen Hilfe gut bis sehr gut klappe. 71 Prozent vermelden Gleiches im Hinblick auf die gegenseitige „Erziehung" zur Mitarbeit; zwei Drittel der befragten Schüler/innen bekunden, dass es ihnen gut bis sehr gut gelinge, am Ende der Gruppenarbeiten die Arbeitsweise und die Arbeitsergebnisse kritisch zu überprüfen; und ebenfalls knapp zwei Drittel der Befragten geben zu erkennen, dass es mit der gemeinsamen Vorbereitung der Präsentation von Gruppenergebnissen gut bis sehr gut klappe (vgl. Klippert 2003, S. 5). Der Aufbau wirksamer Helfer- und Erziehungssysteme scheint also eine durchaus realistische Perspektive zu sein. Dass das zur Entlastung der Lehrkräfte beiträgt, ist evident.

2.6 Im Glanz des Lernerfolgs

Je besser die Erfolgsaussichten und Erfolgsquoten der Schüler/innen sind, desto befriedigender und entlastender wird die korrespondierende Unterrichtsführung für die betreffenden Lehrkräfte. Welcher Lehrer genießt es nicht, wenn es die Schüler/innen verstehen, erfolgreich zu lernen und gute Noten zu erzielen!? Erfolg bestätigt nun einmal nicht nur die Schüler/innen, sondern auch ihre Lehrkräfte. Von daher besteht eine der zentralen Strategien zur Lehrerentlastung darin, die Schüler/innen so zu qualifizieren, dass sie verbesserte Lern- und Leistungserfolge zu erzielen vermögen. Hier setzt das PASS-Programm an. Durch die verstärkte Förderung von Schlüsselkompetenzen und Schülerselbsttätigkeit trägt es maßgeblich dazu bei, dass die Schülerinnen und Schüler ebenso vielseitig wie nachhaltig lernen und im besten Sinne des Wortes auf das vorbereitet werden, was in der modernen Informations- und Wissensgesellschaft an Fähigkeiten und Fertigkeiten gefordert wird. Methodenkompetenz, Teamfähigkeit, Kommunikationsfähigkeit, Präsentationskompetenz, (Selbst-)Kritikfähigkeit, Verantwortungsbewusstsein, Kreativität, Planungs- und Organisationsfähigkeit und andere Kompetenzen mehr gehören ebenso dazu wie ein möglichst fundiertes und vernetztes Fachwissen. Beide Kompetenzbereiche kennzeichnen und gewährleisten überzeugende Lernerfolge der Schülerinnen und Schüler.

Dass die systematische Methoden- und Kompetenzschulung mittels einschlägiger Lern- und Trainingsspiralen die Lern- und Leistungsfähigkeit der Schüler/innen stützt und verbessern hilft, ist in den Abschnitt III.1.1 und III.1.2 bereits näher verdeutlicht worden. Die Schülerinnen und Schüler gewinnen nachweislich an methodischer Souveränität und verstehen es, bei Gruppenprüfungen, Kolloquien, Projektprüfungen, Präsentationsprüfungen, Facharbeiten, Referaten und sonstigen methoden- und/oder kooperationszentrierten Prüfungsszenarien relativ erfolgreich abzuschneiden. Warum? Weil sie derartige Lern- und Prüfungssituationen im Rahmen des PASS-Programms vergleichsweise häufig üben, reflektieren und optimieren. Die Tatsache, dass die angeführten Evaluationsstudien in Nordrhein-Westfalen, Hessen und Rheinland-Pfalz ausgeprägte Stärken der trainingserfahrenen Schüler/innen in eigentlich allen Methodenbereichen nachgewiesen haben, spricht für sich.

Johannes Bastian und Hans-Günter Rolff kommen in ihrer Abschlussevaluation des NRW-Projektes „Schule & Co.“ zum Beispiel zu dem Fazit: „Die durch die Trainings angestrebten Effekte konnten teilweise auf der Basis der Schülerdaten der Vergleichsgruppe untermauert werden. Gerade trainingsnahe Effekte ... waren klar nachweisbar. Daneben gibt es eine zunehmend positive Einschätzung von Gruppen- und Partnerarbeiten – also den Trainingsbereichen, auf die das Projekt besonders viel Wert gelegt hat. Hinsichtlich des Einsatzes von Lernstrategien gibt es ebenfalls positive Effekte zu verzeichnen, die dann besonders deutlich werden, wenn die Trainingselemente auch Eingang in den regulären

Unterricht gefunden haben.“ (Bastian/Rolff 2002, S. 35). Bestätigt wird dieser Befund durch die Rückmeldungen PASS-erfahrener Lehrkräfte aus Rheinland-Pfalz. Befragt wurden 215 Lehrkräfte aus insgesamt 42 Sekundarschulen zum Leistungsvermögen trainierter Klassen im Verhältnis zu nicht ins PASS-Programm eingebundenen Klassen der gleichen Schulen. Wie sich aus Abbildung 38 ersehen lässt, liegen die Pluspunkte eindeutig bei den trainierten Klassen. Die Schüler/innen dieser Klassen werden in allen angeführten Kompetenzbereichen als vergleichsweise leistungsfähig erlebt und eingeschätzt. 75 Prozent der Befragten attestieren an anderer Stelle des Fragebogens, dass sich die Lernkompetenz der Schüler/innen „erfreulich positiv“ entwickelt habe (vgl. Klippert 2003, S. 17).

Abb. 38

Trainierte Schüler/innen mit Plus beim Leistungsvermögen

Inwieweit sind die Pilotklassen methodisch besser als die „Normalklassen“?	viel besser (%)	eher besser (%)	eher nicht besser (%)	nicht besser (%)	?
Planvolles Vorbereiten von Tests und Klassenarbeiten	3	48	35	8	6
Effektives und regelgebundenes Arbeiten in Gruppen	27	63	7	3	/
Auftretende Probleme mit Ausdauer und Kreativität lösen	10	43	38	9	/
Selbstständig Informationen beschaffen und einbringen	13	61	17	5	4
Lernergebnisse anschaulich strukturieren und visualisieren	30	57	11	2	/
Grundlegende Gesprächsregeln beachten und einhalten	18	51	26	5	/
Vor der Klasse frei und selbstbewusst reden und argumentieren	40	51	8	1	/
In Diskussionen überzeugend agieren und argumentieren	11	45	32	7	5
Zielstrebig und engagiert an gestellte Aufgaben herangehen	13	49	27	7	4

(?) In dieser Spalte sind jene Lehrkräfte erfasst, die mit den angeführten Methoden nichts anzufangen wissen; auch Auszählfehler oder schlichtes Auslassen des Kreuzchens finden hier ihren Niederschlag.

Quelle: Klippert 2003, S. 13

Zur fachspezifischen Wissensspeicherung sind an anderer Stelle bereits Ausführungen gemacht worden (vgl. Abschnitt III.1.2). Auch diese signalisieren deutlich positive Trends im Hinblick auf das Behalten und Beherrschen des jeweiligen Fachstoffs (vgl. Kreutzner 2006, S. 26 sowie Bastian/Rolff 2002, S. 50). Das gilt vor allem für Lern- und Prüfungssituationen, in denen die Schüler/innen zur Anwendung und Verarbeitung von Fachwissen aufgefordert sind und methodengestützte Transferkompetenzen nachweisen müssen. Überall dort, wo es um das situative Arbeiten an und mit Fach- und Verfahrenswissen geht, haben die methodisch breit geschulten Lerner offenbar gute Aussichten auf ein relativ gutes Abschneiden in Prüfungssituationen. Zwar wird man ganz gewiss nicht jeden Fünferkandidaten in der Notenskala kräftig nach oben bugsieren können, wohl aber stehen die Chancen gut, dass das breite Mittelfeld in den Klassen aufgrund des systematischen Forderns und Fördern vergleichsweise gute Leistungsnachweise erbringen wird. So gesehen können engagierte Lehrkräfte darauf rechnen, dass sie sich verstärkt im Erfolg ihrer Schüler/innen sonnen können.

3 Entlastung durch Lehrerkooperation

Das konzertierte Arbeiten der Lehrkräfte ist fester Bestandteil des PASS-Programms. Klassenteams, Fachteams, Steuerungsteams sowie das gelegentliche Unterrichten und Hospitieren in unterschiedlichen Lehrergruppen bilden die Eckpunkte des Schul- bzw. Innovationsmanagements. Die mit der Umsetzung der neuen Lehr-, Lern- und Trainingsmethoden befassten Lehrkräfte besuchen gemeinsam Fortbildungsseminare, führen gemeinsame Workshops durch, bereiten zusammen Elternabende oder sonstige methodenzentrierte „Schnupperveranstaltungen“ vor etc. Dies alles sorgt einerseits für eine gewisse Mehrarbeit, bringt andererseits aber auch enorme Entlastung und Unterstützung. Darum geht es in diesem Abschnitt.

3.1 Vom Nutzen der Arbeitsteilung

Ein Grundproblem in Deutschlands Schulen besteht bis heute darin, dass das Prinzip der Arbeitsteilung viel zu wenig genutzt wird. Arbeitsteilige Unterrichtsvorbereitung und arbeitsteilige Materialbeschaffung und

-entwicklung spielen im Alltag kaum eine Rolle. Die meisten Lehrkräfte arbeiten in nachgerade masochistischer Weise alleine vor sich hin und brocken sich dadurch natürlich eine Menge unnötige Mehrarbeit ein. In der modernen Arbeits- und Berufswelt sind komplexere Aufgabenbearbeitungsprozesse kaum noch denkbar, ohne dass konsequent auf Teamarbeit gesetzt wird. Nicht so dagegen in der Schule. Zwar sind auch hier die anstehenden Innovationsprozesse mittlerweile recht komplex und aufwändig geworden; trotzdem wird daraus viel zu selten die Konsequenz gezogen, verstärkt auf Arbeitsteilung zu setzen. Die Folge davon: Die einzelnen Lehrkräfte brüten unnötig lange über ihren Unterrichtsvorbereitungen und Problemlösungsversuchen auf Klassen- wie auf Fachebene. Das gilt insbesondere dann, wenn wirkliches Neuland zu betreten ist und vielfältige neue Materialien und Lernarrangements vorzubereiten sind, wie das bei PASS der Fall ist.

Mit der Institutionalisierung gezielter Lehrerkooperation auf verschiedenen Ebenen kann diesem traditionellen Dilemma mangelnder Arbeitsteilung ebenso wirksam wie wohltuend entgegengewirkt werden. Gemeinsam sind Lehrkräfte nicht nur stärker und einflussreicher; sie können sich auch eine Menge Zeit und Arbeit ersparen – vorausgesetzt, die Zusammenarbeit in den Gruppen funktioniert einigermaßen gut. Was hierbei „Funktionieren" meint, hat Hans-Günter Rolff unter Berufung auf einschlägige wissenschaftliche Studien wie folgt definiert: Leistungsstarke Gruppen zeichnen sich aus durch „... ein entspanntes, unbürokratisches Klima. Gleichgültigkeit und Langeweile treten kaum auf. Aufgaben und Ziele sind klar und finden breite Zustimmung. Die Kommunikation ist spontan, offen und horizontal. Konflikte und Meinungsverschiedenheiten werden offen ausgetragen. Entscheidungen beruhen nach Möglichkeit auf Konsens. Zu Beginn einer Aufgabe werden klare Anordnungen getroffen, die auch befolgt werden. Kritik wird ohne Angst geäußert und gelassen entgegengenommen. Gefühle werden , so weit sie die Aufgaben und Themen der Gruppe betreffen, offen gezeigt und genau beschrieben" (Rolff u. a. 1998, S. 179 f).

Zwar sind viele Kollegien noch weit davon entfernt, diese Kriterien zu erfüllen. Trotzdem lohnt es sich, in diese Richtung voranzuschreiten. Das PASS-Programm will diese Teamentwicklung im Kollegium unterstützen (vgl. Abschnitt II.4). Wodurch? Es wird nicht nur verstärkt dafür gesorgt, dass Teamarbeit stattfindet, sondern auch daran gearbeitet, entsprechende Regeln zu verabreden, Regelwächter vorzusehen und immer wieder auch Reflexionen auf abgelaufene Gruppenarbeitsphasen anzusetzen. Auf diese Weise kann das landläufige Zusammensitzen von Menschen in Lehrer- oder Konferenzzimmern zu einer höchst effektiven Lehrerkooperation weiterentwickelt werden. Daran muss in den meisten Kollegen zwar noch kräftig gearbeitet werden; die Chancen und Erleichterungen, die sich dadurch erzielen lassen, sind indes mehr als überzeugend. Das bestätigen nicht zuletzt die durchgeführten Lehrerbefragungen in Rheinland-Pfalz und Hessen. 91 Prozent der befragten rheinland-pfälzischen Lehrkräfte melden z.B. zurück, dass sie die „Teamklausurtage" zur Vor- und Nachbereitung der methodenzentrierten Trainingstage „hilfreich" bis „sehr hilfreich" finden. Gleiches bekunden 87 Prozent für die durchgeführten „Teamsitzungen zur Besprechung bestimmter Maßnahmen/Probleme" sowie 66 Prozent für die ersten „Workshops zur Entwicklung von Lernspiralen für den Fachunterricht" (vgl. Klippert 2003, S. 13).

Die anfängliche Workshoparbeit hat zwar noch deutlich darunter gelitten, dass zuviel Eigensinn und Rechthaberei vorherrschten und zu wenig arbeitsteilig und output-orientiert gearbeitet wurde. An diesen

Abb. 39

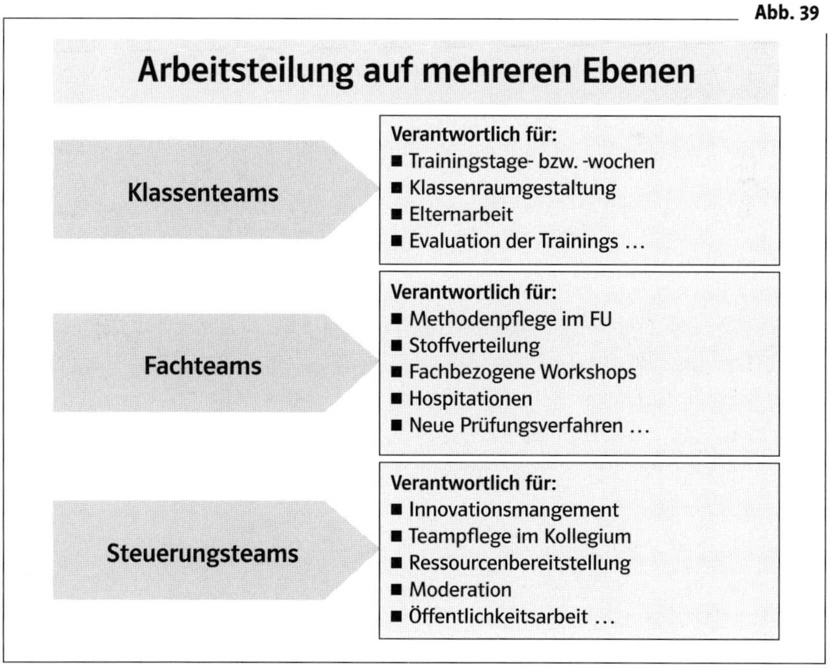

Schwachpunkten ist seitdem jedoch kräftig gearbeitet worden, so dass die meisten PASS-erfahrenen Lehrkräfte mittlerweile deutliche Verbesserungen in Sachen Arbeitsteilung und Produktivität der Lehrergruppen zurückmelden. Der Vorteil konsequenter Arbeitsteilung ist kurz und einfach der, dass nicht jeder alles für sich alleine regeln und/oder vorbereiten muss. Das gilt für die Unterrichtsvorbereitung genauso wie für die Entwicklung von Klassenarbeiten, Tests und Bewertungskriterien oder für die Sicherstellung bestimmter schulorganisatorischer und/oder materieller Voraussetzungen für die Implementierung der neuen Lehr-, Lern- und Trainingsverfahren. Das betrifft sowohl die Fach- und Klassenebene als auch die Ebene der Schulleiterinnen und Schulleiter (vgl. Abb. 39).

3.2 Weniger Probleme, mehr Ideen

Entlastung bringt Teamarbeit auch deshalb, weil sie erfahrbar macht, dass andere Lehrkräfte ähnliche Probleme wie man selbst haben. Diese Erweiterung und Bestätigung des Problemhorizonts tut vor allem denen gut, die unter dem verbreiteten Mangel an Offenheit, Ehrlichkeit und positiver sozialer Einbettung in den Kollegien leiden. Vielerorts wird gemauert und geblufft. Die Folge davon ist, dass zahlreiche Lehrkräfte dazu neigen, ihre unterrichtlichen bzw. schulischen Probleme unter den Teppich zu kehren und/oder in nachgerade masochistischer Weise im Alleingang zu lösen. Die Crux dieser Abkapselung: Wenn fünf Leute ein bestimmtes Problem alleine zu lösen versuchen, dann gibt es nicht nur viele Doppel- und Dreifacharbeiten; es bleibt auch eine Menge Unsicherheit bei jedem Einzelnen – von der wechselseitigen Konkurrenz und Diskreditierung ganz zu schweigen. Indem die Lehrerkooperation nach Maßgabe des PASS-Programms systematisch ausgeweitet und durch klare Spielregeln und Feedbackmodalitäten zunehmend fundiert wird, kann jede Lehrperson für sich nur profitieren und an persönlicher Problemlösungsfähigkeit gewinnen.

Wenn 87 Prozent der befragten rheinland-pfälzischen Lehrerinnen und Lehrer signalisieren, dass sie die gemeinsame Besprechung von pädagogischen Problemen in den unterschiedlichen Lehrerteams als „eher hilfreich" (47 %) oder „sehr hilfreich" (40 %) erleben, dann spricht das für sich. Lehrerkooperation ist offenbar nicht nur mühsam; sie ist vor allem auch chancenreich und entlastend im Hinblick auf die bessere

Bewältigung didaktischer, methodischer und/oder erzieherischer Probleme in Schule und Unterricht. Zwar zeigt die Forschungsliteratur auch, dass Gruppen einzelnen „... Individuen keineswegs auf allen Gebieten überlegen (sind). Und nicht alle Individuen entfalten ihr Leistungspotenzial in Gruppen eher als in Einzelarbeit" (vgl. Rolff u.a. 1998, S. 174). Gleichwohl bestätigen die vorliegenden Studien recht nachdrücklich, dass Gruppenarbeit immer dann überlegen ist, wenn es um die Sicherung von Arbeitszufriedenheit, Lehrermotivation und Lehrergesundheit geht (vgl. ebenda). Alle diese Komponenten stehen für Lehrerentlastung im besten Sinne des Wortes.

Schulinterne Problembewältigung verlangt Inspiration und Ermutigung durch Kolleginnen und Kollegen. Wird z.B. in Teambesprechungen klar, dass bestimmte Probleme nicht nur bei einem selbst auftreten, sondern auch von anderen Lehrkräften wahrgenommen und beklagt werden, dann ist das ein erster Schritt zur persönlichen Entlastung. Hinzu kommt, dass man durch die Beschreibungen und Aktionsweisen anderer sehr schnell zu einer neuen Sicht der Dinge gelangen kann. Bleibt man auf sich alleine gestellt, so fällt einem in der Regel nur das ein, was man schon immer in spezifischer Weise gemacht hat. Hört man dagegen andere betroffene Kolleginnen und Kollegen, so werden neue Sichtweisen, Möglichkeiten und Ideen freigesetzt, die Sicherheit und Wohlbehagen begünstigen. Selbst wenn die betreffenden Gruppengespräche kontrovers und ergebnisoffen verlaufen sollten, so bewirken sie bei den meisten Mitwirkenden in der Regel doch ein Mehr und Ideen im Hinblick auf die Bewältigung bestimmter Problem- bzw. Innovationsaufgaben. Durch das gruppeninterne Brainstorming entsteht das, was Heinrich von Kleist in einem seiner Essays „die allmähliche Verfertigung der Gedanken beim Reden" nennt. Die eine Idee ergibt die nächste; eine Erfahrung induziert eine zweite. Alternativen werden sichtbar; Problemlösungsoptimismus kann sich breit machen. Derartige Effekte zu erzielen, ist ungleich schwieriger, wenn man auf sich alleine gestellt ist und das notwendige Um- und Weiterdenken immer wieder aus sich selbst speisen muss.

Diese individuelle Begrenztheit gilt insbesondere in Sachen Unterrichtsentwicklung. Warum? Jeder Einzelne hat natürlich die Muster und Rituale der traditionellen Unterrichtsführung vergleichsweise tief verinnerlicht und tendiert daher dazu, an den eingespielten Gewohnheiten festzuhalten. Ohne konstruktive und produktive Teamarbeit gibt es zumeist wenig Bewegung. Zu bedrohlich erscheinen vielen Lehrkräften die Risiken und zusätzlichen Belastungen. Da müssen u.a. Lern- und Trainingsspiralen entwickelt, neue Materialien erstellt, Klassenräume verändert, Sitzordnungen modifiziert, neue Methoden umgesetzt, Bewertungsverfahren umgestellt, Zufallsverfahren eingeführt, neue Ansätze der Elternarbeit gewagt, neue Prüfungen abgenommen, etwaige Widerstände verarbeitet, Schulleitungen und Eltern überzeugt, Kolleg/innen als Mitstreiter/innen gewonnen und manche Herausforderungen mehr bewältigt werden. Das alles braucht Zuspruch und Inspiration, verlangt verständnisvolle Dialoge mit Kolleginnen und Kollegen. Ohne verstärkte Teamarbeit ist das schwerlich zu machen. Deshalb: „Gemeinsam statt einsam“ (vgl. Oswald 1990). Diese Devise macht Mut und verspricht ein Mehr an Ideen und tragfähigen Problemlösungen.

Auch Peter Senge, renommierter Bildungsforscher in den USA, unterstreicht die hilfreiche Kraft des dialogischen Arbeitens in Gruppen. Gruppengespräche begünstigten „kollektives Lernen“ und bringen Menschen in ungewöhnlichem Maße auf neue Ideen (vgl. Senge 1999, S. 290). Senge verweist auf Werner Heisenberg und andere Koryphäen der Naturwissenschaften, die erst durch den Dialog mit anderen Berufskolleg/innen zu bahnbrechenden Erfindungen bzw. Erkenntnissen gelangt sind. Diese magische Kraft des Dialogs ist seit der Aktike wohlbekannt und -geschätzt. Wie Peter Senge hervorhebt, bedeutet *dia-loges* für die alten Griechen „... das ungehinderte Fluten von Sinn, von Bedeutung in einer Gruppe, wodurch diese zu Einsichten gelangen kann, die dem einzelnen verschlossen sind“ (ebenda, S. 19). Diese sinnspendendende Kraft des Brainstormings gilt natürlich auch für die Innovationsfelder Schule und Unterricht. Ohne konstruktive Kooperation und Dialogführung wird es schwer bleiben, die nötige Ideenvielfalt, Ermutigung und Problemlösungskompetenz sicherzustellen, die Lehrkräfte brauchen, wenn sie eine neue Lehr- und Lernkultur wirksam auf den Weg bringen sollen. Durch die organisierte Teamarbeit im Rahmen des PASS-Programms wird in dieser Hinsicht kräftig nachgeholfen.

3.3 Gemeinsam ist mehr erreichbar

Was ebenfalls entlastend wirkt, ist die breitere Durchsetzungsfähigkeit, die eine konsequente Lehrerkooperation mit sich bringt. Viele Lehrkräfte stören sich nämlich zu Recht daran, dass es im Schulalltag häufig nur sehr begrenzt gelingt, die persönlichen guten Absichten und Ideen mit dem nötigen Nachdruck und Erfolg durchzusetzen. Sei es nun, dass die Schüler/innen und/oder ihre Eltern mit Befremden reagieren, wenn vom traditionellen „Trott" abgewichen wird. Oder sei es auch, dass Kolleg/innen und/oder Schulleitungen Steine in den Weg legen, sofern unkonventionelle Lehr- und Lernverfahren praktiziert werden. Egal, wer blockiert, demotivierend ist es für die betroffenenen Innovatoren allemal. Wer lässt sich schon gerne ausbremsen, wenn er von der Richtigkeit und Dringlichkeit bestimmter innovativer Verfahren überzeugt ist?! Das gilt nicht zuletzt für die hier in Rede stehenden Lehr-, Lern- und Trainingsverfahren im Rahmen des PASS-Programms. Wer demnach Wirksamkeit und Erfolg erzielen möchte, der braucht zwingend eine möglichst verständnisvolle Unterstützung und Begleitung durch andere parallel unterrichtende Kolleginnen und Kollegen.

Der altbekannte Spruch „Nur gemeinsam sind wir stark" gilt auch hier. Die Schüler/innen merken sehr schnell, ob die neuen Lern- und Trainingsverfahren die Marotte einer einzelnen Lehrperson sind oder aber durch mehrere gewichtige Lehrkräfte auf Klassenebene repräsentiert und eingefordert werden. Im ersteren Fall ist die Wahrscheinlichkeit groß, dass mehr oder weniger ausgeprägte Bremsmanöver gestartet werden – zumal die Schüler/innen im Rahmen des EVA- und Spiralansatzes vergleichsweise viel eigenständiges Arbeiten und Denken leisten müssen. Ähnliches gilt für zahlreiche Eltern, die erst einmal irritiert reagieren, wenn sich eine Lehrkraft zurücknimmt und ihren Kindern nicht gleich hilft. Von daher ist die Durchsetzungsmacht innovationswilliger Einzelkämpfer höchst begrenzt. Gleiches gilt im Hinblick auf die etablierten Fachgruppen und/oder Führungskräfte im Kollegium. Je separatistischer jemand verfährt, desto eher wird er zum Exoten und desto größer ist die Gefahr, das er innerhalb der Schulgemeinschaft trotz bester Absichten auf Granit beißt.

Der Ausweg aus diesem Dilemma heißt klar und eindeutig: verstärkte Lehrerkooperation. Lehrkräfte, die es schaffen, auf Klassen- oder Fachebene eine konzertierte Aktion zu starten, haben zwangsläufig ein anderes Standing gegenüber Eltern, Kollegium und Schulleitung. Auch die Nachhaltigkeit im Unterricht ist eine ganz andere, wenn mehrere Lehrkräfte regelmäßig ähnliche Methoden, Aufgaben und sonstige

Anforderungen in den Unterricht einbringen. Das führt nicht nur dazu, das sich die Schüler/innen schneller eingewöhnen und anpassen; das bewirkt auch, dass sie sehr viel zügiger dahin gelangen, die entsprechenden Aufgaben und Arbeitsweisen versiert und selbstbewusst zu bewältigen. Die Erfolgsaussichten steigen also. Routine und Akzeptanz nehmen zu. Das stärkt die Überzeugung und Mitmachbereitschaft der Schüler/innen ebenso wie die ihrer Eltern. Dass dieses dem Ego der zuständigen Lehrkräfte gut tut, versteht sich von selbst.

Ähnliches gilt im Hinblick auf Kolleg/innen und Schulleitungen. Schaffen es Lehrkräfte, sich in überzeugender und wohl begründeter Weise zu verbinden und zu verbünden, dann haben sie natürlich größere Chancen, sich innerhalb der Schule das nötige Gehör zu verschaffen, als wenn sie in Einzelkämpfermanier an die Arbeit geben. Konzertiertes Arbeiten bietet die beste Gewähr dafür, dass die eigenen Optionen und Maßnahmen auf offene Ohren bei Kolleg/innen wie Schulleitungen stoßen. Deshalb: Wenn jemand sicherstellen möchte, dass seine innovativen Vorsätze und Planungen erfolgreich in die Tat umgesetzt werden, dann muss er in ganz egoistischer Weise daran gehen, mit anderen Lehrkräften zu kooperieren und eine möglichst nachhaltige konzertierte Aktion auf die Beine zu stellen. Je breiter die Kooperation und je fundierter das Verständnis der anstehenden Innovationen innerhalb des Kollegiums, desto größer ist die Chance, dass sich persönliche Zufriedenheit und Entlastung bei den Innovatoren einstellen. Das PASS-Programm zielt mit seiner breiten Teampflege genau auf diese Grundvoraussetzungen einer erfolgreichen und nachhaltigen Innovationsarbeit.

3.4 Geteiltes Leid ist halbes Leid

Natürlich verlaufen Innovationsprozesse nach Maßgabe des PASS-Programms nicht immer reibungslos. Selbst bei noch so sorgfältiger Planung und Umsetzung der skizzierten Maßnahmen und Strategien wird es immer wieder Situationen geben, wo die beteiligen Lehrkräfte Rückschläge zu verkraften haben, Konflikte bereinigen müssen oder aber feststellen müssen, dass die erzielten Erfolge im Unterricht zu wünschen übrig lassen. Ein optimales Innovationsmanagement mag man sich theoretisch zurecht legen können, faktisch erreichen wird man es in der Regel nicht. Zu viele Unwägbarkeiten durchziehen den Schulalltag; zu viele unvorhersehbare Einflüsse von außen und oben gibt es, die den schulinternen Innovatoren das Leben schwer machen und unter Umständen auch die eine oder andere Frustration bescheren. Die Architektur des PASS-Programms ist zwar dezidiert auf Alltagstauglichkeit und Machbarkeit ausgerichtet. Sie verbindet Systematik mit Praktikabilität, Lehrerlenkung mit Schülerzentrierung, Offenheit mit Management, Teamarbeit mit vielseitiger Unterstützung. Gleichwohl bleibt manches unkalkulierbar und störanfällig.

Konsequente Teamarbeit ist eine probate Strategie, um etwaige Rückschläge und Schwierigkeiten besser auffangen und verarbeiten zu können. Das entlastet. Läuft z.B. ein Trainingstag nicht so, wie er geplant wurde, ist das für eine Lehrkraft natürlich leichter wegzustecken und in anschließenden Überarbeitungsphasen zu korrigieren, wenn sie sich im Verbund mit anderen Lehrkräften auf Jahrgangs- und/oder Klassenebene weiß. Es gibt Ansprechpartner/innen, die vergleichsweise sensibel, vorinformiert, solidarisch und nicht zuletzt problembewusst zur Seite stehen. Mit einigen von diesen können die aufgetretenen Schwierigkeiten besprochen werden. Mit ihnen über Gründe und etwaige Alternativen nachzudenken, hilft ungemein und trägt nicht unwesentlich zur Verbesserung des eigenen Befindens bei. Gleiches gilt für mögliche Kontroversen bzw. kritische Anfragen im Rahmen von Elternabenden oder Gesamtkonferenzen oder auch für den Fall etwaiger Unzulänglichkeiten bei der Durchführung von Lernspiralen im Rahmen des Fachunterrichts. Rückschläge und Probleme dieser und anderer Art sind höchst normal; gleichwohl müssen sie verarbeitet und möglichst konstruktiv ausgewertet werden. Dabei hilft konsequente Teamarbeit.

Die Überschrift „Geteiltes Leid ist halbes Leid“ soll andeuten, dass Lehrerkooperation eine wohltuende Gewähr dafür bietet, dass keine der innovativen Lehrpersonen mit etwaigen unterrichtlichen Problemen, Rückschlägen oder sonstigen Ungereimtheiten alleine bleibt. Das ist der Grund, warum Teamarbeit und Teamentwicklung im Rahmen des PASS-Programms so groß geschrieben werden. Innovationsbereitschaft und Innovationsfähigkeit der Lehrkräfte verlangen zwingend nach Rückendeckung und kollegiumsinterner Solidarität, sollen die einzelnen Innovatoren nicht immer wieder kalte Füße bekommen und in bestenfalls halbherzige Aktionen abgleiten. Diese Solidarität fehlt in Deutschlands Schulen bislang in hohem Maße. Daher trauen sich viele Lehrkräfte auch nicht so recht, neue Wege des Lehrens und Lernens zu gehen sowie die damit verbundene Unsicherheit und Misserfolgsgefahr in Kauf zu nehmen. Das PASS-Programm wirkt dieser Verunsicherung entgegen. Zum einen dadurch, dass es über viele Jahre hinweg durch Zehntausende von Lehrkräften in mehreren Bundesländern erfolgreich getestet und in der Folge zunehmend verfeinert wurde. Der zweite Grund: Das konsequente Setzen auf Teamarbeit, sowohl auf Klassen- und Fachebene als auch auf der Ebene der Schulleitung. Die daraus erwachsende Rückendeckung tut den Innovatoren nachweislich gut. Das bestätigt unter anderem der auf Rheinland-Pfalz bezogene Evaluationsbefund, dass 76 Prozent der befragten PASS-erfahrenen Lehrkräfte konstatieren: „Die ausgeprägten Teamaktivitäten stärken den Einzelnen und fördern den Zusammenhalt in den Kollegien“ (vgl. Klippert 2003, S. 17). Auch dies ein Beleg dafür, dass das PASS-Programm für das Gros der beteiligten Lehrkräfte einen unverkennbaren „Benefit“ bereithält.

4 Entlastung durch breiten „Service“

Zum PASS-Programm gehören nicht zuletzt einschlägige Unterstützungsmaßnahmen für die in Sachen Unterrichtsentwicklung engagierten Lehrkräfte. Das beginnt mit der Bereitstellung passgenauer Lehr- und Lernmittel der Verlage (vgl. die Abschnitt II.2.9 und II.3.7) und reicht über die Unterstützung durch korrespondierende Lehrerfortbildungsseminare und Workshops bis hin zu den konkreten Unterstützungsleistungen der Schulleitungen im Rahmen des schulinternen Innovationsmanagements. Dies alles trägt dazu bei, dass der zusätzliche Zeit- und Arbeitsaufwand, der durch die anvisierten Innovationsmaßnahmen verursacht wird, reduziert und minimiert werden kann. Je besser und praxistauglicher der Service von außen und oben ist, desto weniger Zeit müssen die Lehrkräfte für die Entwicklung von Lernspiralen, Trainingsspiralen, Schülerarbeitsmaterialien, Innovations-Know-how sowie für die Sicherstellung bestimmter organisatorischer und materieller Rahmenbedingungen in der Schule erübrigen. Die innovationsbedingten Vorbereitungsarbeiten werden erleichtert; der Zeitbedarf wird verringert; die Chancen auf spürbare Lehrerentlastung steigen.

Im Unterricht selbst bringt die Implementierung der neuen Lehr-, Lern- und Trainingsverfahren recht schnell Entlastung. Das ist in den vorangehenden Abschnitten belegt und deutlich gemacht worden. Der eigentlich neuralgische Punkt ist der Zusatzaufwand, der nötig ist, um die schulinternen Voraussetzungen und Ressourcen für eine erfolgreiche Innovationsarbeit sicherzustellen. Ist dieser Zusatzaufwand zu groß, so besteht die deutliche Gefahr, dass wesentliche Teile des breiten Mittelfelds in den Kollegien nur noch halbherzig oder gar nicht mehr mitmachen. Von daher gilt es, die Balance zu finden – die Balance zwischen zumutbarem Mehraufwand und den programmspezifischen Unterstützungsleistungen von außen und oben. Peer Steinbrück, ehemaliger Ministerpräsident des Landes Nordrhein-Westfalen, hat diese Notwendigkeit überzeugender Unterstützungsangebote nicht nur erkannt, sondern auch deutlich zum Ausdruck gebracht. „Die Nachfrage nach Fortbildung und Beratung wird steigen", so schreibt er. „Moderatoren und Trainer können derzeit kaum den Bedarf decken. Der Kompetenzzuwachs, der sich daraus ergibt, ist für alle Beteiligten gut, weil er mehr Sicherheit und mehr Möglichkeiten für die Mitgestaltung einer innovativ ausgerichteten Schule bietet. *Dafür brauchen wir dringend leistungsfähige Unterstützungssysteme in der Fläche* (Hervorhebung des Verfassers). Erfolgsreiche Bildungssysteme, das lernen wir von den erfolgreichen PISA-Staaten, setzen eben nicht nur Standards, sie entwickeln gleichzeitig wirksame Rückmelde- und Unterstützungssysteme" (Steinbrück 2004, S. 13).

Die besagten Unterstützungssysteme umfassen vieles. Sie umfassen Fortbildungs- und Beratungsangebote genauso wie praxisnahe Serviceleistungen in punkto Materialbereitstellung, Supervision, Coaching etc. Zuständig für diesen Service sind traditionell die Lehrmittelverlage sowie die staatlichen Fort- und Weiterbildungseinrichtungen der Länder. Hinzu kommen seit einigen Jahren diverse private Anbieter, die den Fort- und Weiterbildungsbedarf der Schulen als neuen Markt entdecken und entsprechende Angebote für Schulleitungen, Kollegien, Schulberater und einzelne Lehrkräfte bzw. Lehrerteams unterbreiten. Dieser Vormarsch der Privaten hat zum einen damit zu tun, dass den Schulen zunehmend Selbstständigkeit zugestanden wird, zum anderen geht er darauf zurück, dass die betreffenden Schulen neuerdings über gewisse Fortbildungsbudgets verfügen, die sie nach eigenem Gusto einsetzen können – also auch für private Fortbildungs- und sonstige Unterstützungsangebote.

Brauchbares Know-how liefern die privaten Anbieter vornehmlich in Sachen Supervision, Moderation, Beratung, Coaching, Zeitmanagement, Projektmanagement, Rhetorik, Neue Medien, Präsentationstechniken und Konfliktmanagement. Dort jedoch, wo es um das konkrete unterrichtliche Kerngeschäft geht, sieht es bislang eher düster aus. Hier haben die meisten privaten Anbieter wenig bis gar nichts zu offerieren, da ihnen der grundständige Zugang zum Praxisfeld Unterricht fehlt. Es mangelt ihnen nicht nur an praxisrelevantem Wissen und Gespür, sondern vor allem auch an grundständigen Erfahrungen und Problemlösungskompetenzen, die im Unterrichtsalltag weiterhelfen können. So gesehen ist die Hoffnung auf den freien Markt derzeit noch recht trügerisch. Wenn der von außen kommende Seminarservice Lehrkräfte tatsächlich überzeugen soll, dann muss er zwingend von erfahrenen Lehrkräften und Unterrichtsentwicklern eingebracht werden, die aufgrund eigener Praxis wissen, wie man wirksame Unterrichtsentwicklung unter den restriktiven Bedingungen deutscher „Normalschulen" betreiben kann. Das gilt für die staatlichen wie für die privaten Anbieter.

Verantwortlich für den Aufbau derartiger Unterstützungssysteme sind in erster Linie die staatlichen Stellen und Serviceeinrichtungen. Daran besteht auch im Zeitalter der Privatisierung von Lehrerfortbildung kein Zweifel. Dementsprechend müssen die entsprechenden Finanzmittel aufgestockt und vorausschauende Planungs- und Entwicklungsarbeiten geleistet werden, die dazu beitragen, dass den amtierenden Lehrkräften überzeugende Hilfen und Entlastungsangebote für den Schulalltag unterbreitet werden können. Im Klartext: Benötigt werden erfahrene Unterrichtsentwickler und Methodentrainer, Schulentwicklungsberater und Evaluatoren, Supervisoren und Coaches. Sie alle können dazu beitragen, dass den pädagogischen Akteuren in den Einzelschulen bewährtes Know-how zufließt, das ihnen hilft, die anstehende Unterrichtsentwicklung zügig, praxiswirksam sowie zeit- und arbeitssparend voranzutreiben. Schließlich macht es wenig Sinn, dass jedes Kollegium das Rad neu erfindet und in einem mühevollen „trial-and-error-Prozess" seine eigenen Strategien und Materialien generiert. Synergieeffekte sind gefragt.

Die Klett-Gruppe bietet ab 2008 einschlägige Seminare und Workshops zum PASS-Programm an, die auf jahrelanger Erprobungsarbeit basieren und von erfahrenen Praktikern aus verschiedenen Bundesländern moderiert und mit Inputs versehen werden. Darüber hinaus gibt es die erwähnten Lehrerhefte, Schülerhefte und sonstigen Unterrichtshilfen zur Umsetzung des Spiralansatzes in den Fächern (vgl. Abschnitt II.2.9). Unterstützungssysteme dieser Art schaffen Orientierung und Sicherheit. Sie helfen den innovationsbereiten Lehrkräften, Zeit zu sparen und sich erprobter und bewährter Verfahrensweisen und Materialien zu bedienen. Das gilt für das schulinterne Innovationsmanagement genauso wie für die praktische Lern- und Kompetenzförderung mittels einschlägiger Lernspiralen, Trainingsspiralen und Schülermaterialien. Die aus Abbildung 40 ersichtlichen Service- und Unterstützungsleistungen der Klett-Gruppe sowie des Beltz Verlages stehen für ein derartiges Unterstützungssystem. Sie sind praxiserprobt und praxisbewährt, alltagstauglich und nützlich - für die Lehrkräfte genauso wie für ihre Schüler/innen. Sie helfen, zukunftsweisende Schlüsselkompetenzen auf Schülerseite zu fördern und vielseitige Formen der Schülerselbsttätigkeit in Gang zu setzen. Das ist „Hilfe zur Selbsthilfe" im besten Sinne des Wortes.

Abb. 40

Unterstützungsangebot zum PASS-Programm

Service der Klett-Gruppe	Service des Beltz-Verlags
Lehrerhefte und Schülerhefte mit erprobten Lernspiralen und Unterrichtsmaterialien für die Fächer Deutsch, Englisch und Mathematik in der Sekundarstufe I sowie für die Fächer Deutsch, Mathematik und Sachunterricht im Primarbereich.	**Trainingshandbücher** mit vielfältigen Anregungen und Bausteinen zum Methodentraining, Kommunikationstraining, Team-training sowie zum Ausbau des eigenverantwortlichen Arbeitens und Lernens im Fachunterricht.
Seminare und Workshops zur Klärung und Vorbereitung der konkreten Innovationsarbeit in Schule und Unterricht. Dabei wird sehr stark auf anwendungsbezogenes „learning by doing" abgestellt.	**Strategiebücher** mit Grundinformationen zu den Problemfeldern Lehrerentlastung, Lehrerausbildung und pädagogische Schulentwicklung. Im Fokus dieser Bücher: die Unterrichtsentwicklung.

Glossar

Arbeitsinsel
Eine Arbeitssequenz innerhalb einer fachspezifischen *Makrospirale*. Mit dem Begriff „Insel“ soll angedeutet werden, dass die Schüler/innen – wie einst Robinson Crusoe – relativ stark auf sich alleine gestellt sind und die Lehrperson nur selten vom Festland herüberkommt, um zu helfen und/ oder neue Inputs zu geben. Selbsthilfe ist angesagt. Die Lehrerunterstützung erfolgt defensiv. Das kann z.B. mit einer Rot-Grün-Ampel unterstrichen werden.

Arbeitsökonomie
Sicherstellung eines günstigen Aufwand-Ertrags-Verhältnisses. Das inspiriert und ermutigt Lehrkräfte zum Mitmachen. Im Rahmen des *PASS-Programms* wird durch straffe Arbeitsteilung und Prozesssteuerung, durch *Teamarbeit* und Schulleitungsunterstützung, durch Lehrmittelservice und Trainingshandbücher dafür gesorgt, dass ein möglichst überzeugendes Aufwand-Ertrags-Verhältnis erreicht wird.

Arbeitsschritt
Eng begrenzte Lerntätigkeit der Schüler/innen im Rahmen einer *Lernspirale.* Eine Lernspirale besteht in der Regel aus 4–7 Arbeitsschritten der Schülerinnen und Schüler. Mögliche Arbeitsschritte können z.B. sein: das Markieren eines Textes, das Erstellen eines Spickzettels, das Nachschlagen bestimmter Informationen im Schulbuch oder das Berechnen einer bestimmten Mathematikaufgabe. Arbeitsschritte sind nicht weiter elementarisierbar.

Arbeitsunterricht
Reformpädagogischer Ansatz zur Sicherstellung nachhaltiger Lernarbeit der Schülerinnen und Schüler. Diese Lernarbeit kann außerhalb wie innerhalb des Klassenraums stattfinden. Das *PASS-Programm* steht für die Betonung und den Ausbau der Lerntätigkeiten in Schule und Unterricht. Arbeiten ist die Quelle des Könnens und der Erkenntnis.

Beltz-Service
Trainingshandbücher des Beltz-Verlags zur Unterstützung der schulinternen *Methodenschulung.* Die Bücher enthalten vielfältige praxiserprobte Übungs- und Trainingsbausteine, die von den Lehrkräften wahlweise genutzt und zu speziellen *Trainingstagen* kombiniert werden können. Darüber hinaus gibt es „Ratgeber-Bücher“ zu den Problemfeldern *Lehrerentlastung, Lehrerausbildung* und *Schulentwicklung.*

Bildungsstandards

Von der Kultusministerkonferenz verabschiedete Kompetenzstandards für einzelne Fächer. Definiert wird, was die Schüler/innen am Ende bestimmter Bildungsabschnitte können sollten. Die Bildungsstandards unterscheiden drei Anforderungsbereiche (Wissen wiedergeben; Wissen verarbeiten/anwenden; Wissen analysieren/reflektieren/beurteilen) sowie mehrere Kompetenzstufen mit spezifischen Kompetenzbeschreibungen.

Differenzierung

Freigabe der Aufgabenwahl und/oder der sozialen Zuordnung in der Klasse. Die Schüler/innen können alleine oder in Gruppen arbeiten; sie können Pflicht- und Küraufgaben auf unterschiedlichen Niveaus nutzen. *Das PASS-Programm* schließt Differenzierungsmaßnahmen dieser Art nicht aus, setzt wegen der Desintegrationsgefahr und des hohen Vorbereitungsaufwands für die Lehrkräfte aber andere Akzente. Meist arbeiten alle Schüler/innen in wechselnden Gruppen an ähnlichen oder gleichen Aufgaben bzw. Materialien.

Doppelstunden

Der gängige Zeittakt ist bis heute die 45-Minuten-Einheit – zumindest in den Sekundarschulen. Das führt dazu, dass die Lernarbeit der Schüler/innen viel zu flach und invariant verläuft. Die *Lernspiralen* und *Trainingsspiralen* verlangen zwingend nach mehr Doppelstunden und größeren Zeittakten, damit intensivere Arbeitsprozesse möglich werden.

EVA-Unterricht

Unterrichtsskript mit ausgeprägter Betonung des **e**igen**v**erantwortlichen **A**rbeitens (EVA) im Fachunterricht. Die Schüler/innen müssen vielseitig tätig werden. Schwerpunkte sind: produktives Arbeiten (z.B. Tabelle erstellen), kommunikatives Arbeiten (z.B. Kurzvortrag halten) und exploratives Arbeiten (z.B. Befragung durchführen). Im Zentrum von EVA steht die Abklärung inhaltlich-fachlicher Fragen und Problemstellungen.

Evaluation

Überprüfung der Ergebnisse der laufenden *Unterrichtsentwicklung.* Evaluiert werden kann sowohl durch Befragungen, leitfadengestützte Beobachtungen oder konkrete kompetenzorientierte Leistungstests bzw. Assessments. Das *PASS-Programm* ist in den Bundesländern Hessen, Nordrhein-Westfalen und Rheinland-Pfalz einschlägig evaluiert worden, und zwar mit ausgesprochen positiven und ermutigenden Ergebnissen.

Elternarbeit

Die gezielte Einbindung der Eltern in den schulinternen Reformprozess.

Methodenzentrierte Elternabende, Elternseminare und Elternhospitationen haben sich außerordentlich bewährt. Durch praxisnahes und handlungsorientiertes Vorgehen (learning by doing) haben viele Eltern einen sehr konkreten Einblick in die neuen Lehr-, Lern- und Trainingsverfahren gewonnen. Das hat eine breite Akzeptanz des *PASS-Programms* bei Eltern bewirkt.

Fachkompetenz
Das fachspezifische Lernen wird durch die breite *Methodenschulung* keineswegs beeinträchtigt – im Gegenteil: Methodenlernen und inhaltliches Lernen sind hochgradig komplementär. Durch die konsequente Methodenklärung wird die Basis für souveränes Arbeiten in den Fächern verbessert. Die Schüler/innen lernen, zügiger, durchdachter, methodenbewusster und kooperativer an das Erschließen der Fachinhalte heranzugehen.

Fachteam
Lehrerteam auf Fachebene. Es unterscheidet sich von der Fachgruppe dadurch, dass ihm lediglich jene Lehrkräfte angehören, die an der Umsetzung des *PASS-Programms* ernsthaft interessiert sind und daran gehen möchten, die neuen Lehr-, Lern- und Trainingsverfahren zu implementieren. Die Fachteams sind u.a. zuständig für die Lernspiralentwicklung, *Methodenpflege* und für veränderte Klassenarbeiten und Prüfungsverfahren.

Frontalunterricht
Phasen, in denen von vorne „doziert" wird. Der EVA-Ansatz sieht zwar vor, dass die Schüler/innen mehr miteinander arbeiten und weniger frontal belehrt werden. Gleichwohl sind Frontalphasen im Rahmen des *PASS-Programms* durchaus üblich – sei es, dass Lehrkräfte Inputs geben oder sei es auch, dass Schüler/innen präsentieren.

Gruppenunterricht
Das Zusammenarbeiten der Schüler/innen in kleineren oder größeren Gruppen. Gruppenunterricht setzt ein erhebliches Maße an Kommunikations- und Teamfähigkeit voraus. Durch entsprechende *Trainingstage* und gelegentliche Feedback- und Reflexionsphasen wird daran gearbeitet, dass die Gruppenarbeit zunehmend effektiver verläuft.

Helfersystem
Wechselseitige Hilfe, Kontrolle und Beratung der Schüler/innen. Durch *Zufallsprinzip* und *Setzverfahren* werden die Schüler/innen so zusammengeführt, dass genügend Potenzial für die wechselseitige „Hilfe zur Selbsthilfe" vorhanden ist. Regelwerke und gemeinsame Präsentationen sorgen dafür, dass sich die Schüler/innen unterstützend verhalten.

Heterogenität
Grundvoraussetzung für wirksame Helfer- und Erzieherdienste der Schüler/innen. Heterogenität wird mittels *Zufallsprinzip* und *Setzverfahren* bewusst hergestellt, damit die gruppeninternen Potenziale ausreichen, um wirksames wechselseitiges Helfen und Disziplinieren sicherstellen. Durch das bewusste Herstellen von Heterogenität wird der Ausgrenzung einzelner Schüler/innen vorgebeugt. Vom wechselseitigen Helfen profitieren auch die guten Schüler/innen; das beweist die Nachhilfeforschung.

Innovationsmanagement
Strategisch kluge und zielführende Umsetzung des *PASS-Programms*. Das beginnt bei der systematischen Lehrer- und Schulleiterfortbildung und reicht über differenzierte Maßnahmen zur Umsetzung der neuen Lehr-, Lern- und Trainingsverfahren bis hin zu vertrauensbildender Eltern- und Öffentlichkeitsarbeit.

Kernthema
Lehrplanthema mit Gewicht und Relevanz. Die neuen Bildungsstandards sehen vor, dass die Lehrkräfte bei der Wahl ihrer Fachthemen mehr Dispositionsspielräume als früher haben. Die bei Klett erscheinenden Lehrer- und Schülerhefte stellen auf die bundesweit sich abzeichnenden Kernthemen der betreffenden Fächer ab.

Klassenteam
Lehrerteam auf Klassenebene. Gesetztes Mitglied ist der Klassenlehrer bzw. die Klassenlehrerin. Hinzu kommen im Sekundarbereich in der Regel noch zwei weitere „gewichtige" Fachlehrer/innen. Das Ziel: Die Teamlehrer sollten in ihrer Klasse pro Woche in Summe möglichst 15 Stunden plus X unterrichten Die so entstehenden 3er-Teams sind für Sitzordnung, Klassenraumgestaltung, *Trainingstage* und anderes mehr zuständig.

Klett-Service
Lehr- und Lernmittel der Klett-Gruppe zur Umsetzung des *PASS-Programms*. Klett bietet fachbezogene Lehrer- und Schülerhefte mit erprobten *Lernspiralen* und Schülerarbeitsmaterialien zu den wichtigsten Kernthemen der Fächer Deutsch, Mathematik, Englisch und Sachunterricht an. Darüber hinaus werden ab 2008 einschlägige Seminare und *Workshops* zur neuen Lehr- und Lernkultur angeboten.

Kompetenzdiagnose
Verfahren zur Erfassung und Beurteilung des Schülerkönnens. Das betrifft den Fach- und Sachverstand genauso wie die Methodenbeherrschung, Kommunikationsfähigkeit, Präsentationsfähigkeit und Teamfähigkeit der Schüler/innen. Zur Diagnose dieser Kompetenzen muss verstärkt auf krite-

riumsgestützte Epochalbewertungen sowie auf spezielle Prüfungen wie *Projektprüfungen* und *Präsentationsprüfungen* abgestellt werden.

Kompetenzmotivation
Motivation aus dem Gefühl und der Erfahrung heraus, dass etwas sicher gelingen wird, weil es schon oft in ähnlicher Weise praktiziert und zum Erfolg geführt wurde. Methodentraining und *Methodenpflege* dienen diesem Aufbau von Kompetenz- bzw. Erfolgsmotivation durch sukzessives Üben und Anwenden bestimmter Operationen.

Kommunikationstraining
Trainingstage zur Vermittlung und Klärung elementarer Kommunikations- und Präsentationsstrategien. Das beginnt mit Methoden des freien Redens und Argumentierens und reicht über aktives Zuhören und miteinander Reden bis hin zu anspruchsvollen Interaktions- und Präsentationsverfahren (Hearing, Planspiel etc.).

Konzertierte Aktion
Planvolles Zusammenwirken mehrerer Lehrkräfte auf Klassen- oder Fachebene. Durch dieses konzertierte Arbeiten wird gewährleistet, dass es ein abgestimmtes Fordern und Fördern der *Klassenteams* bzw. *Fachteams* gibt. Das trägt dazu bei, dass Schüler/innen, Eltern und Kollegium wirksam überzeugt werden können.

Lehrerausbildung
Die Vorbereitung der Lehrkräfte auf ihre spätere Unterrichtstätigkeit. Im Unterschied zur bisherigen Praxis ist es dringend vonnöten, die jungen Leute verstärkt mit neuen Methoden des Lehrens und Lernens vertraut zu machen, wie sie im *PASS-Programm* ihren Ausdruck finden. Das verlangt nach *Teamarbeit* und vielseitigem Learning by Doing in enger Anlehnung an die praktischen Probleme des Schulalltags (siehe *Bildungsstandards*).

Lehrerentlastung
Zentrale Voraussetzung für nachhaltige Innovationserfolge. Lehrerentlastung kann seitens der Bildungspolitik bewirkt werden. Lehrerentlastung ist aber auch höchst wirksam in der Einzelschule zu organisieren – im Unterricht wie auf der Ebene des Schulmanagements. Das beginnt bei verstärkter *Teamarbeit* und reicht über die systematische Schülerqualifizierung bis hin zu gezielten Erleichterungen der Schulleitungen.

Lehrerfortbildung
Qualifizierungsmaßnahmen zur Vermittlung bzw. Generierung PASS-relevanten Know-hows. Die Lehrerfortbildung umfasst methodenzentrierte *Trainingseminare*, fachspezifische *Workshops*, Schnupperveranstaltungen fürs Gesamtkollegium sowie spezi-

fische Seminare zum *Innovationsmanagement* für die Führungsebene. Flankierende Maßnahmen sind Hospitationen, Teambesprechungen und gelegentliches Teamteaching.

Lernkompetenz
Oberbegriff für eine Reihe von Teilkompetenzen, die über den Lernerfolg der Schülerinnen und Schüler entscheiden. Lernkompetenz im weiteren Sinne umfasst *Methodenkompetenz*, Sozialkompetenz, affektive Kompetenz und Selbstkompetenz im Sinne von Selbstmotivation, Ausdauer, Eigeninitiative, Frustrationstoleranz etc. Dieser erweiterte Kompetenzbegriff liegt dem *PASS-Programm* zugrunde.

Lehrerrolle
Das Rollenbild der Lehrkräfte wandelt sich. Indem das eigenverantwortliche Arbeiten und Lernen der Schüler/innen forciert wird, rücken die Lehrkräfte zunehmend in den Hintergrund. Sie übernehmen verstärkt Aufgaben der Lernorganisation, Lernmoderation und Lernberatung. Je versierter die Schüler/innen sind, desto defensiver können sich die Lehrkräfte verhalten. Das entlastet und erweitert die Möglichkeiten zur Schülerbeobachtung und Schülerberatung während des Unterrichts.

Lehrersteuerung
Rahmenlenkung durch die Lehrperson. Das *PASS-Programm* stellt ausdrücklich auf Lehrersteuerung ab. Allerdings nicht im Sinne der offensiven Ergebnisdarbietung und/oder des suggestiv verlaufenden Unterrichtsgesprächs (Fragend-Entwickelndes-Verfahren), sondern im Sinne der konsequenten Rahmenlenkung durch gezielte Zeit-, Produkt-, Material- und sonstige Rahmenvorgaben.

Lehrervortrag
Lehrervorträge und sonstige Lehrerinstruktionen sind nötig, damit das Lernen der Schüler/innen Nahrung erhält. So können ein Lehrervortrag oder eine Lehrererzählung z.B. Ausgangspunkte von *Lernspiralen* sein. Auch das Tafelbild des Lehrers kann als ergiebiger Arbeitsgegenstand der Schüler/innen dienen. Wichtig ist nur, dass die Schüler/innen den jeweiligen Lehrerinput mehrstufig bearbeiten und verarbeiten.

Lernen durch Lehren
Ein reformpädagogischer Ansatz, der im Rahmen des *PASS-Programms* seinen Niederschlag findet. Die Schüler/innen rücken partiell in die Lehrerrolle und sind gehalten, sich wechselseitig etwas beizubringen. Die Erfahrung zeigt, dass alle davon profitieren – auch die cleveren Schüler/innen. Letztere werden fachlich souveräner und lernen zudem eine breite Palette an fachübergreifenden Kompetenzen.

Lernen lernen
Die Schulung elementarer Lern- und Arbeitstechniken zur Verbesserung der *Lernkompetenz* der Schüler/innen. Das „Lernen lernen" entspricht dem *Methodentraining* im engeren Sinne. Im Mittelpunkt der Schulungsarbeit stehen Methoden der Informationsbeschaffung, -verarbeitung, -anwendung und -auswertung.

Lernkorridor
Verantwortungs- und Gestaltungsspielraum der Schüler/innen im Rahmen eines unterrichtlichen Arbeitsprozesses. Je älter und/oder methodisch versierter die Schüler/innen sind, desto breiter kann der jeweilige Lernkorridor abgesteckt werden. Eine *Lernspirale* repräsentiert einen Lernkorridor. Stütze und Kennzeichen eines Lernkorridors sind gezielte Lehrerlenkung und defensive Lehrerunterstützung.

Lernspirale
Ist gleichbedeutend mit der *Mikrospirale.* Die mehrstufige Erarbeitung eines bestimmten fachlichen Lerngegenstandes bzw. Lehrerinputs durch die Schüler/innen. Die Schüler/innen bohren sich in die jeweilige Materie hinein. Gliedert man eine bestimmte *Arbeitsinsel* (z.B. zwei Schaubilder erschließen) in mehrere *Arbeitsschritte* auf, so erhält man die Lernspirale. Je versierter die Schüler/innen sind, desto anspruchsvoller werden die Lernspiralen bzw. Arbeitsschritte abgesteckt. Typisch für den Erarbeitungsprozess ist der konsequente Wechsel von Einzel-, Partner-, Gruppen- und Plenararbeit. Eine Lernspirale erstreckt sich in der Regel über 1 bis 2 Unterrichtsstunden.

Lernumgebung
Die räumlichen und sachlichen Lernbedingungen der Schüler/innen. Die neuen Lehr-, Lern- und Trainingsverfahren verlangen nach einer flexiblen Sitzordnung, die einen raschen und lärmvermeidenden Wechsel der einzelnen *Sozialformen* möglich macht – einschließlich Stuhlkreis und Doppelkreis (Winkelsitzordnung!). Außerdem werden Regale, Nachschlagewerke, Pinnwände, Ordner, Verbrauchsmaterialien u.a.m. gebraucht.

Makrospirale
Ist gleichbedeutend mit *Lerneinheit.* Die Aufgliederung eines fachspezifischen *Kernthemas* (Lehrplanthemas) in diverse *Arbeitsinseln* A_1 bis A_X der Schüler/innen. Diese Arbeitsinseln geben den Kindern Gelegenheit zu vielseitiger Lernarbeit und Methodenanwendung. Werden bestimmte Arbeitsinseln ausgewählt und kombiniert, so ergibt sich eine *Unterrichtseinheit.* Eine Makrospirale erstreckt sich in der Regel über mehrere Unterrichtswochen.

Methodencurriculum
Die Zuordnung der zu lernenden Methoden zu einzelnen Jahrgangsstufen. Das Methodencurriculum wird in der Regel schulintern definiert und macht für Schüler/innen, Lehrer/innen und Eltern transparent, wann welche Methoden schwerpunktmäßig eingeübt und geklärt werden sollen. Das ausgefüllte Raster wird allen Lehrkräften zugänglich gemacht und als Grundlage für spätere *Evaluationen* benutzt.

Methodenfeld
In praxi werden drei große Methodenfelder unterschieden, die im Zentrum der schulinternen *Methodenschulung* stehen, nämlich (a) elementare Lern- und Arbeitstechniken einüben; (b) grundlegende Kommunikations- und Präsentationstechniken trainieren sowie (c) Teamentwicklung im Klassenraum. Zu jedem Feld gibt es separate *Trainingstage*.

Methodenheft
Spezielles Heft zum Eintragen bzw. Abheften methodenzentrierter Lernergebnisse. Das Heft wird von den Schülern geführt und insbesondere während der jeweiligen *Trainingstage* genutzt, um wichtige Materialien, Merksätze und Regelwerke darin festzuhalten. Günstiger als ein Methodenheft ist unter Umständen ein Mappe zum Abheften.

Methodenpflege
Die Anwendung eingeübter Methoden im Fachunterricht – einschließlich Reflexion und Methodenkritik. Die Methodenpflege ergänzt und vertieft das *Methodentraining* und trägt entscheidend dazu bei, dass die Schüler/innen die betreffenden Methoden zunehmend besser beherrschen und anwenden lernen. Ohne konsequente Methodenpflege werden die eingeübten Methoden rasch wieder verlernt.

Methodenschulung
Das systematische Einüben bestimmter Arbeits-, Kommunikations- oder Kooperationsmethoden. Zur Methodenschulung gehört einerseits das fachübergreifende *Methodentraining*, andererseits die vielseitige *Methodenpflege* in den Fächern. Die fachspezifische Methodenpflege trägt entscheidend zur Konsolidierung des Methodenwissens bei.

Methodentraining
Das Einüben und Klären grundlegender Lernmethoden. Methodentraining i.e.S. meint das Training elementarer Lern- und Arbeitstechniken. Methodentraining i.w.S. schließt auch und zugleich Kommunikations-, Präsentations- und Teamtraining mit ein. Typisch für das Methodentraining ist, dass die jeweilige Methode fix ist und die Inhalte floaten, während im Fachunterricht die Inhalte feststehen und

die Methoden wechseln. Das Training erstreckt sich pro Schuljahr auf längstens 1 bis 2 Wochen.

Mikrokompetenzen
Elementare Fähigkeiten und Fertigkeiten auf der untersten Ebene. Ausschneiden, Aufkleben, Abheften, Nachschlagen, Markieren, Heftführung, freie Rede, aktiv Zuhören und vieles andere mehr gehören zu diesen Mikrokompetenzen. Durch häufiges Üben, Anwenden und Anreichern erwachsen nach und nach komplexere Lernkompetenzen.

Mikrospirale
Ist gleichbedeutend mit der *Lernspirale*. Der Begriff Mikrospirale ist als Pendant zur Makrospirale gewählt. Eine *Makrospirale* umfasst in der Regel 6 bis 10 Mikrospiralen. Mikrospiralen werden zum Teil alternativ angeboten und können daher im realen Unterricht auch schon mal wegfallen bzw. weggelassen werden.

Netzplan
Instrument zur Planung und Organisation systematischer Unterrichtsentwicklung. Der Netzplan legt mithilfe von Netzplankarten fest, *was* zu tun ist, *wann* und *wo* es geschieht und *wer* dafür zuständig bzw. verantwortlich ist. Die Netzplanerstellung erfolgt durch das Steuerungsteam und ist ein fester Bestandteil des schulinternen *Innovationsmanagements*.

Offener Unterricht
Unterrichtsarrangements mit hohen Selbstständigkeitsanforderungen an die Schüler/innen. Freiarbeit, Wochenplan, Lernzirkel und Projektarbeit bilden Hochformen des Offenen Unterrichts. Das *PASS-Programm* bahnt solche Hochformen an, setzt mit den Lernspiralen allerdings bewusst darunter an. Viele Schüler/innen müssen nämlich erst einmal lernen, mit Offenheit und Freiheit konstruktiv umzusehen. Klappt dieses im Kleinen, so kann man die Anforderungen und Freiheitsgrade schrittweise steigern.

PASS-Programm
Programm zur Ausbildung von Schlüsselkompetenzen und Schülerselbsttätigkeit. Dieses Programm zielt auf systematische Lern- und Kompetenzförderung im Schulalltag. Es schließt differenzierte *Methodenschulung* und ein möglichst systematisches *Innovationsmanagement* in Schule und Unterricht mit ein. Die Gründe für eine verstärkte Kompetenzförderung: Neue Bildungsstandards, neue Prüfungsverfahren, schlechtes Abschneiden bei PISA, wachsende Lehrerbelastung im Unterricht, unterrichtszentrierte Schulinspektionen; Forderung der Wirtschaft nach Schlüsselqualifikationen etc.

PISA
Programme for **I**nternational **S**tudent **A**ssessment. Die PISA-Studien über-

prüfen, wie gut die Schüler/innen in der Lage sind, neue Informationen zu erfassen, zu verarbeiten und anzuwenden (literacy-concept). Dabei geht es sowohl um Textinformationen als auch um das Lesen und Auswerten von Grafiken, Tabellen und Schaubildern. Das *PASS-Programm* reagiert auf die kritischen PISA-Befunde und sieht entsprechende Trainingsmaßnahmen vor.

Progressionsprinzip
Die sukzessive Steigerung der methodischen und inhaltlichen Anforderungen im Lernprozess. Anspruchsvolle Projektarbeit z.B. können die Schüler/innen nur dann bewältigen, wenn sie die entsprechenden *Mikrokompetenzen* in vielen kleinen vorgelagerten Übungs-, Reflexions- und Anwendungsschritten aufgebaut haben. Dementsprechend braucht es Aufgaben- und Methodenprogression.

Projektprüfungen
Prozess- und ergebnisabhängige Leistungsüberprüfung im Rahmen größerer Projektarbeiten. Die Schüler/innen müssen Kolloquien und Präsentationen absolvieren und u.U. gezielte schriftliche Arbeitsberichte abliefern. Geprüft werden sie in der Regel im Team. Das *PASS-Programm* bereitet die Schüler/innen auf derartige Prüfungen vor.

Präsentationsprüfungen
Präsentationsabhängige Leistungsüberprüfung zum einen oder anderen Fachthema. Dabei spielen Visualisierungskompetenzen, freie Rede, Rhetorik und Beherrschung der entsprechenden technischen Gerätschaften (z.B. OH) eine wichtige Rolle. Das *PASS-Programm* vermittelt den Schüler/innen entsprechende „Skills“.

Regelwächter
Aufpasser zur Sicherstellung der Regeleinhaltung. Regelwächter braucht man sowohl in Lehrergruppen als auch und besonders in Schülergruppen, damit die gängigen Regelverstöße eingedämmt werden. Voraussetzung für die Regelüberwachung sind klare Regelvereinbarungen und Regelplakate. Die Funktion des Regelwächters rotiert.

Regelwerke
Die Festschreibung bestimmter Regeln zur Verbesserung der alltäglichen Lernarbeit. Regelwerke werden gemeinsam entwickelt und auf Plakaten oder in speziellen Methodenheften festgehalten. Sie betreffen Markierungsregeln, Gesprächsregeln, Präsentationsregeln, Gruppenarbeitsregeln, Planungsregeln und vieles andere mehr. Regelwerke bilden die Basis für die Arbeit der *Regelwächter*.

Routinebildung
Der Aufbau verlässlicher Handlungsschemata durch häufiges Üben, Wiederholen und Anwenden bestimmter Lernabläufe. *Methodentraining* und *Methodenpflege* zielen auf Routinebildung im besten Sinne des Wortes. Menschen sind auf tragfähige „Automatismen“ angewiesen, wenn sie Selbstsicherheit entwickeln und gelegentlich genuin Neues und Kreatives leisten sollen. Routinebildung entlastet und begünstigt den Lernerfolg.

Schlüsselqualifikationen
Wichtige Fähigkeiten und Fertigkeiten im beruflichen und betrieblichen Bereich. Die Palette der Schlüsselqualifikationen ist groß und reicht von spezifischen fachlichen Kompetenzen wie Rechnen, Schreiben und Lesen bis hin zu vielfältigen überfachlichen Kompetenzen im methodischen, kommunikativen, kooperativen und persönlichen Bereich (Teamfähigkeit, Kritikfähigkeit, Zuverlässigkeit, Kreativität, Motivation etc).

Schülerselbsttätigkeit
Lernen der Schüler/innen in eigener Regie. Die Schülerselbsttätigkeit ist um so ausgeprägter und anspruchsvoller, je besser die Schüler/innen in der Lage sind, ihren eigenen Lernprozess zu steuern und erfolgreich zu managen. *Methodentraining* und *Methodenpflege* tragen dazu bei, dass die Schüler/innen zunehmend selbsttätig lernen können.

Schulentwicklung
Schulentwicklung ist zuallererst Unterrichtsentwicklung. Schulentwicklung muss für die betreffenden Akteure machbar und nützlich sein und deshalb dezidiert dort ansetzen, wo die Einzelnen der Schuh drückt. Und das ist erwiesenermaßen der Unterricht mit seinen vielfältigen Friktionen und Belastungen. Hier setzt das *PASS-Programm* an.

Schulprogramm
Schwerpunktprogramm einer Schule. Das *PASS-Programm* ist ein mögliches Schwerpunktprogramm mit dem Focus *Unterrichtsentwicklung*. Es trägt dazu bei, das komplexe Arbeitsfeld Schule auf einen Kernbereich zu reduzieren, der ein relativ befriedigendes und erfolgreiches konzertiertes Arbeiten der Lehrkräfte erlaubt.

Selbstgesteuertes Lernen
Eine Hochform des eigenverantwortlichen Arbeitens und Lernens. Selbstgesteuertes Lernen sieht das selbstverantwortliche Planen, Durchführen, Dokumentieren, Präsentieren und Auswerten komplexer Aufgaben (Projekte) vor. Auch diese Hochform folgt der Logik der Lernspirale, nur mit anspruchsvolleren Arbeitsetappen und minimaler Lehrerlenkung. Selbstge-

steuertes Lernen ist das Fernziel der *PASS-Aktivitäten.*

Setzverfahren
Ein Verfahren zur Steuerung bzw. Beeinflussung von Gruppenbildungsprozessen. Das Setzverfahren ergänzt das *Zufallsprinzip* und gibt der Lehrperson die Möglichkeit, für die nötige *Heterogenität* in Gruppen zu sorgen, damit das wechselseitige Helfen und Erziehen hinreichend funktionieren kann. Gesetzt wird z.B. in der Weise, dass sechs leistungsstarke oder auch sechs verhaltensschwierige Schüler/innen durch vorrangiges Losen auf sechs Tische verteilt werden. Gleiches kann mit anderen „Problemgruppen" geschehen.

Sockeltraining
Eine mehrtägige methodenzentrierte Trainingsphase. Die Schüler/innen klären über mehrere *Trainingstage* hinweg bestimmte Methoden zu einem je spezifischen *Methodenfeld* ab. Das Sockeltraining führt zu einer methodischen Grundlegung des Fachunterrichts. Gängige Methoden werden so geübt, reflektiert und abgeklärt, dass die unterschiedlichen Fachlehrer/innen auf diesen „Sockel" zurückgreifen können.

Sozialformwechsel
Regelmäßiges Wechselspiel von Einzelarbeit, Partnerarbeit, Gruppenarbeit und Plenarphasen. Dieser Sozialformwechsel gehört zu den zentralen Merkmalen der *Lernspiralen* und *Trainingsspiralen.* Auf diese Weise wird sichergestellt, dass die Schüler/innen immer wieder Gelegenheit erhalten, sich mit wechselnden Lernpartnern zu besprechen und dadurch wachsenden persönlichen Durchblick zu erreichen.

Steuerungsteam
Führungskräfteteam mit besonderer Verantwortung für das *Innovationsmanagement* in Sachen *PASS-Programm.* Gesetzte Mitglieder sind der/die Schulleiter/in sowie der/die Stundenplanverantwortliche. Je nach Größe der Schule können weitere PASS-erfahrene Lehrkräfte hinzukommen, die Führungsverantwortung übernehmen möchten.

Teamarbeit der Lehrer
Die aufgaben- und regelgebundene Zusammenarbeit von Lehrkräften im Zuge des Innovationsprozesses. Teamarbeit wird im Rahmen des *PASS-Programms* groß geschrieben. Das gilt für die Schüler- wie für die Lehrerseite. Die Lehrkräfte arbeiten in Klassen- und Fachteams, besuchen Trainingsseminare für Schulteams, absolvieren Hospitationen im Team und werten ihre Teamerfahrungen gelegentlich gemeinsam aus.

Teamentwicklung
Trainingstage zur Vermittlung und Klärung elementarer Kooperationsmethoden. Das beginnt mit der Sensibilisierung der Schüler/innen für die Relevanz guter Gruppenarbeit und reicht über die Anbahnung und Ausformulierung wichtiger Gruppenregeln bis hin zur Anwendung und Verfeinerung dieser Regeln in komplexeren Gruppenarbeitsphasen. Geklärt und eingeübt wird auch die Rolle des *Regelwächters*.

TIMSS
Third **I**nternational **M**athematic and **S**cience **S**tudies. Die TIMSS-Studien zielen darauf, die Leistungen der Schüler/innen im mathematisch-naturwissenschaftlichen Bereich zu erfassen. Im Zentrum stehen Informationsverarbeitung und problemlösendes Denken. Das *PASS-Programm* reagiert auf die kritischen TIMSS-Befunde.

Trainer/innen
PASS-erfahrene Lehrkräfte und Lehrerfortbildner/innen zur Unterstützung der Schulen bei ihrer Innovationsarbeit. Vom Verfasser ausgebildete Trainer/innen gibt es mittlerweile in Rheinland-Pfalz, Hessen, Berlin, Nordrhein-Westfalen, Niedersachsen, Baden-Württemberg, Bayern sowie vier weiteren österreichischen Bundesländern. Die Trainer/innen arbeiten in der Regel im Tandem und bieten interessierten Lehrkräften bzw. Kollegien breite Unterstützung an.

Trainingsseminar
Spezielle Form der *Lehrerfortbildung*. Typisch für die Trainingseminare ist zum einen ihre dezidierte Methodenorientierung, zum anderen ihre ausgeprägte Betonung des Erfahrungslernens bzw. des „learning by doing“. Die Seminarteilnehmer/innen spielen ausgewählte Lernspiralen oder Trainingsspiralen an oder auch durch. Sie erleben die betreffenden Methoden und reflektieren ihr pädagogischen Chancen und Grenzen.

Trainingsspirale
Die mehrstufige Klärung einer bestimmten Arbeits-, Kommunikations- oder Kooperationsmethode. Im Zentrum der Klärungsarbeit steht also die jeweilige Methode (z.B. Mindmapping oder Doppelkreis), während es bei den *Lernspiralen* ganz vorrangig darum geht, den jeweiligen Lerninhalt gründlich abzuklären und zu sichern. Trainingsspiralen dauern in der Regel 3–6 Unterrichtsstunden und sind eingebettet in spezielle *Trainingstage*.

Trainingstage
Unterrichtstage mit absoluter Vorrangstellung der Methodenklärung. Dabei kann es um Methodentraining, Kommunikationstraining oder Teamtraining

gehen. Mehrere Trainingstage bilden ein *Sockeltraining*. Die Schüler/innen durchlaufen pro Schultag in der Regel 1–2 *Trainingsspiralen* z.B. zu den Arbeitstechniken Markieren und Exzerpieren.

Unterrichtsausfall
Ausfall regulärer Unterrichtsstunden aufgrund von *Lehrerfortbildung* oder fachübergreifenden *Trainingstagen*. Der Unterrichtsausfall wird minimiert, lässt sich wegen der notwendigen Teamfortbildungen allerdings nicht völlig vermeiden. Trainingstage bedeuten keinen Unterrichtsausfall, sondern Unterricht mit anderem Zuschnitt! Je besser *EVA* funktioniert, desto weniger Unterricht muss ausfallen (Mitführung).

Unterrichtsentwicklung
Gesamtheit der Maßnahmen zur Weiterentwicklung des Unterrichts. Das *PASS-Programm* steht für systematische Unterrichtsentwicklung. Es schließt Personalentwicklung und Organisationsentwicklung mit ein. Der Reformbedarf ist offenkundig. Neue Bildungsstandards, neue Prüfungsverfahren, wachsende Lehrerbelastung im Unterricht, schlechtes Abschneiden bei PISA, Schulinspektionen, Arbeitsmarktprobleme u.a.m. sprechen für eine forcierte Unterrichtsentwicklung.

Unterstützungssystem
Die Gesamtheit der Unterstützungsmaßnahmen in Sachen Unterrichtsentwicklung. Das beginnt mit einschlägigen Fortbildungsangeboten für engagierte Lehrkräfte und reicht über die Bereitstellung bewährter Lehr- und Lernmittel sowie weiterer Ressourcen bis hin zur gelegentlichen Freistellung engagierter Lehrkräfte für *Workshops*, Hospitationen, Teamteaching oder sonstige Teamaktivitäten.

Wechselseitige Erziehung
Von den Schüler/innen zu leistende Erziehungsarbeit innerhalb wechselnder Kleingruppen. Grundlage dieser Erziehungsarbeit sind *Regelwerke*, Regelplakate, gemeinsame „Produkthaftung“ sowie speziell autorisierte *Regelwächter*. Die Gruppenmitglieder erhalten Gelegenheit zum Feedback und zur wechselseitigen Kritik.

Wissenserwerb
Aufbau nachhaltigen Fach-, Sach- und Methodenwissens. Beim Wissensaufbau der Schüler/innen ist zu unterscheiden zwischen intelligentem und trägem Wissen (Weinert) sowie zwischen deklarativem, prozeduralem und situativem Wissen. Das *PASS-Programm* zielt auf den Aufbau intelligenten Wissens. Das schließt Methodenwissen (prozedurales Wissen) und Problemlösungswissen (situatives Wissen) mit ein.

Workshop
Zusammenkunft von *Fachteams* oder *Klassenteams* zur Erstellung von *Lernspiralen* (Fachtams), Trainingsspiralen (Klassenteams) oder sonstigen Unterrichtshilfen (z.B. Klassenarbeiten). Die gängigen Workshops dauern 2–3 Stunden und werden so strukturiert und moderiert, dass am Ende überzeugende Produkte für den Unterrichtseinsatz herauskommen. Die Produkte werden mittels PC archiviert und stehen allen Beteiligten zur Verfügung.

Zufallsprinzip
Verfahren zur Gruppenbildung oder zur Regelung bestimmter Verantwortlichkeiten. Das gilt sowohl für die Schülerseite als auch für die Lehrerseite. Zufallsgruppen können durch Abzählen oder Losverfahren formiert werden (z.B. Verlosen von Ziffern, Farben, Symbolen, Komplementärbegriffen etc.). Gruppensprecher, *Regelwächter* und andere Verantwortlichkeiten werden in der Regel ebenfalls per Los ermittelt.

Literaturverzeichnis

Aebli, H.: Zwölf Grundformen des Lehrens. Eine allgemeine Didaktik auf psychologischer Grundlage. Stuttgart 1983.

Agentur für Qualitätssicherung (Hrsg.): Externe Evaluation für Schulen in Rheinland-Pfalz. Informationen zur Pilotphase. Mainz 2006.

Aufschnaiter, S. von: Konstruktivistische Perspektiven zum Physikunterricht. In: Pädagogik. Heft 7–8 1998, S. 52ff.

Bastian, J.; Rolff, H.-G.: Abschlussevaluation des Projektes „Schule & Co.“. Gütersloh 2002.

Baumert, J.: Die neuen Lernstrategien müssen mit Unterschiedlichkeit intelligent umgehen. Interview. In: Neue Lernkultur. Heft 2/2003, S. 1ff.

Bayerischer Realschullehrerverband (Hrsg.): Arbeitsbelastung der Lehrkräfte an Realschulen in Bayern. Ergebniszusammenfassung. München 2003.

Bildungskommission NRW: Zukunft der Bildung – Schule der Zukunft. Denkschrift im Auftrag des Ministerpräsidenten des Landes Nordrhein-Westfalen. Neuwied 1995.

Bruner, J. S.: Der Akt der Entdeckung. In: Entdeckendes Lernen, hrsg. von H. Neber. Weinheim und Basel 1981, S. 15ff.

Bund-Länder-Kommission: Gutachten zur Vorbereitung des Programms „Steigerung der Effizienz des mathematisch-naturwissenschaftlichen Unterrichts“. Bonn 1997.

Burkhard, C.; Kanders, M.: Was Lehrkräfte von Schulprogrammarbeit halten. Repräsentativbefragung in NRW. In: Journal für Schulentwicklung. Heft 3/2002, S. 20ff.

Chroust, P. u.a.: Methode und Inhalt gehören zusammen. Empirische Befunde aus dem Qualifizierungsprogramm zur „Erweiterung der Methodenkompetenz im Unterricht“ in Hessen. Typoskript. Frankfurt am Main 2006.

Cube, F. von; Alshuth, D.: Fordern statt Verwöhnen. Die Erkenntnisse der Verhaltensbiologie in Erziehung und Führung. München 1989.

Czerwanski, A. u.a. (Hrsg.): Förderung von Lernkompetenz in der Schule. Recherche und Empfehlungen. Gütersloh 2002.

Dauber, H.; Vollstädt, W.: Psychosoziale Belastungen im Lehramt. Befragung von frühpensionierten Lehrerinnen und Lehrern. In: Das Gymnasium in Bayern. Heft 4/2003, S. 25ff.

Eikenbusch, G.: Lesen und Lesen lassen. Zur Förderung von Leseverständnis in allen Fächern. In: Pädagogik. Heft 6/2007, S. 6ff.

Eikenbusch, G.: Alle sind gleich – aber jeder ist anders. Erkundungen zur Kultur der Individualisierung und Differenzierung in Schweden. In: Pädagogik. Heft 9/2003, S. 10ff.

Fauser, P. u.a.: Lernen mit Kopf und Hand. Berichte und Anstöße zum praktischen Lernen in der Schule. Weinheim und Basel 1983.

Gardner, H.: Der ungeschulte Kopf. Wie Kinder denken. Stuttgart 1996 (aus dem Amerikanischen. New York 1991).

Gemmer, B. u.a.: Mind Mapping, Reden und präsentieren. Lizenzausgabe für den Ernst-Klett-Verlag Stuttgart. Offenbach 2004.

Glasersfeld, E. von: Was heißt Lernen aus konstruktivistischer Sicht? In: Reinhard Voß, a.a.O., S. 213ff.

Gmelch, A.: Erfahrungs- und handlungsorientiertes Lernen. Ein Beitrag zu einer beruforientierten Didaktik der Hauptschule. Frankfurt am Main 1987.

Goleman. D.: Emotionale Intelligenz. München und Wien 1996 (aus dem Amerikanischen. New York 1995).

Gruber, H. u.a.: Was lernen wir in Schule und Hochschule: Träges Wissen? In: H. Mandl und J. Gerstenmaier, a.a.O., S. 139ff.

Hage, K. u.a.: Das Methoden-Repertoire von Lehrern. Eine Untersuchung zum Unterrichtsalltag in der Sekundarstufe I. Opladen 1985.

Hagener, T.: Kompetenzraster – Checklisten – Wochenpläne. Individualisierung und Selbstregulation im Jahrgang 5 einführen. In: Pädagogik. Heft 7–8/2007, S. 12ff.

Helmke, A.: Was wissen wir über guten Unterricht? Über die Notwendigkeit einer Rückbesinnung auf den Unterricht als dem „Kerngeschäft“ der Schule. In: Pädagogik. Heft 2/2006, S. 42ff.

Helmke, A.: Unterrichtsqualität – erfassen, bewerten, verbessern. Band zum schulischen Qualitätsmanagement. Seelze 2003.

Herrmann, J.: Unterrichtsentwicklung im Projekt „Schule & Co.“. Interne Evaluation. Gütersloh 2002.

Herrmann, U.: Es gibt die erfolgreiche Spaßpädagogik. Wie die für Reformen offenen Lehrer von der Hirnforschung profitieren können. In: Frankfurter Rundschau v. 25.11.2003.

Hillert, A.: Das Anti-Burnout-Buch für Lehrer. München 2004.

Höfer, C.; Madelung, P.: Lehren und Lernen für die

Zukunft. Unterrichtsentwicklung in selbstständigen Schulen. Troisdorf 2006.

Holtappels, H.G.; Leffelsend, S.: Entwicklung überfachlicher Kompetenzen durch Schülertrainings und Unterrichtsentwicklung. Ergebnisse einer Schülerbefragung als Teil der Abschlussevaluation des Projektes „Schule & Co.“, Gütersloh 2003.

Holtappels, H.G.; Rolff, H.-G.: Schulprogramme: Praxis – Forschung – Implementation. Editorial. In: Journal für Schulentwicklung. Heft 3/2002, S. 4ff.

IDW: Wandel der Arbeitswelt – Wandel der Schulen. Hrsg. vom Institut der Deutschen Wirtschaft. Verfasst von Reinhard Zedler. Köln 2002.

IHK: Was erwartet die Wirtschaft von den Schulabgängern? Hrsg. von der Industrie- und Handelskammer für die Pfalz. Ludwigshafen 2002.

Kahl, R.: Überfordert, allein gelassen, ausgebrannt. Deutsche Lehrer – eine Polemik. In: GEO-Wissen. Heft 31/2003, S. 52ff.

Keller, G.; Hafner, K.: Soziales Lernen will gelernt sein. Lehrer fördern Sozialverhalten. Donauwörth 1999.

Klieme, E. u.a.: Zur Entwicklung nationaler Bildungsstandards. Eine Expertise. Hrsg. vom Bildungsministerium für Bildung und Forschung. Berlin 2003.

Klieme, E.: Was sind Kompetenzen und wie lassen sie sich messen? In: Pädagogik. Heft 6/2004, S. 10ff.

Klippert, H.: Lehrerentlastung. Strategien zur wirksamen Arbeitserleichterung in Schule und Unterricht. Weinheim und Basel 2006 (2. Aufl. 2006).

Klippert, H.: Lehrerbildung. Unterrichtsentwicklung und der Aufbau neuer Routinen. Weinheim und Basel 2004.

Klippert, H.: Evaluationsbericht zur Umsetzung des PSE-Programms in Rheinland-Pfalz. Studie zur Vorlage beim Bildungsministerium. Landau 2003.

Klippert, H.: Eigenverantwortliches Arbeiten und Lernen. Bausteine für den Fachunterricht. Weinheim und Basel 2001 (4. Auflage 2004).

Klippert, H.: Pädagogische Schulentwicklung. Planungs- und Arbeitshilfen zur Förderung einer neuen Lernkultur. Weinheim und Basel 2000 (2. Auflage 2000).

Klippert, H.: Teamentwicklung im Klassenraum. Übungsbausteine für den Unterricht. Weinheim und Basel 1998 (7. Auflage 2005).

Klippert, H.: Kommunikationstraining. Übungsbausteine für den Unterricht. Weinheim und Basel 1995 (11. Auflage 2006).

Klippert, H.: Methodentraining. Übungsbausteine für den Unterricht. Weinheim und Basel 1994 (16. Auflage 2006).

Klippert, H.; Müller, F.: Methodenlernen in der Grundschule. Bausteine für den Unterricht. Weinheim und Basel 2003 (2. Auflage 2004).

KMK: Bildungsstandards im Fach Mathematik für den Mittleren Schulabschluss. Beschluss der Kultusministerkonferenz vom 4.12.2003. München 2004.

Kreutzner, S.: Die Lernspirale als Methode zum Erlernen der Proteinbiosynthese in der Jahrgangsstufe 12. Schriftliche Hausarbeit für das Lehramt an Gymnasien. Köln 2006.

Lohmann, A.: Autonom und leistungsstark. Fördert Schulautonomie die Qualität? In: Erziehung & Wissenschaft. Heft 3/2003, S. 10.

Lohmann, G.: Mit Schülern klarkommen. Professioneller Umgang mit Unterrichtsstörungen und Disziplinkonflikten. Berlin 2003.

Mandl, H.; Gerstenmaier, J. (Hrsg.): Die Kluft zwischen Wissen und Handeln. Empirische und theoretische Lösungsansätze. Göttingen u.a. 2000.

Mebus, G.: Anregungen zum Umgang mit kultureller Heterogenität. In: Pädagogik. Heft 9/2003, S. 28ff.

Meyer, H.: Schulpädagogik, Band II: Für Fortgeschrittene. Berlin 1997.

Niedersächsisches Kultusministerium (Hrsg.): Niedersachsen macht Schule mit der Selbstständigen Schule. Zielperspektive. Hannover 2002.

Nolting, H-P.: Störungen in der Schulklasse. Ein Leitfaden zur Vorbeugung und Konfliktlösung. Weinheim und Basel 2002.

Osswald, E.: Gemeinsam statt einsam. Arbeitsplatzbezogene Lehrer/innenfortbildung. Kriens/Schweiz 1990.

Paradies, L.: Leistungsheterogenität in der Sekundarstufe I. Anregungen zur Differenzierung im Unterricht. In: Pädagogik. Heft 9/2003, S. 20ff.

Piaget, J.: Psychologie der Intelligenz. München 1976 (Original: Paris 1947).

Postman, N.: Wir amüsieren uns zu Tode. Urteilsbildung im Zeitalter der Unterhaltungsindustrie. Frankfurt am Main 1985.

Reich, K.: Konstruktivistische Didaktik. Lehren und Lernen aus interaktionistischer Sicht. Neuwied und Kriftel 2002.

Reich, K.: Thesen zur konstruktivistischen Didaktik. In: Pädagogik. Heft 7–8/1998, S. 43ff.

Renzulli, J. S. u.a.: Das schulische Enrichement-Modell SEM. Begabungsförderung ohne Elitebildung. Aarau/Schweiz 2001.

Rolff, H-G. u.a.: Manual Schulentwicklung. Handlungskonzept zur pädagogischen Schulentwicklungsberatung. Weinheim und Basel 1998.

Roth, G.: Das Gehirn und seine Wirklichkeit. Kognitive Neurobiologie und ihre philosophischen Konsequenzen. Frankfurt am Main 1997.

Schaarschmidt, U. (Hrsg.): Halbtagsjobber? Psychische Gesundheit im Lehrerberuf – Analyse eines veränderungsbedürftigen Zustandes. Weinheim und Basel 2004.

Schaarschmidt, U.; Kieschke, U. (Hrsg.): Gerüstet für den Schulalltag. Psychologische Unterstützungsangebote für Lehrerinnen und Lehrer. Weinheim und Basel 2007.

Schirp, H.: Neurowissenschaften und Lernen. Was können neurobiologische Forschungsergebnisse zur Weiterentwicklung von Lehr- und Lernprozessen beitragen? In: Schulverwaltung HRS. Heft 7–8 2003, S. 196ff.

Schlaffke, W.: Was die Wirtschaft von der Schule erwartet. Hrsg. von der Bundesarbeitsgemeinschaft Schule-Wirtschaft. Köln 2003.

Schoenbach, R. u.a.: Lesen macht schlau. Neue Lesepraxis für weiterführende Schulen. Berlin 2006.

Senge, P. M.: Die fünfte Disziplin. Kunst und Praxis der lernenden Organisation. 7. Auflage. Stuttgart 1999.

Siebert, H.: Pädagogischer Konstruktivismus. Lernen als Konstruktion von Wirklichkeit. 2. Auflage. München 2003.

Spitzer, M.: Lernen. Gehirnforschung und die Schule des Lebens. Heidelberg und Berlin 2003.

Spitzer, M.: Vorsicht Bildschirm. Elektronische Medien, Gehirnentwicklung, Gesundheit und Gesellschaft. Stuttgart 2005.

Steinbrück, P.: Die selbstständige Schule in ihrer Region. In: Regionale Bildungslandschaften. Troisdorf 2004, S. 7ff.

Stern, E.: Wissen ist der Schlüssel zum Können. In: Psychologie heute. Heft 7/2003, S. 30ff.

Vereinigung der Bayerischen Wirtschaft (Hrsg.): Bildung neu denken! Das Zukunftsprojekt. Opladen 2003.

Vester, F.: Denken, Lernen, Vergessen. Was geht in unserem Kopf vor, wie lernt das Gehirn, und wann lässt es uns im Stich? München 1978.

Voß, R. (Hrsg.): Unterricht aus konstruktivistischer Sicht. Die Welten in den Köpfen der Kinder. Neuwied und Kriftel 2002.

Weinert, F. E.: Die fünf Irrtümer der Schulreformer. In. Psychologie heute. Heft Juli/1999, S. 28ff.

Weinert, F. E.: Lehren und Lernen für die Zukunft. Manuskript eines Vortrags. Hrsg. vom Pädagogischen Zentrum. Bad Kreuznach 2000.

Weinert, F. E.: Vergleichende Leistungsmessung in Schulen – eine umstrittene Selbstverständlichkeit. In: Derselbe (Hrsg.): Leistungsmessung in Schulen. Weinheim und Basel 2001, S. 17ff.

Witzenbacher, K.: Handlungsorientiertes Lernen in der Hauptschule. Anregungen und Beispiele für einen hauptschulgemäßen Unterricht. Ansbach 1985.

Wolf, H.-U.: Projektprüfung. Handlungskompetenz statt Buchwissen. In: Wirtschaftsspiegel, hrsg. vom Deutschen Sparkassenverlag. Heft 2/2004, S. 20ff.

Ziegler, A.: Wir dachten, die Ampel zeigt rot! Oder: Auf dem Weg zu einer veränderten Unterrichtskultur. In: Pädagogik. Heft 7–8/2000, S. 17 ff.